KB051246

100세 인생

THE 100 YEAR LIFE

THE 100 YEAR LIFE
Copyright ⓒ Lynda Gratton and Andrew Scott 2016
Korean translation rights ⓒ 2017 by KL Publishing Inc.
All rights reserved.
This edition published by arrangement with PDF(Peters Fraser & Dunlop) through Shinwon Agency Co.

100세 인생

전혀 다른 시대를 준비하는 새로운 인생 설계 전략

1판1쇄 펴냄 2017년 4월 10일
2판3쇄 펴냄 2023년 3월 22일

지은이 린다 그래튼, 앤드루 스콧 | **옮긴이** 안세민

펴낸이 김경태 | **편집** 홍경화 성준근 남슬기 한홍비
디자인 박정영 김재현 | **마케팅** 유진선 | **경영관리** 곽라흔
펴낸곳 (주)출판사 클
출판등록 2012년 1월 5일 제311-2012-02호
주소 03385 서울시 은평구 연서로26길 25-6
전화 070-4176-4680 | 팩스 02-354-4680 | 이메일 bookkl@bookkl.com

ISBN 979-11-90555-31-9 03330

이 도서의 국립중앙도서관 출판예정도서목록(CIP)은 서지정보유통지원시스템 홈페이지(http://seoji.nl.go.kr)와
국가자료공동목록시스템(http://www.nl.go.kr/kolisnet)에서 이용하실 수 있습니다.(CIP제어번호: CIP2020043133)

이 책은 저작권법에 의해 보호를 받는 저작물이므로 무단 전재 및 무단 복제를 금합니다.
잘못된 책은 바꾸어드립니다.

100세 인생

THE 100 YEAR LIFE

전혀 다른 시대를 준비하는
새로운 인생 설계 전략

린다 그래튼Lynda Gratton,
앤드루 스콧Andrew Scott 지음

안세민 옮김

목차

다시 젊어지는 한국

국가의 성공을 순위로 매기는 방식에는 여러 가지가 있다. 그러나 국민들의 삶이 만족스럽다면, 기대 여명이 큰 의미가 있어야 할 것이다. 이러한 기준에서 보자면, 한국은 세계에서 기대 여명이 가장 긴 국가 중 하나로서 두각을 나타내고 있다. 기대 여명과 건강 기대 여명에 집중하면 한국은 세계 3위에 해당한다.

지난 50년 동안 한국인의 기대 여명은 엄청나게 증가하여 28년이 늘어났다. 한국에서 100세 이상 인구가 빠른 속도로 증가하는 것도 바로 이러한 이유에서다. 실제로 지난 5년 동안 한국에서 100세 이상 인구는 거의 2배가 증가하여 3,500명에 달하며, 2030년에는 1만 명이 될 것으로 예상된다. 기대 여명이 이처럼 빠르게 증가하면 오늘 태어난 한국인 대다수의 기대 여명은 107세를 넘게 된다. 다시 말하자면, 이 책의 독자들 중에서 50세 미만인 사람은 아마도 100세 인생을 준비해야 할 것이다.

그럼에도 한국에서 고령화에 대한 논의는 주로 기대 여명이 길어진 데 따르는 문제에만 집중한다. 기대 여명이 길어진 것은 선물이 아닌 저주로만 여겨질 때가 많다. 이 책의 목표는 선물에 집중하는 것이다. 개인, 가정, 기업, 실제로 사회 전체가 어떻게 하면 길어진 삶을 최대한 활용할 수 있을까. 그 결과는 모든 것에 영향을 미치는 사회혁명과도 같다. 일을 어떻게 할 것인가. 교육을 어떻게 받을 것인가. 누구와 언제 결혼할 것인가. 언제 자녀를 가질 것인가. 여가 시간을 어떻게 보낼 것인가. 사회에서 여성은 어떤 역할을 할 것인가. 20세기에 한국은 경제적으로나 사회적으로 많은 변화를 겪었다. 우리는 한국인의 수명이 21세기에도 비슷한 영향을 미칠 것으로 믿는다. 정말로 많은 것들이 변할 것이다.

정부는 한국 사회가 늘어난 수명에 적응할 수 있도록 변화를 장려하고 정책을 입안하고 법을 제정하는 데서 중요한 역할을 해야 할 것이다. 정책도 중요하지만, 실제로 가장 큰 변화는 개인에게서 나온다. 나이가 몇 살이든, 모든 사람들이 지금 당장 예전과는 다르게 행동하여 길어진 삶에 적응해야 할 것이다. 궁극적으로 길어진 삶에 대한 계획을 수립해야 할 책임은 결국에는 당신에게 달려 있다. 너무나도 많은 것들이 변했고 과거의 역할 모델은 별로 도움이 안 되기 때문에, 계획을 수립하는 데는 어려움이 많이 따를 것이다. 부모 세대에게 적용되던 진로 선택과 인생에 대한 결정이 당신에게 반드시 적용되지는 않을 것이다. 당신은 부모 세대와는 다른 선택, 때로는 어려운 선택을 해야 하고, 당신의 자녀들도 때가 되면 당신과는 다른 결정에 직면할 것이다. 이 책에서 우리의 목표는 장수가 저주가 아닌 선물이 될 수 있도록 인생을 어떻게 설계할 것인지를 고민하는 당신에게 도움을 주는 것이다.

우리의 주장에서 핵심은 장수가 단순히 나이를 먹는 것은 아니라는 사실이다. 수명이 증가하고 100세가 넘는 사람이 많아지면서 연금, 보건, 사회복지 부문에서 커다란 문제가 발생하겠지만, 우리가 오래 산다는 사실은 실제로는 오랫동안 젊게 산다는 것을 의미한다. 오늘날 80세인 사람은 20년 전의 80세인 사람보다 더 건강하다. 그리고 그들의 자녀들은 80세가 되면 훨씬 더 건강할 것이다. 이는 '나이듦' 혹은 '젊음'의 의미에서 심대한 변화를 드러낸다. 따라서 100세 인생에 대한 계획을 세우는 것은 인생의 막바지에 대한 계획을 세우는 것뿐만 아니라 인생 전반을 재설계하는 것을 의미한다. 인생에서 새로운 단계가 나타날 것이고, 새로운 파트너십 관계를 창출할 것이고, 새로운 삶의 방식을 실험할 것이다. 여기서 한 가지 분명한 변화는 사람들이 예전보다 더 오랫동안 일을 할 것이라는 사실이다. 1990년에는 65세 이상 한국인의 4분의 1만이 일을 했다. 지금은 이러한 비율이 3분의 1로 증가했고, 더욱 증가할 것이다. 게다가 앞으로 한국인들은 지금보다 더 오랫동안 일을 하게 되면서, 성인으로서의 모든 종류의 책임을 져야 할 시기도 뒤로 미루고 있다. 예를 들어, 현재 한국인의 평균 초혼 연령은 남성이 33세, 여성이 30세로 과거 어느 때보다도 높다.

국가가 고령화 문제를 처리하는 측면에서 보면 한국은 많은 부문에서 모범을 보이고 있다. 고령화로 인한 우려 중 하나는 노동 인구 감소와 GDP 성장률 하락이다. 한국 정부와 기업은 로봇과 인공지능 도입률을 높이는 식으로 이 문제에 대처하고 있다. 그 결과, 고령화가 진행되더라도 GDP 성장은 유지되고 있다. 앞으로 이처럼 생산활동을 지속하기 위한 열쇠는 사람들이 길어진 삶의 기간을 최대한 활용하기 위하여 시간과 직업 활동 계획을 근본적으로 재설계해야 할 필요성을 인식하는 데 있을 것이다. 기업 관행과 정책을 노동의 변화 속도에 적합하게 하는 것도 반드시 필요할 것이다. 예를 들어, 직업 활동의 새로운 단계에서는 특히 노동 시간을 둘러싸고 더욱 유연한 노동 관행을 요구할 것이다. 그리고 나이와 연공서열은 기업의 위계질서를 결정하는 데 더 이상 중요한 변수가 되지 않을 것이다. 또한 젊은 노동자와 은퇴한 노동자에게 기업가 정신을 고취하고 여성 고용을 촉진하는 데 정부 정책이 일정한 역할을 해야 한다. 사람들이 100세 인생을 일하면서 가능한 한 잘 보내려면, 이 모든 정책 변화가 중요한 역할을 할 것이다. 현재 한국은 이러한 정책 실행 분야에서 다른 선진국에 비해 성과가 저조하며, 따라서 변화가 절실히 요구된다.

길어진 삶을 잘 살아가려면 전통적인 일과 삶의 방식에 의문을 제기하고, 실험 정신을 갖고, 인생 전반에 걸쳐서 변화를 받아들일 준비가 되어 있어야 한다. 과거에 잘 작동되던 사회 규범과 기업 모델은 이제 성공적인 100세 인생을 뒷받침할 수가 없다.

전통적인 역할 모델을 존중하고 문화적 지속성에 가치를 두는 사회에서 우리의 제안 중 일부는 힘겨운 도전이 될 것이다. 그럼에도 한국인들이 장수라는 선물을 최대한 누리려고 한다면, 사회적 실험에 착수할 준비가 되어 있는 사람, 사회적 개척자가 되려는 사람을 인정하고 그들에게 보상할 준비가 되어 있어야 한다. 이제는 사람들이 전통적인 가치를 인식하고 높이 평가하는 것과 함께, 사람들이 변화하여 100세 인생에 적응하도록 장려하는 것의 균형을 잡는 일이 중요하다.

서문

우리는 지금 대부분의 사람들이 준비 없이 맞은 이례적인 전환기의 한가운데에 있다. 우리가 이 시기를 제대로 인식한다면 진정한 선물이 되겠지만, 무시하거나 준비하지 않는다면 저주가 될 것이다. 세계화와 기술이 인류의 삶과 일을 변화시켰듯이, 앞으로 수십 년 동안 인간의 수명 증가도 그럴 것이다.

　　어떤 일을 하는 사람이든, 어디에 사는 사람이든, 나이가 몇 살이든, 이제 길어진 삶을 가장 잘 활용하려면 어떤 결정을 해야 하는지를 생각해야 한다. 이는 우리가 속한 기업과 사회도 마찬가지다.

　　우리의 삶은 과거 어느 때보다도 훨씬 더 길어졌다. 지금 인생의 방향을 결정하는 데 본보기로 삼는 롤모델보다, 현재의 관행이나 제도적 합의보다 더 오래 살 것이다. 앞으로 많은 것들이 변할 것이고, 이러한 변화의 과정은 이미 진행 중에 있다. 우리는 이러한 변화에 적응할 준비가 되어 있어야 한다. 이것이 바로 우리가 이 책을 쓰게 된 목적이다.

　　장수는 지금 살아 있는 사람들이 누리는 거대한 선물일 수 있다.

우리는 평균적으로 우리 부모보다 더 오래, 조부모보다는 훨씬 더 오래 살 것이다. 또한 우리 자녀들, 자녀의 자녀들은 우리보다 훨씬 더 오래 살 것이다. 지금도 인간의 수명은 증가하고 있으며 우리 모두가 이를 피부로 느끼게 될 것이다. 이는 사소한 일이 아니다. 우리는 기대 여명이 증가하면서 엄청난 혜택을 누리게 될 것이다. 오늘날 서구 세계에서 태어난 어린이들이 105세 이상 살 가능성은 50%가 넘는다. 이에 반해, 100년 전에 태어난 어린이들이 이 나이까지 살 가능성은 1%도 채 되지 않았다. 이는 천천히 그리고 꾸준히 축적된 선물이다. 기대 여명은 지난 200년에 걸쳐 10년마다 2년 이상 꾸준히 증가했다.[1] 이는 지금 나이가 20세인 사람이 100세 이상 살 가능성, 40세인 사람이 95세 이상 살 가능성, 60세인 사람이 90세 이상 살 가능성이 50%라는 것을 의미한다.

이것은 SF소설에 나오는 이야기가 아니다. 당신이 180세까지 살지는 않을 것이고, 우리가 당신에게 유행 중인 괴상한 음식을 권하지도 않을 것이다. 분명한 사실은 수많은 사람이 장수를 기대할 수 있다는 것이고, 이는 그들 자신이 살아가는 방식뿐 아니라 사회와 기업의 운영 방식에도 영향을 미칠 것이라는 점이다. 틀림없이 새로운 규범과 롤모델이 등장할 것이고, 이미 개인과 사회가 이러한 변화에 적응하고 있음을 보여주는 증거도 아주 많다. 앞으로는 변화가 훨씬 더 광범위하게 나타날 것이고, 이는 대중의 의식과 토론에서 보편적인 쟁점이 될 것이다.

우리가 어떻게 하면 이러한 선물을 가장 잘 활용할 수 있을까. 이는 우리가 다양한 연령대의 다양한 사람들을 대상으로 강의하고 그들과 토론할 때마다 제기했던 질문이다. 그들 대다수는 시간이라는 선물을 갑작스럽게 여겼다. 그럼에도 그들은 우리와 토론을 하는 동안에 자신의 계획을 변경하고 이를 당장 실천할 필요성을 깨달았다. 은연중에 이미 장수라는 현실에 적응하기 시작한 사람들도 있었는데 자신과 같은 방식으로 생각하는 사람들이 얼마나 많은지는 알지 못했다.

수명 증가는 중요한 주제이다. 그런데 언론에서는 왜 이러한 주제를 깊이 다루지 않는지 당혹스러울 따름이다. 이것은 몇몇 사람이 아니라 모든 사람에게 영향을 미치는 문제이고 먼 미래가 아닌 당장의 현안이다. 장수라는 현실에 적절히 대처한다면 엄청난 혜택이 따라올 실로 중대한 사안인데 이 문제를 자주 다루지 않은 이유는 무엇인가.

어쩌면 벤저민 프랭클린Benjamin Franklin이 했던 유명한 말이 이러한 현실을 적절하게 설명하는지도 모르겠다. "이 세상에서 죽음과 세금 말고는 확실한 것이 없다."[2] 죽음이든 세금이든 모두 저주로 보는 것이다. 장수에 관한 논의의 중심에는 긴 삶을 저주로 바라보는 시각이 있다. 그 주제가 죽음과 세금 중의 하나였기 때문이다. 여기에는 노쇠함, 병약함, 치매의 확산, 의료비 증가, 다가올 위기 등이 언급된다.

우리가 뒤에서 증명하겠지만, 제대로 예측하고 계획을 세우면 장수는 저주가 아니라 선물이다. 그것은 기회로 가득하고, 시간이라는 선물이 있는 인생이다. 당신이 이러한 시간을 어떻게 구성하여 사용할 것인지가 길어진 삶에 대한 핵심적인 대책이다.

시간 구성에 관한 바로 그 질문이 이 책의 핵심 주제이다. 20세기에는 삶을 3단계로 바라보는 생각이 널리 퍼져 있었다. 첫번째 단계에서는 교육을 받고, 두번째 단계에서는 직업 활동을 하고, 세번째 단계에서는 퇴직을 한다. 그런데 기대 여명이 증가했음에도 퇴직 연령은 그대로인 상황을 생각해보라. 이는 심각한 문제를 일으킨다. 삶이 길어지면 사람들이 받을 수 있는 연금이 줄어들 수밖에 없다. 그러면 나이가 들어서도 일을 하거나 적은 연금으로 살아가야 한다. 이 두 가지 중 마음에 드는 선택이 없으니 길어진 삶이 저주로 느껴지는 것은 전혀 놀랍지가 않다.

▌ 온딘의 저주

이 시점에서 프랑스 희곡●에 나오는 저주가 떠오른다. 여기에는 온딘이라는 요정이 등장한다. 온딘은 남편 팔레몬이 부정한 짓을 저지르고 곯아떨어져 코를 고는 모습을 보고는 화가 나서 저주를 내렸다. 깨어 있는 동안에는 숨을 쉬지만 잠이 들면 죽을 것이라고 말이다. 이때부터 팔레몬은 눈이 감겨 죽음이 덮칠까봐 두려워 한시도 쉬지 못한 채 미친 듯이 움직였다.

3단계 삶이 길어지면 온딘의 저주Ondine's curse가 피부에 와 닿을 것이다. 팔레몬이 그랬듯 아무리 피곤하더라도 일을 중단해서는 안된다는 생각에 우리는 영원히 일을 할 수밖에 없다. 17세기 정치철학자 토머스 홉스Thomas Hobbes는 인생은 "추잡하고 미개하고 짧다"라는 유명한 말을 남겼다. 이보다 더 끔찍한 것이 있다. 인생은 추잡하고 미개하고 길다. 이것이 바로 저주다. 쉬지 않고 일하면서도 따분해

●　원서에 '프랑스 우화french fable'라고 쓰였으나 좀 더 정확을 기하기 위해 '프랑스 희곡'이라고 고쳤다. 프랑스 작가 장 지로두는 1911년 독일 작가 푸케가 쓴 『운디네Undine』를 바탕으로 1938년 희곡 『옹딘Ondine』을 집필했다. 이후 영어식 발음 '온딘'이 널리 알려졌다.

하다가 에너지는 소진되어 기회를 놓치고는 노년이 되어 가난과 회한만 남는다.

우리는 다르게 생각한다. 물론 많은 사람들이 나이가 들어서도 일을 할 것이다. 그러나 온딘의 저주처럼 일을 쉬지 않고 미친 듯이 할 필요는 없다. 3단계 삶이 갖는 제약에서 빠져나온다면 더욱 유연하면서도 적극적으로 살아갈 수 있는 진정한 기회가 생긴다. 그것이 바로 다양한 경력을 쌓을 수 있고 휴식과 전환기도 있는 다단계 삶이다. 우리는 이것이 장수를 선물로 만들고 온딘의 저주에서 벗어나는 유일한 방법이라고 생각한다. 그러나 삶에 대한 재구성이 간단한 일은 아니다. 이는 개인인 당신뿐 아니라 당신을 고용한 기업과 조직, 심지어 정부와 사회에 커다란 변화를 요구한다.

재구성에 대한 요구는 시간 때문에 나온 것이다. 100년을 살면 예전보다 훨씬 더 많은 시간을 얻는다. 이 말을 다음과 같이 생각해보자. 1주일이 168시간이니, 70년이라는 수명이 다하면 613,200시간을 사는 것이다. 100년이라는 수명이 다하면 876,000시간을 사는 것이다. 당신은 새로 얻은 시간을 어떻게 분배할 것인가. 이 시간에 무엇을 할 것인가. 삶의 단계와 활동을 어떻게 배열할 것인가. 주중이든 주말이든, 휴가든 공휴일이든 아니면 그냥 3단계 삶이든, 시간을 구성하고 배열하는 것은 실제로는 사회 구조의 결과물이다. 길어진 삶에서는 예전과는 다른 구성과 배열이 나타날 것이고, 사회 구조의 결과물도 다시 설계될 것이다.

▎이번에는 다르다

앞으로는 우리가 삶을 근본적으로 재설계해야 한다. 이미 여러 해에 걸쳐 점진적으로 진행되고 있긴 하지만, 그 과정은 궁극적으로 사회경제적 혁명에 이를 것이다. 기술과 세계화가 인간이 살아가는 방식을 서서히 바꾸어놓았듯 100세 인생을 가장 잘 활용하기 위해 필요한 변화도 그럴 것이다. 그 결과, 우리가 살아가는 방식에는 다음과 같은 변화가 일어날 것이다.

사람들은 70세 혹은 80세까지 일을 해야 할 것이다

우리는 런던 경영대학원의 MBA 학생들에게 100세 인생을 주제로 강의하면서, 그들 자신의 인생 시나리오를 그려보라고 했다. 학생들은 금방 재정 문제를 떠올렸다. 그때 우리는 이런 질문을 던졌다. 당신들이 100세까지 살고, 소득의 10%를 저축하고, 퇴직하고 나서는 퇴직 전 소득의 50%를 연금으로 받고 싶다면, 몇 살까지 일해야 하는가(2장에서 우리는 이 문제를 가지고 계산을 해보았다. 답은 80대까지 일을 해야 한다는 것이다). 그 순간, 교실은 조용했다. 답은 아주 간단했다. 장수라는 선물을 가장 잘 활용하려면 모두가 70대 혹은 80대까지 일을 해야 한다는 사실에 직면해야 했다.

새로운 직업과 기술이 나올 것이다

앞으로 전통적인 직업이 사라지고 새로운 직업이 등장함에 따라 노동시장에는 급격한 변화의 바람이 불 것이다. 100년 전에는 농업과 집안일이 일자리 대부분을 차지했다. 오늘날에는 이런 일자리가 차지하는 비중이 크게 줄어들었고, 사무직의 비중이 급증했다. 점점 로봇과 인공지능이 내근사무직부터 영업과 마케팅, 관리 및 행정직까지 수많은 직종을 대체하거나 보강하면서 이러한 변화의 바람은 그치지 않을 것이다. 수명이 짧고 노동시장이 비교적 안정적이던 시절에는 20대에 배운 지식과 기술이 있으면 재투자를 하지 않고도 직업 활동을 유지할 수 있었다. 당신이 급변하는 노동시장에서 70대 혹은 80대까지 일을 해야 한다면, 지식을 복습하는 식으로는 생산 활동을 지속할 수 없다. 시간을 따로 내어 지식과 기술의 재교육을 위한 근본적인 투자를 해야 한다.

재정 문제를 해결한다고 해서 모든 문제가 해결되지는 않는다

우리 저자들은 경제학자와 심리학자다. 우리의 관점이 서로 다르다고 하더라도 배타적이지는 않다. 실제로 서로 다른 관점을 통합하는 것은 100세 인생의 의미를 이해하는 데 반드시 필요하다. 긴 삶을 행복하게 생산적으로 살아가려면, 합리적인 선택을 해야 하고 역동적인 계획을 수립해야 할 뿐만 아니라 정체성을 인식하고 미래의 삶을 형성하는 사회적 요인을 이해해야 한다.

또한 금전적 자산과 비금전적 자산, 경제적 상태와 심리적 상태, 이성적 상태와 감정적 상태의 균형을 유지하기 위하여 계획을 신중하게 수립해야 한다. 100세 인생에서 재정 문제를 해결하는 것은 반드시 필요하지만, 돈이 유일하게 중요한 자산인 것은 결코 아니다. 가정, 친구, 정신적 건강, 행복 모두가 중요하다.

장수에 관하여 논의할 때 사람들은 주로 재정과 연금에 대해 이야기한다. 100세 인생을 준비하려면, 재정 문제뿐만 아니라 그 밖의 문제도 해결해야 한다. 당신의 기술, 건강, 인간관계가 고갈되면, 고소득의 커리어를 오랫동안 유지할 수가 없다. 마찬가지로 재정 상태가 안정되지 않고는 이처럼 중요한 비금전적 자산에 투자할 시간을 낼 수가 없다. 수명이 짧던 시절에는 이 두 가지 자산의 균형을 유지하기가 어려웠다. 삶이 길어지면서 이 문제가 더욱 복잡해지기는 했지만, 이를 해결하기 위한 기회 또한 더 많아졌다.

다단계 삶이 될 것이다

어떤 사람은 이미 3단계 삶에서 벗어나서 다양한 실험을 하고 있지만, 아직은 대다수 사람들에게는 3단계 삶이 지배적인 모델로 남아 있다. 이 책에서 우리는 미래를 위한 일련의 시나리오를 만들고, 3단계 삶의 모델을 70세에서 80세로, 그리고 다시 100세로 연장해볼 것이다. 3단계 삶에서 100세까지 일하기 위한 유일한 방법은 두번째 단계에서 아주 오랫동안 고용 상태에 있는 것이다. 이렇게 하면 금전적 균형을 유지할 수는 있겠지만, 다른 중요한 일들에 문제를 일으킨다. 두번째 단계를 연장하는 것은 어렵기도 하고 사람을 지치게 만들기도 한다. 그리고 솔직하게 말하자면, 사는 것 자체가 지겨워진다.

미래에는 3단계 삶을 대신하여 다단계 삶이 자리를 잡을 것이다. 당신이 두세 개의 서로 다른 직업 활동을 한다고 생각해보라. 어떤 단계에서는 당신의 금전적 자산을 최대화하고 장시간에 걸쳐 일을 한다. 다른 단계에서는 일과 가정의 균형을 유지하거나 사회적으로 기여할 수 있는 일을 하면서 살아간다. 장수가 선물이 되면 이들 중 어느 하나만 선택할 필요가 없어진다.

전환기를 보내는 것이 표준으로 자리를 잡을 것이다

3단계 삶에서 다단계 삶으로 변해가면서, 전환기도 더 잦아질 것이다. 3단계 삶에서는 전환기가 두 차례 나타난다. 교육에서 고용으로 넘어갈 때, 고용에서 퇴직으로 넘어갈 때 전환기를 겪는다. 단계가 더 많아지면, 전환기도 더 많아질 것이다. 이 문제는 중요하다. 왜냐하면 지금은 많은 전환기를 감당할 만한 능력과 기술이 있는 사람이 많지 않기 때문이다. 길어진 다단계 삶을 잘 활용하려면 전환기를 잘 보내야 한다. 이는 유연한 자세로 새로운 지식과 사고방식을 받아들이고, 예전과는 다른 시각에서 세상을 바라보고, 변화에 의연하게 대처하고, 옛것을 떠나보내고, 새로운 네트워크를 형성하는 것을 의미한다. 이를 두고 변형 기술이라고 하는데, 이러한 기술은 사고방식의 대대적인 전환과 미래를 내다보는 능력을 요구한다.

새로운 단계가 등장할 것이다

이는 20세기에도 일어났던 현상이었다. 20세기에는 '틴에이저teenager'와 '퇴직자'라는 두 개의 단계가 새롭게 등장했다. 앞으로 수십 년 동안에 새로운 단계가 더 많이 등장할 것으로 예상된다. 벌써 18~30세의 젊은 세대에서는 삶의 새로운 단계가 나타나고 있다. 장수와 교육 기회의 확대가 틴에이저라는 개념을 낳는 데 일조했듯이, 지금은 청소년기 이후의 연령 집단에게 어떤 현상들이 일어나고 있다. 이 집단은 이미 삶이 길어지고 있다는 전망에 반응을 보이기 시작했다. 현재 그들은 선택의 가능성을 열어놓고, 새로운 대안을 탐색하고 있다. 그럼으로써 이전 세대가 자기 또래였을 때 만들어놓은 의무에서 벗어나 다른 생활 방식과 선택을 추구하고 있다. 이 같은 새로운 단계의 등장은 훌륭한 선물이다. 이 새로운 단계는 자신이 원하는 삶을 실험하고 형성할 기회를 만들어내고 있다. 당신 주변을 둘러보라. 이미 새로운 단계를 실험하고 있는 가정 혹은 친구 들이 있을 것이다.

기분전환(recreation)보다는 재창조(re-creation)가 더 중요하다

새로운 단계와 전환기가 많아지면 투자가 필요한 부분도 많아진다. 그러므로 새로운 역할을 맡을 수 있도록 정체성을 변화시키고, 다양한 생활 방식을 만들어내고, 새로운 기술을 배워야 한다. 이 모든 것들에 투자해야 한다. 더 많은 시간을 누리는 삶이라는 선물은 투자의 기회를 만들어낸다. 과거에는 이러한 투자가 삶의 첫번째 단계(정규 교육을 받는 시기)에서 이루어졌다. 다단계 삶을 살게 되면 이러한 투자가 생애 전반에 걸쳐서, 심지어 예전에는 여가 시간으로 간주되던 시기에 이루어진다.

사실 여가 시간이 기술, 건강, 인간관계를 위한 투자 시간으로 바뀌는 것이 그다지 솔깃하지 않을지 모른다. 자고로 여가란 소파에 누워서 아무것도 하지 않거나, 영화를 보거나, 보트를 타거나, 컴퓨터 게임을 하는 식으로 시간을 보내는 것이 아니던가. 시간이 많아지면 당연히 여가를 위한 시간도 많아진다. 그렇기에 길어진 삶에서는 여가 시간과 투자를 위해 보내는 시간 사이의 균형을 맞추는 일이 아주 중요해질 것이다. 수명이 짧던 시절에는 여가 시간을 편하고 즐겁게 보내는 것이 마땅했다. 그러나 삶이 길어짐에 따라 여가는 투자의 기회를 창출할 것이다. 소비와 기분전환은 줄이고 투자와 재창조를 늘리면서 여가 시간을 어떻게 보낼지를 재구성하는 것이 아마도 100세 인생이라는 선물의 일부일 것이다.

밀집 대형이 사라진다

첫번째 단계에 교육을 받고, 두번째 단계에 직업 활동을 하고, 세번째 단계에 퇴직을 하는 3단계 삶에서는 이 세 가지 단계가 단 하나의 방식으로 배열된다. 대다수 사람들이 이 단계들을 따르면서 형성하는 밀집 대형이 확실성, 예측 가능성을 가져왔다. 사람들에게는 기회나 선택권이 많이 주어지지 않고, 기업과 정부는 사람들의 다양한 기호와 요구에 직면하지 않는다. 따라서 오늘날 기업이나 정부가 3단계 삶에 근거하여 직원 선발, 인력 개발, 승진에 관한 정책을 수립하는 것도 전혀 이상한 일이 아니다.

새로운 이정표와 전환점을 지닌 다단계 삶에서는 각 단계가 다양한 방식으로 배열된다. 그리고 이러한 방식의 배열이 더 이상 3단계 삶의 논리가 아니라 개인의 선호나 여건에 의해 결정될 것이다.

더욱 중요한 것은 밀집 대형이 사라지면, 나이를 예측하는 것도 불가능해진다는 점이다. 지금은 누군가가 당신에게 자신을 대학생이라고 소개하면, 당신은 그 사람의 나이를 알 수 있다. 바로 삶의 단계가 나이를 말해주기 때문이다. 누군가가 자신을 부장이라고 소개한다면, 당신은 그 사람의 나이뿐만 아니라 지금까지의 경력도 어렵지 않게 짐작할 수 있다. 이것이 다단계 삶에서는 더 이상 적용되지 않는다. 당신은 언제라도 대학생이 될 수 있고, 어느 누구도 이러한 정보만으로는 당신의 나이를 확실히 맞힐 수 없을 것이다. 나이는 더 이상 단계를 의미하지 않는다. 그리고 새로운 단계는 나이와 점점 더 무관해질 것이다.

이러한 현상은 중요한 의미를 갖는다. 왜냐하면 우리 사회가 나이와 단계를 하나로 보는 경향이 있기 때문이다. 이러한 경향은 기업의 인사 관행, 마케팅, 각종 법령과도 긴밀하게 연관된다. 그러므로 이 모든 것이 재고될 것이다.

선택권은 더욱 중요해질 것이다

삶이 길어지면 변화는 더 커지고 해야 할 선택은 더 늘어나서, 선택권은 더욱 중요해질 것이다. 어떤 사람이 어떤 대상을 선택한다는 것은 동시에 다른 대상을 선택하지 않는다는 의미이기도 하다. 결정을 한다는 것은 선택을 종료한다는 의미이다. 금융시장에서는 이러한 선택권을 옵션*이라고 부르고, 여기에 가격을 매긴다. 옵션의 가치는 선택권이 얼마나 오랫동안 유효한가, 이 옵션에 따른 위험이 이 세상에 얼마나 많은가에 달려 있다.

우리가 인생을 살아가면서 내리는 결정에 대해서도 똑같이 이야기할 수 있다. 수명이 길어지면 변화의 기회가 더 많이 생기고, 옵션이 더욱 소중해진다. 100세 인생에는 사람들이 선택권을 찾아서 선택의 가능성을 더욱 오랫동안 열어두려고 할 것이다. 18~30세의 젊은이들에게 새로운 단계가 등장하고, 이전 세대에게 부과되던 결혼, 가정, 주택과 자동차 구매와 같은 전통적인 의무가 계속 뒤로 밀리는 것도 바로 이런 이유 때문이다. 그들은 선택의 여지를 계속 열어두고 있다.

지금까지 인생에서도 선택권은 중요했지만, 다단계 삶에서는 더욱 중요하다. 이러한 선택권에 투자하고 이를 지켜나가는 것은 인생

● 파생 상품의 일종이며, 미리 결정된 기간 안에 특정 상품을 정해진 가격으로 사고팔 수 있는 권리를 말한다. 이러한 권리는 만기일이나 만기일 이전에 특정 금융 상품을 정해진 가격에 매입할 수 있는 권리를 가진 콜옵션call option과 매도할 수 있는 권리를 가진 풋옵션put option으로 나뉜다.

설계의 핵심적인 부분이 될 것이다.

젊음을 오랫동안 간직한다

과거에는 장수란 오랜 세월 동안 늙은 상태로 지내는 것을 의미했다. 지금은 이런 의미가 완전히 반전되어 사람들이 젊음을 오랫동안 간직할 것이라는 징후가 나타나고 있다.

이러한 징후는 세 가지 측면에서 나타난다. 첫째, 앞에서 설명했다시피, 18~30세의 젊은이들은 이전 세대의 젊은이들과는 다르게 행동하고 선택의 가능성을 열어둔 채 더욱 유연하고 구속되지 않는 삶을 살아간다. 둘째, 더 잦은 전환기를 거치면서 사람들은 더욱 유연해질 것이다. 진화생물학자들은 이러한 현상을 두고 니오터니neoteny 라고 부른다. 니오터니란 어른이 되어서도 청소년 시기의 특징을 유지하여 유연성과 적응성을 갖고서 관습에 얽매이지 않는 것을 의미한다. 셋째, 나이와 단계가 더 이상 일치하지 않기 때문에, 서로 다른 연령 집단이 비슷한 단계를 겪으면서 세대 간의 교류가 더 많이 나타난다. 밀집 대형이 붕괴되고 연령 집단이 섞이는 현상은 세대 간 이해를 촉진하여 나이 든 사람들이 젊음을 유지하는 데 도움이 될 것이다.

일과 가정의 관계가 변한다

자녀를 다 키우고 난 후의 삶이 길어지면서 양성 불평등이 감소하고 부부 관계, 결혼, 자녀 양육의 형태가 변할 것이다.

전통적으로 가정은 특화된 노동을 하는 장소였다. 남성은 밖에서 일을 하고 여성은 가사와 자녀 양육을 담당했다. 최근 수십 년 동안에 여성이 노동시장에 진출하여 맞벌이 가정이 예외가 아닌 표준이 되면서 이러한 상황이 변하기 시작했다. 그러나 가정에서의 역할이 변했다고 하더라도, 3단계 삶에서는 남성이 주 수입원의 역할을 했다. 하지만 점점 다단계 삶에 진입하는 여성이 많아지면 이러한 역할 분담이 일상의 표준으로 자리 잡기는 어려울 것이다.

길어진 삶에서는 부부 관계도 변할 것이다. 이는 맞벌이 가정이 재정적 요구를 충족시키기가 더 쉬워지기 때문이다. 더구나 두 사람이 다단계 삶을 살게 되면, 그들 각자가 서로 나른 단계에 진입할 때 역할을 조정해야 하고, 어느 한 사람이 다른 한 사람을 지원해야 한다. 가족 구조도 예전에 비해 훨씬 더 다양해질 것이고, 이러한 다양성은 기업과 정부의 정책이 이 새로운 현실을 반영하도록 중대한 영향을 미칠 것이다.

이러한 변화는 양성 평등을 촉진할 것이다. 3단계 삶에서 일과 경력에 대하여 유연하게 생각하기란 힘들었다. 지금까지 유연 노동의 형태와 경력 기준은 돌봄 노동을 주로 하는 여성이 요구해왔다. 앞으로 3단계 삶이 종식되면, 남성도 자신이 구축하는 새로운 단계를 중심으로 더욱 유연 노동의 형태를 요구할 것이다.

세대 간의 복잡한 관계
3단계 삶은 청년, 중년, 노년을 제도적으로 구분했다. 이러한 세대 간 고립은 다단계 삶, 새로운 가족 관계, 나이와 단계의 불일치로 인해 사라지기 시작할 것이다.

4대가 하나의 가정을 이루고 살아가는 훨씬 더 놀라운 변화도 일어날 것이다. 앞으로 여성이 어머니가 되는 나이가 많아지는 것보다 기대 여명이 더 빠르게 증가하면, 가족 구조가 훨씬 더 복잡해지고 다른 세대를 바라보는 태도도 변해갈 것이다.

수많은 실험이 진행될 것이다

한 가지 분명한 사실은 개척자가 많이 나올 것이라는 점이다. 지금까지 개인, 공동체, 기업, 정부는 100세 인생을 위한 최선의 지원책을 생각해내지 못했다. 100세까지 산 사람들조차도 자신이 이토록 오래 살 것이라고는 예상하지 못했기 때문에, 이들에게는 롤모델도 거의 없다. 지금 살아 있는 사람들은 장수를 염두에 두고 계획을 세워야 한다. 당신이 젊을수록 실험을 할 가능성이 더 많고, 새로 시작해서 계획을 세울 기회가 더 많다. 당신이 중년이라면, 당신 부모 세대의 발자취를 따라서 은연중에 3단계 삶을 가정할 수도 있다. 이제 한 가지 분명한 사실은 기대 여명이 길어지면서 3단계 삶이 더 이상 적용되기가 어렵다는 것이다.

따라서 우리는 100세 인생을 위한 최선의 지원책을 찾아야 한다. 이 책은 다가올 미래에 대한 단서와 통찰을 담고 있다. 그러나 앞으로 어떤 일이 일어날 것인지는 아무도 모른다. 그리고 이러한 지원책을 찾는 동안에도 우리 사회는 엄청난 실험과 다양성을 경험하게 될 것이다.

인사 정책을 둘러싼 논쟁

우리는 100세 인생이 인류에게 선물이 될 것이라고 믿는다. 새로운 형태의 다단계 삶은 모든 사람들에게 엄청난 선택권과 유연성을 제공하고, 일과 여가, 직장과 가정, 돈과 건강에서 더 나은 균형을 이룰 것이다. 그러나 기업, 특히 인사부서에게는 이 모든 것들이 악몽처럼 여겨질 것이다. 기업은 관행을 따르는 것을 선호하는 데다, 단순하고도 예측 가능한 시스템이 운영하기에 쉽다. 따라서 많은 기업들이 이러한 변화에 저항한다고 해서 놀랄 일이 아니다. 그러나 모든 곳에서 실험이 진행되고, 결국 유연성과 선택을 바라는 개인의 요구가 시스템과 예측 가능성을 바라는 기업의 요구를 압도할 것이다. 이러한 과정에서 극심한 대치 국면이 조성될 것이고, 합의에 이르기까지 수십 년이 걸릴 수도 있다.

밀집 대형에도 실제적인 영향이 미칠 것이고, 나이와 단계는 더 이상 일치하지 않을 것이다. 유능한 기술자들을 반드시 유치해야 할 기업이라면 정책 변화의 상업적인 이익을 충분히 인식할 것이다. 그러나 모두는 아니더라도 많은 기업들이 개인이 원하는 유연성을 거부할 것이다. 이는 산업혁명 시기에 노동 시간과 노동 조건을 두고 벌였던 것과 비슷한 투쟁이 일어날 것임을 예고한다.

정부의 과제

100세 인생은 사람들이 살아가는 방식의 모든 측면에 영향을 미치고 정부에 광범위한 과제를 제기한다. 지금까지 정부는 퇴직 문제에만 관심을 기울였지만, 앞으로는 교육, 결혼, 노동 시간을 포함하여 폭넓은 분야에서 사회적 장치를 마련해야 할 것이다. 100세 인생에도 재정 문제는 중요하다. 그러나 생애 전반에 걸쳐 살아가는 방식과 일하는 방식을 조정하는 것은 훨씬 더 중요하므로, 이것이야말로 정부가 추진해야 할 과제가 될 것이다.

현재 정책의 상당 부분은 3단계 삶의 관점에서 마지막 단계에 집중되어 있다. 100세 인생이 낳은 결과는 나이 든 사람뿐만 아니라 모든 사람들에게 해당되고, 연금 수준이나 퇴직 연령을 조정하는 것 이상을 의미한다. 사람들이 다단계 삶을 살아가는 과정에서 다양한 선택을 할 수 있도록 규정이나 법령을 만드는 것도 정부가 추진해야 할 최우선적인 과제다.

어쩌면 가장 중요한 과제는 건강 불평등의 문제를 해결하여 가난한 사람들이 생산 활동을 오랫동안 할 수 있도록 지원하는 것이다. 오늘날 기대 여명의 증가는 전체 인구가 향유하는 것은 아니며, 각국에서 빈부격차는 확대되고 있다. 주로 고소득의 전문 기술직에 종사하는 사람들만이 100세 인생을 가장 잘 활용할 수 있다. 길어진 삶에서는 자원, 기술, 유연성, 자기 인식, 계획, 존경받는 고용주가 요구된다. 필요한 변화와 전환기를 만들어낼 만한 소득과 교육을 갖춘 사람에게만 장수라는 선물이 돌아갈 위험이 있다. 따라서 정부가 길어진 삶이 요구하는 전환기와 유연성을 갖출 여건이 안 되는 사람들을 지원하기 위한 방안을 강구하는 것도 중요한 일이다. 소수의 특권층만이 장수의 혜택을 누려서는 안 된다.

▌나는 누구인가

길어진 삶은 경제적, 재정적, 심리학적, 사회학적, 의학적, 인구통계학적 요인들에 의해 결정된다. 그럼에도 이 책은 기본적으로 당신 자신에 관한 책이기도 하고, 당신이 삶을 계획하는 방법에 관한 책이기도 하다. 당신은 이전 세대보다 선택을 더 많이 하고, 변화를 더 많이 경험할 것이다. 바로 이러한 사실이 당신은 무엇을 대표하는가, 당신은 무엇에 가치를 두고 사는가, 당신은 삶의 기반을 어디에 두고 있는가에 집중하게 만드는 요인이다.

『파이낸셜 타임스Financial Times』의 토요일 판에는 유명 인사들에게 개인적인 질문을 던지는 코너가 있다. "스무 살의 당신은 지금의 당신에게 무슨 말을 할까요?" 이 책에서 우리는 시간의 순서를 뒤집는다. 스무 살의 당신이 오늘날 당신에 대하여 무슨 생각을 할 것인가가 아니라 70세, 80세, 100세가 된 당신이 지금 이 순간의 당신에게 뭐라고 할 것인가를 묻고자 한다. 지금 당신이 내린 결정에 대해 미래의 당신이 추궁하는 것을 견뎌낼 수 있을까.

이 말은 언어학적 퍼즐이 아니다. 우리는 이 말이 장수의 정곡을 찌른다고 생각한다. 수명이 짧을 때 당신의 정체성은 깊은 통찰이나 변형이 없이도 형성된다. 그러나 수명이 길어지면 당신이 겪는 여러 전환기를 연결하는 고리가 무엇인지 묻지 않을 수 없다. 본질적으로 남게 되는 '당신'이란 무엇인가.

정체성, 선택, 위험의 문제는 길어진 삶을 살아가는 데 핵심적인 쟁점이 되었다. 더 길어진 삶은 더 많은 변화를 의미한다. 더 많은 단계는 더 많은 선택을 의미한다. 그리고 변화와 선택이 더 많을수록, 처음에 어디서 출발했는지는 덜 중요해진다. 따라서 우리는 정체성에 관하여 이전 세대와는 다른 방식으로 생각해야 한다. 수명이 길어질수록 정체성이란 자신의 출발점에 대한 수동적 반응이 아니라 공을 들여 만들어가는 어떤 것을 의미한다. 이전 세대 사람들은 다양한 변화를 겪으며 자신의 삶을 능동적으로 가꾸어가거나 전환기를 통해 자신의 능력을 계발하려는 생각을 하지 않아도 되었다. 삶이 길어진다는 것은 전환기가 늘어난다는 뜻이다. 다른 사람들과 함께 이 전환기를 보낼 수도 있지만, 대부분은 도움을 받을 집단이 없을 것이다. 앞으로는 단순히 밀집 대형을 따라가는 것은 아무런 소용이 없을 것이다. 우리는 이전 세대가 가지 않았던 길을 가면서, 나는 누구인가, 나의 삶을 어떻게 구성할 것인가, 이러한 것들이 나 자신의 정체성과 가치를 어떻게 반영할 것인가를 생각해야 한다.

우리는 과거가 미래를 예측하는 지표가 아니라는 것을 잘 아는 사람들, 제약이 아닌 선택에 관하여 알고 싶은 사람들, 현재의 직업 활동에 적극적으로 영향을 미쳐서 미래까지 이어가길 바라는 사람들, 길어진 삶을 저주가 아닌 선물로 만들기 위하여 기회를 최대한 활용하려는 사람들을 위해 이 책을 썼다. 이 책이 이러한 선물을 만들어가기 위한 첫걸음이 되기를 바란다.

1장

삶

기회로 가득한 장수라는 선물

당신이 아는 어린아이를 잠깐 떠올려보라. 여덟 살짜리 여동생, 열 살짜리 딸 혹은 조카일 수도 있고, 이웃에 사는 남자아이일 수도 있다. 호기심이 가득하고 생기가 넘치는 아이들의 모습이다. 아이들은 그러면서도 책임과 의무로부터 자유롭다. 세상이 변하더라도 이 세상의 아이들은 여전히 이처럼 삶의 긍정적인 모습을 보여준다. 그리고 물론 당신은 아이들의 모습을 보면서 당신 자신의 어린 시절을 회상할 수 있다.

그런데 아이들의 어린 시절은 당신의 어린 시절과는 많이 다를 것이다. 아이들은 당신을 깜짝 놀라게 했던 기술 혁신을 당연하다는 듯이 아무렇지도 않게 받아들인다. 아이들은 어린 시절뿐만 아니라 어른이 되어서도 당신과는 다른 삶을 살 것이다. 표 1-1 은 지금 아이들이 어른이 되었을 때의 삶을 보여주는 지표 중 하나로서, 인구통계학자들이 예상하는 지금 아이들의 수명이다. 당신이 떠올린 아이가 미국, 캐나다, 이탈리아, 프랑스에서 태어났다면, 그 아이가 적어도 104세까지 살 가능성은 50%이다. 그 아이가 일본에서 태어났다면,

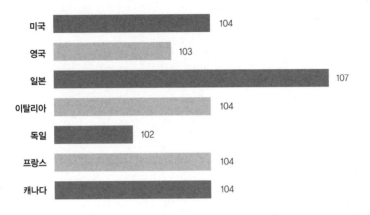

미국		104
영국		103
일본		107
이탈리아		104
독일		102
프랑스		104
캐나다		104

표 1-1 2007년생 아기 절반이 생존했을 것으로 예측되는 최후의 시점에서 그들의 나이

자그마치 107세까지 살 수 있을 것이다.

아마 당신은 여덟 살 아이를 금방 떠올렸을 것이다. 이제 다른 연령대의 사람들을 생각해보자. 당신은 100세가 넘은 노인들을 몇 명이나 알고 있는가. 한 명도 없을지도 모르고, 대단히 뿌듯해하며 100세가 넘은 할머니를 생각할지도 모르겠다. 그러나 주변에 100세인 노인이 거의 없고, 있다면 마땅히 뿌듯해할 것이라는 사실이 바로 100세까지 사는 것이 얼마나 예외적인 현상인지를 말해준다. 현재 여덟 살 아이와 100세가 넘은 노인 간의 차이를 이해하기 위해 미래를 예상하는 **표1-1**의 데이터와 과거의 데이터를 비교해보자. 1914년에 태어난 아이가 100세까지 살 가능성은 1%에 불과했다. 바로 이런 이유 때문에 지금 우리가 100세 넘은 노인을 찾아보기 힘든 것이다. 가능성이 낮았던 것뿐이었다.

그러나 **표1-1**을 보면, 2107년에는 100세 넘은 노인이 더 이상 보기 드문 존재가 아닐 것이라는 사실을 알 수 있다. 실제로 100세까지 사는 것은 아주 흔한 일이며, 당신이 아는 여덟 살 아이들 중 절반 이상이 2107년에도 살아 있을 것이다.

한 가지 요인이나 갑작스러운 변화 때문에 인간의 수명에서 이처럼 이례적인 반전이 일어난 것은 아니다. 실제로 지난 200년 동안 인간의 기대 여명은 꾸준히 증가해왔다. 다시 말해, 현재까지 가장 믿을 만한 데이터에 의하면 인간의 기대 여명은 1840년 이후로 매년 3개월씩 증가해왔다. 이는 10년마다 2~3년씩 증가했다는 뜻이다. **표 1-2** 는 1850년부터 계속되는 이 충격적인 사실을 보여준다. 여기서 정말 이례적인 현상은 이 기간에 기대 여명이 지속적으로 증가하고 있다는 것이다. 해마다 전 세계에서 가장 긴 기대 여명(인구통계학자들은 기대 여명의 최우수 사례라고 말한다)에만 주목하여 그 결과를 연도별로 나타내면 거의 직선처럼 그려진다. 중요한 것은 이러한 증가 추세가 사라질 조짐이 보이지 않는다는 점이다. 이는 이러한 현상이 가까운 미래에도 계속될 것임을 의미한다. 따라서 2007년 일본에서 태어난 아이는 107세까지 살 가능성이 50%이다. 2014년에는 이러한 가능성이 점점 더 높아져서 일본의 산부인과 병동에서 태어난 아이가 107세가 아닌 109세까지 살 가능성이 50%이다.

100년 전에는 여덟 살 아이가 100세까지 살 가능성이 아주 낮았지만, 지금 여덟 살 아이는 그 가능성이 훨씬 높다. 그러면 그 100년 사이에는 어땠는가. 그리고 그 결과는 무엇을 의미하는가. 간단하게 대답하자면, 지금 당신의 나이가 어릴수록 오래 살 가능성이 높다. 이제 **표 1-2** 로 다시 돌아와서 이러한 변화의 궤적을 살펴보자. 기본적으로 1840년 이후로 기대 여명은 10년마다 2~3년 증가했다. 따라서 2007년에 태어난 아이가 104세까지 살 가능성이 50%라면,

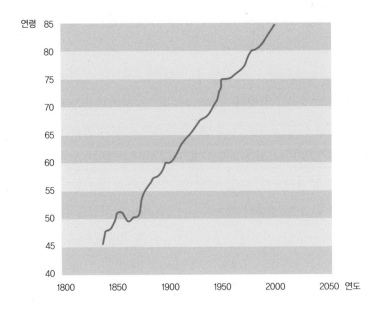

연령 85
80
75
70
65
60
55
50
45
40

1800   1850   1900   1950   2000   2050 연도

표 1-2 기대 여명의 최우수 사례

1997년에 태어난 아이가 101세 혹은 102세까지 살 가능성이 50%이
다. 이보다 10년 전인 1987년에 태어난 아이는 98~100세까지 살 가
능성이 50%이고, 1977년에 태어난 아이가 95~98세까지 살 가능성,
1967년에 태어난 아이가 92~96세까지 살 가능성, 1957년에 태어난
아이가 89~94세까지 살 가능성도 50%이다.

표 1-2 에서 보듯이, 기대 여명이 꾸준히 증가하는 현상은 특이
한 양상을 통해 나타났다. 처음에는 유아 사망률이 크게 낮아지면서
기대 여명이 현저하게 증가했다. 만약 당신이 지금 선진국에서 살고
있다면, 어린 나이에 사망하는 아이들이 많았던 끔찍한 과거를 상상
하기가 어려울 것이다. 영국 빅토리아 시대의 작가들은 슬프게도 어
린아이의 죽음을 작품의 소재로 삼았다. 찰스 디킨스Charles Dickens

의 작품『오래된 골동품 상점*The Old Curiosity Shop*』에서는 열네 살의 어린 넬이 결국 죽음에 이른다. 샬럿 브론테Charlotte Brontë의 작품 『제인 에어*Jane Eyre*』에서는 로우드 스쿨에 장티푸스가 유행하여 제인 은 가장 좋아하는 친구 헬렌을 저세상으로 보낸다. 당시에는 이런 일 들이 흔했다. 디킨스와 브론테는 주변에서 흔히 일어나는 사건을 묘 사했을 뿐이다. 1920년 이후로 어린이와 유아 사망률이 감소했는데, 이는 표 1-2 에서처럼 기대 여명이 꾸준하게 증가하는 주된 원인이 되었다. 넬과 헬렌을 죽음에 이르게 했던 결핵, 천연두, 디프테리아, 장티푸스와 같은 전염병은 사라지기 시작했다. 정부는 영양 상태를 개선해 보건 정책에서 혁신을 이룩했고, 사람들은 좀 더 건강한 생활 방식에 대해 교육받았다.

기대 여명이 현저하게 증가한 두번째 요인은 인류가 심혈관 질 환이나 암처럼 중년 이후에 발생하는 만성 질환에 맞서 싸운 데 있 다. 20세기의 소설가들은 어린아이의 죽음을 더 이상 묘사하지 않 았지만, 그들 자신이 중년이 되어 만성 질환에 시달렸다. 셜록 홈스 Sherlock Holmes를 창조한 코넌 도일Sir Arthur Conan Doyle은 1930년 61세의 나이에 폐렴으로, 제임스 본드James Bond를 창조한 이언 플 레밍Ian Fleming은 1964년 51세에 심장마비로 세상을 떠났다. 시간 이 흐르면서 사람들의 건강 상태는 조기 진단, 새로운 치료법의 개발, 특히 흡연의 폐해 등 건강 문제에 관한 공교육을 통해 크게 개선되었 다. 노벨 경제학상을 수상한 앵거스 디턴Angus Deaton 교수가 지적했 듯이, 어린아이의 창자와 가슴에서 발생하던 치명적인 질병이 어른의 동맥에서 발생하면서 전염병에서도 변화가 나타났다.[1]

기대 여명이 크게 증가한 그다음 요인은 노년에 발생하는 질환에 대한 치료법을 개선한 데 있다. 실제로 노인들의 기대 여명은 이미 크게 높아졌다. 1950년 영국의 80세 노인이 사망할 확률은 14%였지만, 지금은 8%로 하락했다. 90세 노인이 사망할 확률은 30%에서 20%로 하락했다. 100세까지 사는 사람들이 거의 없었기 때문에, 많은 국가에서 이러한 사실을 염두에 두고 정책을 추진했다. 예를 들어, 일본에서는 100세가 되는 노인에게 은으로 만든 넓은 술잔, 사카즈키盃를 신물했다. 이러한 관행이 시작된 1963년에는 100세 노인 153명이 사카즈키를 선물 받았지만, 2014년에는 자그마치 29,350명이 받았다. 영국에서는 여왕이 100세가 되는 노인에게 생일 축하 카드를 보내고 있는데, 10년 전에는 이 업무를 한 사람이 맡았지만, 지금은 보내야 할 카드가 700%나 증가하여 일곱 명이 맡고 있다. 표 1-2 를 살펴보면, 사카즈키를 많이 만들어야 하고, 생일 축하 카드를 담당하는 사람이 많아질 것이라는 사실을 어렵지 않게 예상할 수 있다. 실제로 2015년에 사카즈키 전통은 이미 중단되었다.

　물론 기대 여명이 증가하는 데는 수많은 요인이 작용한다. 예전에 비해 보건, 영양, 의학, 교육, 기술, 위생, 소득 수준이 모두 좋아졌다. 인구통계학자들은 이러한 요인들 중에서 무엇이 가장 중요한 것인가를 두고 열띤 토론을 벌인다. 새뮤얼 프레스턴Samuel Preston은 인구통계학자들이 어느 지점에서 의견의 일치를 보이는지를 잘 설명해준다. 그는 소득의 증가와 영양의 개선이 평균 수명의 증가에서 약 25%를 차지하기는 하지만, 주요 요인은 의약품 보급과 예방 접종처럼 혁신적인 공중보건 정책에 있다는 사실을 통계적으로 입증했다.[2] 공중보건 정책과 교육의 역할이 결정적인 요인인 것이다. 예를 들어, 흡연과 기대 여명의 관계를 대중에게 널리 알리기 위한 캠페인의 효과를 한번 생각해보라.

당신은 어디에서 태어나든 오래 살 수 있다

[표 1-1] 과 [표 1-2] 는 선진국에서 얻은 데이터이다. 지금으로서
는 개발도상국에서 태어나는 아이들이 100세까지 사는 경우가 많지
않을 것으로 예상할 수 있다. 그러나 앞을 조금만 내다보더라도 선진
국 국민들의 기대 여명이 증가하게 만들었던 바로 그 요인들이 개발
도상국 국민들에게도 작용할 것임을 쉽게 알 수 있다. 선진국에서는
소득, 영양, 보건 수준이 개선되면서 유아 사망률이 뚝 떨어졌는데,
지금은 이와 비슷한 현상이 전 세계적으로 일어나고 있다. 가난한 나
라의 기대 여명은 부유한 나라보다 낮았지만, 지금은 같은 증가세를
보이고 있다.

인도의 예를 보자. 1900년 인도인의 기대 여명은 24세였다. 이에
반해, 미국인은 49세였다. 1960년 미국인의 기대 여명은 70세까지
증가했지만, 인도인은 겨우 41세까지만 증가하여 두 나라 사이의 격
차는 더욱 벌어졌다. 그러나 이후로 인도 경제가 성장하면서 격차는
좁혀졌다. 2014년 인도인의 기대 여명은 67세이고, 유엔 인구통계학
자들은 이 수치가 앞으로 10년마다 약 2년씩 증가할 것으로 예상한
다. 과거 인도인의 기대 여명은 미국인보다 훨씬 낮았지만, 지금은 미
국인과 비슷한 수준으로 증가하고 있다. 이러한 현상은 전 세계 거의
모든 국가들에 적용된다. 100세 인생은 세계적인 현상이며, 다만 부
유한 나라에서 먼저 경험했을 뿐이다.

우리는 영원히 살 것인가

표 1-2 를 보면서 수명의 증가 추세가 앞으로 어떻게 계속될 것인지를 생각해보자. 아마 기대 여명이 10년마다 2~3년씩 증가하는 것을 보면서 과연 인간의 수명에 한계가 있는지가 궁금할 것이다. 오늘날 서구 선진국에서 태어나는 아이들은 대다수가 100세 이상 살 것으로 예상된다. 하지만 여기서 멈추게 될까. 아니면 150세, 200세 혹은 그 이상이 될까.

과학자들은 이에 대해 상반된 의견을 갖고 있다. 그들은 인간의 수명에 자연적인 한계가 존재하는지, 존재한다면 몇 세까지일지를 두고 지금까지 많은 논의를 해왔다.[3] 비관론자들은 영양 상태와 유아 사망률의 개선이 마무리되면서 경제 성장에 따른 질병이 만연하고, 앉아서 일하는 생활 방식이 유행하고, 비만이 늘어나 기대 여명이 더 이상 증가하지 않을 것으로 본다.

반면에 낙관론자들은 공교육이 기대 여명을 늘리는 데 강력한 수단이 될 것이며, 기술 혁신이 함께 이루어진다면 계속 기대 여명을 끌어올릴 것이라고 주장한다. 과거를 돌이켜보면 공교육의 확대, 기술 혁신, 조기 진단, 치료법의 개선은 모두가 기대 여명이 증가하는 데 일익을 담당했다. 이런 현상이 앞으로도 계속될 수 있지 않을까. 실제로 낙관론자들 중에는 터무니없어 보이는 견해를 가진 사람들도 있다. 그들은 인간의 삶에는 자연적인 한계가 존재하지 않으며, 과학과 기술의 발전으로 기대 여명이 수백 년에 이를 것이라고 주장한다.

대표적인 사람이 바로 구글Google에서 인공지능 개발 업무를 총괄하는 레이 커즈와일Ray Kurzweil이다. 그는 의학자 테리 그로스먼 Terry Grossman과 함께 쓴 책[4]에서 인간의 수명이 수백 년이 되는 세상으로 가는 데는 결정적인 세 단계가 있다고 했다. 첫번째 단계에서는 삶을 연장하기 위한 최고의 의학적 조언을 충실히 이행한다. 그러면 두번째 단계로 가서 생명공학 분야에서 발생할 의학 혁명으로부터 혜택을 볼 수 있다. 그다음에는 세번째 단계로 넘어가서 인공지능과 로봇이 노화하는 신체를 분자 수준에서 복구하는 나노 기술 혁신의 혜택을 누릴 수 있다. 이는 노인병학계의 낙관주의자들이 내세우는 주장이다. 그들은 인간의 수명에서 자연적인 한계는 지금까지 생각했던 것보다 월등히 더 높을 것으로 주장한다.

낙관론자와 비관론자 중 어느 쪽이 옳은가는 중대한 차이를 낳는다. **표 1-2** 는 자연적인 한계가 있다 해도, 지금은 그 한계에 가까워지고 있는 것 같지는 않다는 사실을 시사한다. 인간의 수명이 최고점에 가까워지고 있다면 기대 여명의 최우수 사례에서는 기대 여명이 수평에 가까워지기 시작할 것이다. 그러나 그래프에서 알 수 있듯이, 증가율은 지난 200년과 같은 수준을 유지하고 있다. 우리 저자들은 개인적으로 온건한 낙관주의자 쪽이다. 다시 말하자면, 우리는 기대 여명의 증가가 110~120세에서 서서히 감소할 것으로 예상한다. 물론 아무도 알 수 없다. 그러나 가장 중요한 사실은 100세 인생이 SF 소설에 나오는 이야기 혹은 미래에 대한 막연한 추측이 아닐뿐더러, 운이 좋은 소수의 사람들에게만 해당하는 상한치도 아니라는 것이다. 이는 아주 흥미로운 문제인데, 지금 태어나는 아기가 100세보다 훨씬 더 오래 살 것이라는 사실을 보여주는 설득력 있는 증거가 있기 때문이다.

이제 수명이라는 주제에서 다른 주제로 넘어가기 전에 한 가지 고려해야 할 기술적인 문제가 있다. 인간의 수명에 관한 글을 읽다보면,

실제로 얼마나 오래 살 것인가에 관하여 상충되는 예측을 볼 수 있을 것이다. 이런 결과는 부분적으로는 미래의 기대 여명을 추정하는 방법에 여러 가지가 있기 때문에 발생한다. 예를 들어, 당신이 앞에서 떠올렸던 여덟 살 아이를 다시 생각해보자. 인구통계학자들이 여덟 살 아이들의 기대 여명을 예측하려면, 아이들이 나이가 들어가면서 생기는 사망 위험mortality risk을 고려해야 한다. 여덟 살 아이들이 앞으로 얼마나 살 것인가를 예측하는 과정에서, 그들이 55세(현재 우리 저자들의 평균 연령)가 될 때 그들의 기대 여명에 대하여 어떤 가정을 해야 하는가. 여덟 살 아이들이 47년이 지나서 실제로 55세가 될 때, 그들의 기대 여명은 지금 우리와 같을까. 아니면 지금부터 47년 이후에는 공교육과 의료 기술의 혁신으로 55세의 기대 여명이 지금보다 훨씬 더 증가할 것으로 가정해야 하는가.

이 질문에 대하여 어떤 대답을 내놓는가에 따라 여덟 살 아이들의 기대 여명에 대한 추정치는 크게 달라진다. 인구통계학자들이 여덟 살 아이가 55세가 될 때의 기대 여명이 현재 우리의 기대 여명과 같을 것으로 가정하면, 연도period 분석에 따라 기대 여명을 추정하게 된다. 그러나 여덟 살 아이가 55세가 되어서 기대 여명의 개선 효과로부터 혜택을 입을 것으로 가정하면, 코호트cohort● 분석에 따라 기대 여명을 추정하게 된다. 물론 코호트 분석에 따라 기대 여명을 추정하면 연도 분석에 따라 추정할 때보다 훨씬 더 높게 나온다. 그 이유는 코호트 분석에서는 미래의 개선 효과를 고려하기 때문이다. 우리는 표 1-1 과 표 1-2 에서 교육과 보건의 지속적인 개선을 가정

● 통계적으로 동일한 특색이나 행동 양식을 공유하는 집단.

하여 코호트 분석에 따른 추정치를 제시했다. 흥미롭게도 (그리고 중요하게도) 경제학자들은 (예를 들어, 연금 산정을 목적으로) 기대 여명을 연도 분석에 따라 추정할 때가 많다. 그들은 이렇게 하여 미래의 개선 효과를 추정 방정식에서 사실상 제거한다. 과거의 추세를 감안하면, 경제학자들은 미래의 기대 여명을 상당히 과소 추정하는 것으로 볼 수 있다. 바로 이런 이유 때문에, 우리는 코호트 분석에 따른 데이터를 사용했다.

우리는 건강하게 나이 들 것인가

삶 자체가 즐거워야만 기대 여명이 증가하는 현상이 즐거운 일이다. 건강하게 사는 기간보다 기대 여명이 더 빠르게 증가하면 어떤 일이 발생할까. 이는 '노쇠함의 만연an epidemic of frailty'이라는 홉스 식의 악몽에 이르게 한다. 많은 사람들이 수명이 증가하면 노인을 돌보기 위한 의료비가 크게 상승할 것을 걱정한다. 확실히 알츠하이머병이나 각종 노인성 질병을 안고 오래 사는 것은 환영할 만한 일이 아니다.

그러나 우리는 중요한 사실을 놓쳐서는 안 된다. 오래 사는 사람들이 많아졌을 뿐만 아니라 이들 중에서 건강하게 오래 사는 사람들이 많아졌다. 다시 말하자면, 이제는 '유병 기간의 압축compression of morbidity' 현상이 나타나기 시작했다.[5] 사망mortality이 기대 여명과 사망 시점과 관계가 있다면, '유병 기간의 압축'에서 병적 상태morbidity는 죽음을 맞이하기 전 건강과 관련된 삶의 질을 가리킨다.

1980년 스탠퍼드대학교 의과대학 교수 제임스 프라이스James Fries는 기대 여명이 증가하는 속도보다 만성 질환의 최초 발병이 늦

쳐지는 속도가 더 빠르다는 가설을 세웠다. 이 말은 노년에 유병 기간에 이르는 시기가 시간적으로 압축되어 사망 직전에야 나타난다는 뜻이다. 즉, 노화와 관련된 만성 질환(당뇨병, 간경변, 관절염)이 나중에 찾아온다는 것이다. 프라이스는 예방의학, 보건 정책, 교육의 혜택을 믿는 낙관주의자다. 이러한 낙관주의는 어느 정도는 자신이 수행한 연구에서 비롯되었다. 그는 펜실베이니아대학교 졸업생 1,700명을 대상으로 20년 넘게 조사하고는 그다음에 달리기 선수들을 대상으로 조사했는데, 그가 얻은 결론은 분명했다. 규칙적으로 운동하고 금연하고 체중 관리를 하는 사람들은 대체로 '유병 기간의 압축' 현상을 경험한다. 이처럼 획기적인 연구가 있고 나서 이러한 결론을 뒷받침하는 연구가 줄을 이었다. 일례로 여러 나라에서 관상동맥 질환을 처음 앓는 사람의 연령이 높아지고 거동이 불편한 노인들의 비율이 점점 감소하고 있다.

유병 기간은 질병에 관한 문제일 뿐만 아니라 노화에 따른 활동 가능성에 관한 문제이기도 하다. 지금까지 많은 과학자들이 일상생활 수행능력Activities of Daily Living, ADL에 관해 연구해왔다. ADL이란 일상생활에서 목욕, 배변 통제, 옷 입기, 식사와 같은, 삶의 질에 중요한 영향을 미치는 활동을 스스로 할 수 있는 능력을 말한다. 미국인 2만 명을 상대로 ADL을 연구한 결과에 의하면, 시간이 경과함에 따라 커다란 변화를 보여준다. 1984년부터 2004년까지 20년 동안에 85~89세 노인들 중에서 이러한 능력이 결여된 노인들의 비율은 22%에서 12%로 감소했다. 그리고 95세 이상 노인들 중에서는 52%에서 31%로 감소했다. 의료 기술이 발달하고 공적 지원이 확대됨에 따라 노인들은 더욱 건강한 삶을 살면서 더욱 많은 것을 성취할 수 있게 되었다. 마찬가지로 또 다른 연구 결과에 따르면, 65세 이상 노인들 중에서 신체 장애가 있는 사람의 비율은 점점 감소하고 있으며, 최근 수십 년 동안에는 이러한 감소 추세가 더욱 두드러지게 나타났다.[6]

그러나 '유병 기간의 압축' 현상을 뒷받침하는 연구 결과들이 많지만, 그 증거에 관해서는 논란의 여지가 있다.[7] 당신이 건강하게 늙어갈 것인가는 다양한 요인에 달려 있으며, 이러한 요인들 중 일부는 거주 지역과 생활 방식에 연관된다. 예를 들어, 미국에서는 노인들이 건강하게 늙어가는 모습이 뚜렷하게 나타난다. 그러나 경제협력개발기구OECD가 수행한 연구 결과에 따르면,[8] '유병 기간의 압축' 현상이 12개국 중 (미국을 포함하여) 다섯 곳에서만 나타났다. 다른 세 국가에서는 유병 기간이 증가했고, 나머지 국가에서는 아무런 변화가 없었다. 국가별로 차이가 있다는 사실 그 자체는 무척 흥미롭다. 그 이유는 이러한 차이가 프라이스의 주장, 즉 노년에 건강한 삶을 영위하기 위한 중요한 열쇠는 보건 정책, 교육, 행동 방식의 변화에 있다는 것을 뒷받침하기 때문이다. 그것은 저절로 이루어지는 것이 아니다.

사람들이 길어진 삶을 어떻게 살 것인가를 생각하면서 가장 많이 느끼는 두려움은 말년에 치매에 걸릴 가능성일 것이다. 이는 납득할 만한 두려움이다. 우리 주변에 100세 노인은 거의 없지만, 가까운 친척 중에 치매에 걸린 사람은 많이 있다. 실제로 선진국에서는 치매가 노화에 따르는 주요 위험으로 부각되고 있다. 60세 노인의 1%, 75세 노인의 7%, 85세 노인의 30%가 치매 환자들이다. 이러한 사실이 우리에게 무엇을 의미하는가. 결국 이것은 MRI 스캔을 활용한 뇌 영상 기술의 발전과 함께 중요한 연구 주제가 되었다. 여기서 가장 흥미로운 연구 분야는 인지기능 개선제의 개발인데, 과학자들은 앞으로 20년 이내에 획기적인 발전을 기대하고 있다.

과학으로서 노인병학은 일종의 특이한 비법처럼 인식되던 분야였으나 이제는 주류로 자리를 잡아가고 있다. 주요 병원들이 이 분야 연구에 적극적으로 참여하고 있으며, 민간 기업들도 투자를 아끼지 않고 있다. 가장 두드러진 사례로는 구글이 래리 페이지Larry Page의 주도로 '건강, 웰빙, 장수'를 목표로 설정하고 7억 달러를 투자하여 캘리코Calico, California Life Company를 설립한 것을 꼽을 수 있다.

이러한 연구의 대부분은 세포 노화 현상이 사망과 병적 상태에 이르게 하는 질병의 근본 원인이라는 생각에서 출발한다. 따라서 연구자들은 특정 질병에 집중하기보다는 노화 과정 그 자체에 집중하여 세포의 수명이 길어지고 스스로 재생할 수 있는 환경을 만드는 방법을 찾으려고 한다. 효모균과 생쥐를 대상으로 한 실험에서 수명을 엄청나게 늘릴 수 있다는 사실이 이미 입증됨으로써 이처럼 새로운 분야는 인류의 진보를 위한 커다란 잠재력을 지니게 되었다. 그러나 이러한 연구는 당연히 복잡할 뿐만 아니라 인간을 대상으로 실험하는 것도 요원한 일이다. 결국 100세 인생을 맞이하고도 여러 가지 시도의 효과가 받아들여지기까지는 오랜 시간이 걸릴 것이다. 발전이 느리고 획기적인 돌파구가 없는 분야일 수도 있다.

그러나 우리는 어떠한 도전에 과학, 지식, 자본을 집중할 때 훨씬 더 많은 것들을 얻을 수 있다는 사실을 명심해야 한다. 찰스 디킨스 시대에는 혁신이 유아 사망률을 줄이는 데 집중되었다. 이언 플레밍 시대에는 중년의 질병을 줄이는 것이 목표였다. 지금은 노년의 질병을 해결해야 한다.

이제 인간의 수명에 관한 논의를 끝내면서 정리하자면, 단순히 100세까지 건강하게 사는 것만을 생각할 것이 아니라 오히려 100세를 당신이 기대할 수 있는 최소한의 수명으로 생각하는 것이 현명한 자세일지도 모른다.

2장

자금 조달
일하는 노년

돈이 중요하기는 하지만, 길어진 삶을 준비하는 데 전부는 아니다. 이 사실은 이 책의 주제 중 하나이다. 그러나 많은 사람들이 돈 문제로 이야기를 시작하니 우리도 이 문제에서 출발하기로 했다. 이제 우리는 퇴직연금을 마련하기 위해 얼마나 저축해야 하는지 계산하는 것으로 논의를 시작할 것이다. 이때 기대 여명과 직업 활동 기간에 대해서는 다양한 가정을 할 것이다. 우리는 주로 연금에 집중하기로 한다. 그러나 길어진 삶에서 여러 단계를 경험하다보면 당연히 노후대비 저축을 걱정하게 되는데, 이때 연금에만 관심을 갖는 것은 상당히 편협한 재무 설계라는 사실을 인정할 수밖에 없다. 그러나 이처럼 편협한 생각이 우리에게 진지한 통찰을 하게 만든다.

계산한 결과를 다른 사람과 비교하다보면, 때로는 우울한 침묵이 감돌 때가 있다. 여기서 간단한 진리는 당신이 오래 살면 더 많은 돈이 필요하다는 것이다. 즉 저축을 더 많이 해야 하거나 나이가 들어서도 일을 계속해야 한다. 이러한 논리는 어쩔 수 없지만 실망스럽다. 기대 여명이 길어질수록, 저축률이 높아지고 직업 활동 기간이 길어진다. 그렇게 늘어난 몇 년이 순식간에 선물에서 저주로 바뀐다. 우리는 대부분 선물에는 대가가 따른다는 사실에 거부감을 갖는다.

그러나 이러한 금전적 현실은 출발점에 불과하며, 우리의 분석의 끝이 아니다. 이러한 금전적인 계산 결과가 아주 실망스럽기 때문에, 우리는 인생을 3단계로 나누는 지배적인 관념에서 벗어나야 한다. 앞으로 이 책에서 다루듯이, 이러한 관념에서 벗어나면 저축을 더 많이 하거나 더 오래 일을 하더라도, 비금전적 자산에 피해가 덜 가는 방식으로 할 수 있고 온딘의 저주로부터 벗어날 수 있다. 그래야 진정한 선물이 생기는 것이다.

배역 소개

저축률과 직업 활동 기간을 계산하는 것은 복잡하다. 이와 관련된 수학은 비교적 다루기 쉽지만, 계산의 근거가 되는 가정이 복잡할 수가 있다. 당신은 앞으로 얼마나 벌 것인가, 당신의 소득은 얼마나 빨리 증가할 것인가, 저축에 대한 수익률은 얼마나 될 것인가, 직업 활동을 하는 동안 소득의 흐름은 어떻게 될 것인가, 아이는 몇 명이나 가질 것인가, 당신이 얼마를 벌어야 행복한 생활을 할 수 있는가, 유산으로는 얼마를 남길 것인가. 이 모든 가정에 따라 결론이 아주 달라질 수 있다.

많은 것들이 개인적인 여건과 소망에 달려 있기 때문에, 금융기관들은 고객의 재무 설계를 위해 세부적인 내용을 담은 소프트웨어를 사용한다. 경제학자들이 매우 복잡한 생애 모델을 설계하기 위해 다양한 요인들을 고려하는 것도 똑같은 이유 때문이다.[1] 세부사항이 중요하다.

우리는 100세 인생의 결과에 관해 재무적인 통찰력을 갖기 위해서 개인의 특정한 요인들은 무시하기로 한다. 대신에 잭Jack, 지미 Jimmy, 제인Jane이라는 대표적인 세 사람의 삶을 살펴보자. 이들은 각각 1945년, 1971년, 1998년에 태어난 사람들로 자기 세대를 대표하면서, 기대 여명의 증가가 개인의 삶에 미치는 영향이 세대마다 어떻게 다른지를 보여준다. 이처럼 정형화된 삶 중에서 한 사람과 대략적으로 동일시해보면, 이들의 경험을 통해 우리에게 일어날 변화의 결과를 고찰할 수 있다.

잭의 삶은 3단계(교육, 일, 퇴직)의 삶이 기대 여명이 70세인 자기 세대에 완벽하게 맞아 떨어지는 것을 보여준다. 잭의 삶은 지금 일어나는 현상을 설명하는 사례로서가 아니라, 자기 세대에게 적용된 3단계 삶에서의 성공이 다음 세대에게 강력한 롤모델이 된 이유를 설명하는 사례로서 중요하다.

지금 나이가 40대이고 기대 여명이 85세인 지미 세대에게는 3단계 삶이 롤모델이었다. 지미는 여태까지 3단계 삶이라는 사회 규범을 따르고 있지만, 이제 현실은 잘 맞지 않는 것처럼 보이기 시작했다. 지미는 중년을 맞이하여 주변을 둘러보면서 어떻게 하면 상황이 더 나아질 수 있을지를 고민했다. 지미에게는 선물보다는 저주가 더 커지기 시작했다. 앞으로 살펴보겠지만, 장수는 선물일 수 있다. 하지만 지미가 국면을 전환하려면 변화와 실험을 받아들일 준비가 되어 있어야 한다.

제인은 100세까지 살 것으로 예상되는 젊은 여성이다. 제인 세대의 사람들은 3단계 삶이 그들에게 적용되지 않을 것이라는 사실을 잘 알고 인생 계획을 처음부터 재설계하고 있다. 제인은 기대 여명이 가장 길고 삶을 설계하는 방식에서 가장 큰 유연성을 지닌 집단에 속한다. 이들 중에서 사회적인 선구자들이 많이 나올 것으로 예상된다.

물론 당신이 여기 나오는 배역 중 한 사람과 동일시하더라도, 당신의 삶은 이들보다 훨씬 더 복잡하고 특별하다. 따라서 당신은 재무설계를 할 때 자신의 상황에 맞게 계산 과정에서 기교를 발휘해야 한다. 이번 장은 적절한 재무적 조언을 대신하기 위한 것은 아니다. 이 정형화된 인물들은 지극히 단순하지만, 여기서 나오는 계산 수치들의 구체적인 의미들은 신중하게 다뤄져야 한다. 개괄적인 결과는 현실을 반영하고 있다. 각자의 개인적인 상황과는 다소 다르더라도 많은 사람들에게 의의가 있을 것이다.

가정

우리는 몇 살까지 일을 해야 하고, 저축을 얼마나 해야 하는지에 관심이 무척 많다. 이런 결정은 중요하고 당신이 지금 일상적으로 하는 결정에도 커다란 영향을 미친다. 나중에 우리는 잭, 지미, 제인이 일하는 기간과 퇴직 이후의 기간 사이의 적절한 균형을 보여줄 예정이다. 결과를 보고 놀랄 수도 있다. 그래서 어떠한 조치를 취하려면 결과가 정확하다는 확신이 필요할 것이다. 우리는 이러한 확신을 주기 위해 근거가 되는 가정과 이에 따른 계산 과정을 자세히 설명할 것이다.

우리는 불필요한 가정들을 모두 제거한 상태에서 중요하다고 생각되는 네 가지 가정에만 근거하여 계산했다. 당신은 연금을 얼마나 많이 받고 싶은가, 저축의 수익률은 얼마인가, 당신의 소득은 얼마나 빠르게 증가하는가, 당신은 몇 살에 퇴직하고자 하는가.[2] 이러한 가정을 통해 필요한 연금을 마련하려면 일하는 동안에 얼마나 저축을 해야 하는지를 계산할 수 있다.

잭, 지미, 제인을 대상으로 한 계산 결과를 비교하려면, 네 가지 주요 가정에서 같은 값을 사용해야 한다. 물론 이들은 서로 다른 시대에 태어났기 때문에 서로 다른 투자수익률 혹은 소득증가율에 직면하게 된다. 그러나 이 책이 전하는 중요한 메시지는 수명의 증가가 어떤 식으로 변화를 초래하는가에 있다. 많은 변수들이 세대 간에 차이가 있음을 보여주지만, 이러한 차이를 예측하기에는 신뢰성이 부족하다. 다만, 우리의 목표는 수명의 증가가 미치는 영향을 따로 떼어보는 것이다.

첫번째 가정은 희망하는 연금에 관한 것이다. 우리는 세 사람 모두가 퇴직 전 소득의 50%를 연금으로 받고자 하는 것으로 가정했다. 7장에서는 이러한 가정의 타당성을 검토할 것이지만, 여기서는 이것이 중간 정도의 보수적인 목표라는 것만 알아두기로 하자. 많은 사람들이 이보다는 훨씬 더 높은 수치를 목표로 하지만, 우리는 비교적 낮게 잡았다. 실제로 이 수준의 저축은 다양한 가정들 중에서 낮은 편에 속한다.

두번째 가정은 장기적인 투자수익률 기대치에 관한 것이다. 이는 재무 이론에서 상당히 중요하고도 논란이 많은 주제이기 때문에, 답하기가 쉽지 않다. 여기서 한 가지 변수는 당신이 위험을 바라보는 태도이다. 위험 자산은 투자자들에게 위험을 수용하도록 설득하기 위해 안전 자산보다 높은 수익을 제공한다. 따라서 투자수익률은 세 가지 요소로 구성된다. 무위험 자산의 투자수익률(채무 불이행이 없는 정부 발행 채권의 이자율), 위험 프리미엄(투자자들이 위험한 자산에 투자하여 벌어들이는 추가적인 수입), 그리고 무위험 자산과 위험 자산 사이에서 적절하게 포트폴리오를 구성하는 것. 무위험 자산의 수익률과 위험 프리미엄은 시간이 흐르면서 변한다. 그리고 자산의 구성이 변하면 투자수익률도 변한다. 따라서 모두가 동의하는 단 하나의 '황금의 숫자golden number'는 존재하지 않는다. 결과적으로 이 주제를 가지고 논쟁을 벌이는 금융 문헌은 엄청나게 많다.

엘로이 딤슨Elroy Dimson, 폴 마시Paul Marsh, 마이크 스탠턴Mike Staunton은 100년이 넘는 기간의 데이터를 조사하고는 국가별로 우리가 원하는 추정치를 매년 산출했다.[3] 그들이 추정한 자료에 의하면 미국의 경우에는 1900년부터 2014년까지 물가상승률을 조정한 상태에서 무위험 자산의 수익률은 2%이며, 위험 프리미엄은 4.4%로 나타났다. 이 말은 주식에 투자하면 정부 발행 채권처럼 위험이 없는 자산보다 매년 4.4%를 더 많이 벌어들인다는 뜻이다. 따라서 투자자들이 안전 자산과 위험 자산을 50대 50으로 나누어서 투자하면, 물가상승률보다 4.2%(0.5×2+0.5×6.4) 더 높은 수익을 얻는다. 영국의 경우에는 이 수치가 3.5%로 나왔다. 이 기간에 미국, 영국, 일본, 독일, 프랑스, 오스트레일리아의 경우를 평균하면 물가상승률보다 2.8% 더 높은 수익을 얻는 것으로 나타났다.

이런 결과가 앞으로도 계속될까. 경제학자들은 지금처럼 아주 낮은 투자수익률이 앞으로도 계속될 것이고, 따라서 과거의 데이터를 가지고 계산한 결과는 낙관적인 추정치가 될 것으로 예상한다. 그러나 100세 인생에 주목하는 것이니 지난 100년 동안의 평균 추정치를 사용하는 것이 기껏해야 앞으로 10년 정도만 유효할 2015년 예측치를 사용하는 것보다 더 편리할 수도 있다. 또한 세금과 관리 비용을 감안하면 수익률이 크게 떨어질 수 있다는 사실도 명심해야 한다. 어쨌든 우리는 과거의 국가별 계산 결과에 바탕을 두고 잭, 지미, 제인에게 적용되는 투자에 대한 실질 수익률(물가상승률을 뺀 수익률)을 3%로 상정했다. 때로는 수익률이 3%보다 훨씬 더 높을 수도 있고, 훨씬 더 낮을 수도 있지만, 평생에 걸쳐 평균 3%의 실질 수익률을 가정하는 것은 타당성이 있어 보인다.

세번째 가정은 잭, 지미, 제인의 소득이 매년 얼마나 빨리 증가하는가에 관한 것이다. 대체로 임금은 물가와 함께 상승하기 때문에, 나이가 들면 소득이 증가한다. 또한 시간이 지나면서 일에 대한 생산성이 높아지고 승진도 하여 더 큰 책임을 진다. 소득은 일정한 속도로 증가하지는 않는다. 불황이 오면 임금이 떨어질 수도 있다. 승진을 하면 임금이 엄청나게 많이 오른다. 우리는 이 모든 사실들을 고려하여 실질 소득증가율(물가상승률을 뺀 증가율)을 매년 4%로 가정한다.[4] 이는 낙관적인 가정이지만, 경력 관리를 성공적으로 하는 사람에게는 비현실적이지 않다.

마지막 가정은 퇴직 연령에 대한 것이다. 처음에는 모두가 지금처럼 65세에 퇴직할 것이라고 가정할 것이다. 그다음에는 이보다 좀 더 나중에 퇴직하면 장수에 따른 금전적인 부담을 어느 정도로 덜 수 있는지를 살펴보기로 하자.

▌잭이 설계한 인생

잭은 1945년에 태어나서 17세가 되는 1962년에 고등학교를 졸업

하고 20세에 대학 과정을 마쳤다. 그는 선진국의 '황금기Golden Age'
로 알려진 시기에 사회에 나왔다. 그는 엔지니어로 성공하여 고위 관
리직까지 올랐다. 그가 항상 순항을 했던 것은 아니었다. 선진국 경제
에 불황이 닥칠 때나 세계화의 흐름이 가속화되고 신기술이 등장할
때는 직장을 잃기도 했으며, 다른 곳으로 재배치되기도 했다. 하지만
잭은 직장 생활을 대체로 잘해왔다. 잭의 가정은 전통적인 가족 구조
였다. 부인 질Jill은 자녀를 키우면서 파트타임으로 일할 때가 많았지
만, 잭이 항상 가정의 주 수입원이었다. 잭은 62세에 퇴직하여 안타
깝게도 70세가 되는 해인 2015년에 세상을 떠났다.[5]

잭은 자산을 어떻게 관리했을까. 대답은 "아주 잘했어요"이다.

잭은 세 가지 종류의 연금, 즉 국가가 제공하는 연금, 회사가 제공
하는 연금, 개인연금에 가입하여 크게 혜택을 본 세대에 속한다. 잭이
비교적 고소득자이고 사회보장 연금을 최대한도로 받는다고 가정하
면, 정부로부터 퇴직 전 소득의 10%를 연금으로 받았을 것이다. 잭은
운이 좋아서 대부분의 큰 기업이 퇴직연금을 제공하던 시절에 직장
생활을 했다. 잭의 근속 연수를 감안하면, 잭은 퇴직 전 소득의 20%
를 받았을 것이다. 이제 잭이 연금의 나머지를 마련해야 한다. 퇴직
전 소득의 50%가 되려면 퇴직 전 소득의 20%는 저축을 통해 마련해
야 한다.

잭에게 또 한 가지 유리한 점은 자신이 42년 동안 일을 했고, 퇴직
이후로 8년을 살았다는 것이다. 따라서 잭은 퇴직 이후 1년을 살기
위해 5년 넘게 일을 한 셈이다. 잭은 연금을 마련하기 위해 국가와 회
사로부터 많은 도움을 받았고, 연금 가입 기간도 상당히 길었다.

이 결과는 　표 2-1　에 잘 나와 있다. 이 도표는 잭이 연금을 받기

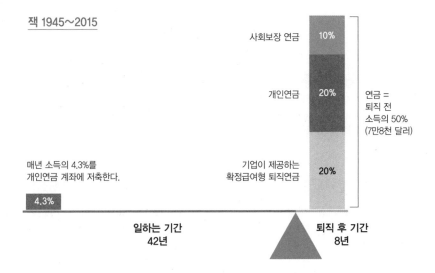

표 1945~2015

사회보장 연금 10%

개인연금 20%

연금 =
퇴직 전
소득의 50%
(7만8천 달러)

매년 소득의 4.3%를
개인연금 계좌에 저축한다.

기업이 제공하는
확정급여형 퇴직연금 20%

4.3%

일하는 기간
42년

퇴직 후 기간
8년

표 2-1 잭의 금전적 자산의 균형

위해 얼마나 저축했는지를 보여준다. 잭은 재직 기간 중에 해야 하는 저축과 퇴직 후에 받고자 하는 연금 간의 균형을 맞추어야 했다. 잭이 이러한 균형을 맞추는 일은 비교적 쉬웠다. 잭은 매년 소득의 4.3% 를 저축하면 자신이 원하는 수준의 퇴직 후 생활을 할 수 있었다. 물론 잭은 이것 외에도 다른 것을 준비하기 위해 저축을 해야 했다. 주택담보 대출금을 갚아야 했고, 자녀들의 교육비와 비상금을 준비해야 했고, 예상보다 길어진 삶에 대비하여 저축도 해야 했다. 그러나 퇴직 이후를 위한 저축의 측면에서 본다면, 매년 소득의 4%는 대체로 적당하고 실현 가능한 수치라 볼 수 있다.[6]

잭과 같은 해에 태어난 사람들의 기대 여명, 국가와 회사의 지원을 고려하면, 3단계 삶의 모델은 잭에게 재정적으로 잘 맞아 떨어진다. 그러나 앞으로 살펴보겠지만, 지미에게는 이러한 지원이 점점 사라지고 있다.

점점 사라지는 연금

기대 여명의 증가와 관련하여 가장 많이 거론되는 쟁점은 특히 선진국 경제에서 정부가 제공하는 연금이 더 이상 유지되기가 어렵다는 사실이다. 지금 대부분의 선진국들은 현금지급주의Pay As You Go 방식의 연금 제도를 채택하고 있다. 이 제도에서는 현재 일하고 있는 사람들에게 거둔 세금으로 퇴직한 사람에게 연금을 지급한다. 개인이 저축한 돈으로 연금 펀드를 구성하고 투자 실적과 개인의 기여에 따라 연금을 지급하는 펀드형 방식과는 다르게, 현금지급주의 방식에서는 투자가 이루어지지 않는다.

현금지급주의 방식의 문제는 사람들이 오래 살고, 동시에 출생률이 떨어지는 데서 발생한다. 출생률이 떨어지면, 퇴직한 사람에 비해 일하는 사람이 줄어든다. 결과적으로 세수는 감소하지만 연금 지출이 증가하는 상황이 발생한다. 이때 연금 정책을 바꾸지 않으면, 정부 재정은 파탄이 나고 정부 부채는 이미 많은 상태에서 훨씬 더 늘어난다. 일본과 같은 국가에서는 기대 수명이 늘어났지만 출생률이 크게 떨어져서 이 문제가 아주 심각하다.

표 2-2 는 국가마다 이 문제가 어느 정도로 심각한지를 보여준다. 모든 국가에서 노년부양비old-age dependency ratio(65세 이상 인구/15~64세 인구×100)가 최소한 두 배 증가했다. 특히 일본은 문제가 아주 심각하다. 1960년 일본은 연금 수령자 1명당 10명이 일을 하여 노년부양비가 10%에 불과했다. 현금지급주의 방식에 따르면, 이는 노동자 10명이 연금 수령자 1명에게 지급되는 연금을 분담하는

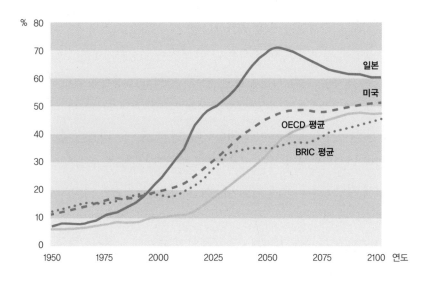

%

일본

미국

OECD 평균

BRIC 평균

1950 1975 2000 2025 2050 2075 2100 연도

표 2-2 노년부양비

것을 의미한다. 2050년이 되면, 노년부양비가 70%에 달하여 노동자 10명이 연금 수령자 7명에게 지급되는 연금을 분담해야 한다.

이러한 추세는 현재의 현금지급주의 방식이 더 이상 유지될 수 없다는 사실을 분명하게 보여준다. 이 방식은 잭이 속한 세대에서는 괜찮았다. 국가가 소득의 30~40%를 연금으로 지급하고 노동자 10명이 연금 수령자 1명에게 지급되는 연금을 분담한다면, 노동자들에게 소득의 3~4%에 해당하는 금액을 세금으로 부과하고 이것으로 연금을 지급하면 된다. 연금을 후하게 지급하는 국가에서는 사람들이 일찍 퇴직하고 오래 살아서, 연금을 부담할 노동자가 감소한다. 결과적으로 현금지급주의 방식은 정교하게 짜인 피라미드 방식(폰지Ponzi 방식 혹은 매도프Madoff 방식) 형태로 작동된다. 우리 모두가 덜 내고 많이 가져간다. 이 방식은 다른 모든 피라미드 방식과 마찬가지로 새로 들어오는 구성원이 계속 증가하는 한 지속된다. 그러나 선진국에서 출생률이 낮아지면, 이 방식은 더 이상 지속 가능하지 않다.

물론 정부는 이런 사실을 오래전부터 인식하고 상황을 개선하기 위한 조치를 취해왔다. 그러나 연금 개혁은 더디게 진행되었고, 유권자들은 나이가 많을수록 이에 저항했다. 연금 개혁의 내용은 국가마다 많이 다르지만 일반적인 원칙은 똑같다. 그것은 퇴직 연령을 높여서 납세 기간을 늘리고, 연금 수령 기간을 줄이고, 연금을 저소득층에게 집중하는 것이다.

OECD 국가 중에서 18개국은 여성의 퇴직 연령을 연장했고, 14개국은 남성의 퇴직 연령을 연장했다. 그러나 지금까지 이러한 조치는 완만하게 이루어지고 있는데, 2010년부터 2050년까지 남성은 2.5년, 여성은 4년 연장될 것이다. 이는 기대 여명의 증가 속도에 비해 더딘 편이라 연금 개혁의 추세는 지속되거나 가속화될 것으로 예상한다.

당신이 고소득자라면, 국가는 앞으로 당신이 연금을 마련하는 데 예전만큼 도움을 주지 못할 것이다. 예를 들어, 2000년 영국의 고액 연금 수급자는 국가로부터 퇴직 전 소득의 35% 이상을 받을 수 있었다. 그러나 2060년에는 20%만을 받을 것이다.

정부의 연금 개혁은 더디게 진행되고 있지만, 기업연금 제도 occupational pension scheme는 빠르게 변하고 있다. 지금 기업들은 연금 제도를 운영하는 데 비용이 많이 소요되는 관계로 어려움을 겪고 있으며, 특히 수명이 길어지면서 이 제도가 기업에 재정적으로 큰 부담이 되었다. 결과적으로 이런 제도들이 급격히 줄었고, 이미 신입직원들에게는 기존의 혜택을 제공하지 않고 있다. 영국에서는 1987년 민간 부문에서 약 810만 명이 기업연금 제도의 혜택을 받았으나, 2011년에는 290만 명으로 감소했다.[7] 미국에서는 1983년 확정급여형 연금defined benefit pension을 받는 피고용인은 전체의 62%였지만, 2013년에는 17%로 감소했다.[8] 게다가 이러한 연금 제도를 유지하는 기업들도 재정적인 부담을 줄이기 위해 혜택을 크게 축소했다.

이제는 기업연금 제도를 시행하는 기업도 많지 않고 국가가 지급하는 연금도 많이 줄어들었다. 이러한 현실이 전하는 메시지는 간단하다. 연금을 마련해야 하는 부담이 점점 더 개인에게 지워지고 있다는 것이다. 다시 말하자면, 잭은 연금 총액의 40%를 스스로 마련했고, 나머지는 국가와 고용주가 지원했다. 지미와 제인은 이보다 훨씬 더 높은 비율을 스스로 마련해야 한다.

우리가 주로 선진국 정부에 초점을 맞추고 그들이 직면한 현금지급주의 방식의 문제를 설명했지만, 연금 마련의 부담이 개인으로 넘어가는 현상은 이제는 세계적인 추세라는 사실을 명심해야 한다.

1장에서 설명했듯이, 신흥시장국가의 기대 여명도 과거의 선진국만큼 빠른 속도로 증가하고 있다. 단지 기대 여명이 더 낮은 상태에서 출발했을 뿐이다. 신흥시장국가에서는 출산율도 감소하고 있지만, 서구 국가에 비해서는 감소 속도가 더딘 편이다. 신흥시장국가의 출산율이 감소하는 것은 소득이 증가하고 여성의 교육 수준이 높아지기 때문이다. 다시 말하자면, 신흥시장국가는 기대 여명 증가와 출산율 저하를 동시에 경험하고 있어서 현금지급주의 방식이 지속 가능하지 않다.

따라서 신흥시장국가의 국가연금 제도가 현금지급주의 방식을 채택하지 않으려는 경향은 전혀 놀라운 일이 아니다. 이런 사실은 정부 재정을 선진국처럼 확대할 수 없는 국가에는 좋은 소식이다. 그러나 연금이 정부 재정에 위기를 가져오지는 않는 반면에 국민들이 국가에 의존하지 않고 스스로 연금을 마련해야 함을 의미한다. 현금지급주의 방식을 채택하지 않으면 정부 재정에 위기도 없겠지만, 결과적으로 다수를 위한 국가연금도 없는 것이다.

▌지미: 3단계 모델의 연장

이제 우리는 1971년에 태어난 지미의 삶을 관찰해보자. 지미와 같은 해에 태어난 사람들의 기대 여명은 85세다.[9] 지금 우리는 3단계 삶의 이면에 있는 개인의 재정 문제를 살펴보고 있다. 지미는 21세가 되는 1992년에 대학교를 졸업했고 65세가 되는 2036년까지 일을 할 예정이다. 지미는 잭과 마찬가지로 퇴직 전 소득의 50%를 연금으로 받고 싶어한다. 그러나 지미에게는 한 가지 중요한 변화가 있다. 우리는 지미가 기업연금 제도의 혜택을 받지 못한다는 가정에 근거를 둔다. 또한 앞에서 말한 대로 국가연금이 개혁되었지만, 국가는 여전히 지미에게 퇴직 전 소득의 10%를 연금으로 지급하는 것으로 가정한다.

표 2-3 은 지미의 재정 문제를 보여준다. 잭은 65세에 퇴직하기 위해 매년 소득의 4.3%를 저축해야 했지만, 지미는 17.2%를 저축해야 한다. 지미에게 균형을 갖추는 문제는 훨씬 더 어려워졌다. 지미는 기업연금 제도의 혜택을 받지 못한다. 따라서 연금을 마련하기 위해 잭보다 두 배나 더 많은 비율을 개인적으로 부담해야 한다. 잭과는

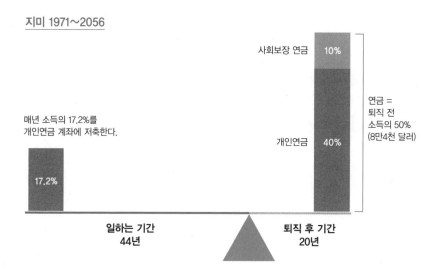

사회보장 연금　10%

매년 소득의 17.2%를
개인연금 계좌에 저축한다.

개인연금　40%

연금 =
퇴직 전
소득의 50%
(8만4천 달러)

17.2%

**일하는 기간
44년**

**퇴직 후 기간
20년**

표 2-3　지미의 금전적 자산의 균형

달리, 지미는 44년을 일하고 퇴직 이후로 20년을 살아야 한다. 잭의 경우에는 일하는 기간과 퇴직 후 기간의 비율이 거의 5대 1이었지만, 지미의 경우에는 2대 1에 가깝다. 매년 17.2%라는 저축률도 높다. 매년은 고사하고 1년이라도 이런 목표를 달성하는 사람은 많지 않을 것이다. 영국의 데이터가 이런 사실을 잘 뒷받침한다. 2000년부터 2005년까지 저축률이 가장 높은 연령 집단이 50~55세였는데, 이들의 평균 저축률은 소득의 5.5%에 불과했다.[10] 어느 나라든 지미와 같은 저축률은 상당히 높은 편이다. 또한 이것이 단지 지미가 연금을 마련하기 위한 저축임을 명심해야 한다. 지미는 주택담보 대출금을 갚고 그밖에 필요한 목돈을 마련하기 위해 이보다 더 많이 저축을 해야 한다. 또한 이는 퇴직 전 소득의 50%만을 연금으로 받겠다는 상당히

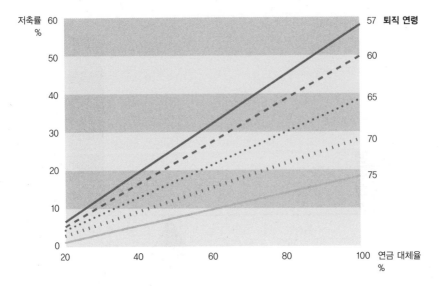

저축률 60 %

50

40

30

20

10

0

20　　　　40　　　　60　　　　80　　　　100　연금 대체율 %

퇴직 연령 57

60

65

70

75

표 2-4 수명이 85세일 때 저축률과 퇴직 연령

보수적인 가정에 근거한다. 이것은 지미에게 상당히 스트레스가 되는 재정 모델이다.

　균형을 맞추기 위한 다른 선택도 있는데, 지미의 사례를 통해 살펴볼 수 있다. 재정적인 부담을 덜기 위해 65세에 퇴직하지 않고 좀 더 오랫동안 일을 하는 방법이 있다. 혹은 연금을 훨씬 덜 받기로 작정하고 65세에 퇴직하거나 이보다 좀 더 일찍 퇴직할 수도 있다. **표 2-4** 에서는 지미가 주어진 가정에 따라 선택할 수 있는 결과들의 조합을 계산했다. 이 그래프는 기대 여명을 85세라고 가정하고 퇴직 연령이 57세, 60세, 65세, 70세, 75세일 때 연금을 퇴직 전 소득의 20%, 40%, 60%, 80%, 100% 수준으로 받기 위한 저축률을 보여준다.

　예를 들어, 지미가 70세까지 일하고 퇴직 전 소득의 50%를 연금으로 받고자 한다. 결과적으로 퇴직 후 기간이 20년에서 15년으로 줄

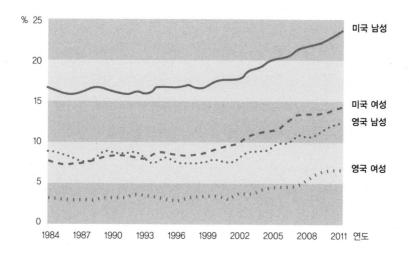

% 25

미국 남성

20

15

미국 여성
영국 남성

10

5

영국 여성

0

1984 1987 1990 1993 1996 1999 2002 2005 2008 2011 연도

표 2-5 미국과 영국의 64세 이상 노인들의 노동시장 참여율

어든 셈이다. 이런 경우에는 저축률이 겨우 13%에 불과하다. 일하는 기간이 길어질수록 저축 기간이 길어지고, 연금을 받는 기간은 짧아진다. 또 다른 예로, 지미가 65세까지 일하고 연금 대체율을 퇴직 전 소득의 30%로 줄이고자 한다면, 매년 소득의 8%만을 저축하면 된다.

그러나 연금 대체율 50%는 이미 낮은 수준이기 때문에, 균형을 맞추는 가장 단순한 방법은 **표 2-4** 에서 드러나는 것처럼 일하는 기간을 늘리는 것이다. 합리적인 저축률이 10%라고 생각하고(데이터에 의하면 대다수의 사람들에게는 여전히 원대한 목표) 연금 대체율을 50%로 잡으면, 70대 초반까지 일을 해야 한다.

사람들이 일하는 기간이 예전보다 길어진 사실을 보여주는 증거가 있다. **표 2-5** 는 지난 30년 동안 미국과 영국의 64세 이상 노인들의 노동시장 참여율을 보여준다. 여기서 노동시장 참여율은 경제 활동을 하는 인구의 비율을 의미한다. 미국과 영국에서는 64세 이상 인구 중에서 일을 하는 사람의 비율이 계속 증가하고 있다. 2011년에는 64세 이상 미국 남성 4명 중에서 1명이 일을 하거나 일자리를 찾고 있었다. 1984년에는 이러한 사람이 6명 중 1명 정도였다. 노동시장 참여율이 이처럼 증가하는 현상은 앞으로도 계속될 것이고, 나이가 64세보다 훨씬 더 많은 집단에서도 이러한 현상을 관찰할 수 있을 것이다.

한 가지 흥미로운 사실은 퇴직 연령이 낮아지는 현상이 비교적 최근에 나타났다는 것이다. 예를 들어, 1881년 영국에서는 65세 이상 노인들 중 73%가 일을 하고 있었다. 1984년에는 이러한 비율이 8%로 떨어졌다. 1880년 미국에서는 80세 노인들 중 거의 절반이 어떤 형태로든 일을 하고 있었고, 65~74세 노인들 중 80%가 어떤 형태로든 고용되어 있었다. 20세기 동안에 일하는 노인들의 비율이 크게 감소했지만, 표 2-5 에 나오는 데이터는 지금은 이러한 흐름이 정반대 방향으로 진행되고 있음을 보여준다.

▌제인: 3단계 모델의 붕괴

제인은 1998년에 태어나서 2016년에 18세를 맞이했다. 제인 세대의 기대 여명은 100세가 될 것으로 예상된다.[11] 지미보다 15년을 더 사는 제인은 65세에 퇴직하는 3단계 삶이 재정적 능력을 넘어서는 일이라고 판단할 것이 분명하다. 표 2-6 에서 알 수 있듯이, 제인은 퇴직 전 소득의 50%를 연금으로 받으려면 매년 소득의 25%를 저축해야 한다.

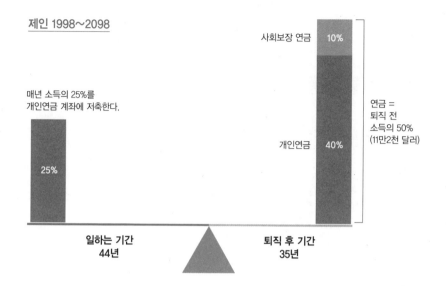

제인 1998~2098

사회보장 연금 10%

매년 소득의 25%를
개인연금 계좌에 저축한다.

연금 =
퇴직 전
소득의 50%
(11만2천 달러)

개인연금 40%

25%

일하는 기간
44년

퇴직 후 기간
35년

표 2-6   제인의 금전적 자산의 균형

　이는 엄청나게 높은 저축률이라서 평생을 두고 달성하기란 불가능하다. 이는 오늘날 대다수 사람들의 저축률보다 훨씬 더 높은데도 연금을 마련하기 위한 저축률에 불과하다. 제인은 주택담보 대출금, 학자금 대출금을 갚아야 하고, 그밖에 필요한 목돈을 마련하기 위해 이보다 훨씬 더 많이 저축해야 한다. 우리는 지미와 마찬가지로 국가가 제인에게도 퇴직 전 소득의 10%를 연금으로 지급한다고 가정한다. 그러나 앞에서 말했다시피, 이는 실현이 안 될 수도 있다. 제인이 국가로부터 연금을 받지 못한다면, 제인에게 요구되는 저축률은 31%로 상승할 것이다. 한편, 잭의 3단계 삶이 성공을 거두었다면, 자녀들에게 유산을 남겼을 수도 있다. 제인의 부모는 지미 같은 사람들이라 3단계 삶이 재정적으로 쉽지 않았기 때문에, 제인에게 유산을 남길 가능성은 별로 없다. 따라서 100세까지 사는 사람에게 3단계 삶을

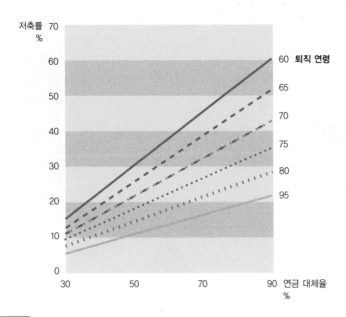

저축률 70
%

60   퇴직 연령

50   65

40   70

30   75

20   80
      95

10

0
    30   50   70   90   연금 대체율
                                        %

표 2-7 수명이 100세일 때 저축률과 퇴직 연령

살고 65세에 퇴직하라고 하는 것은 대부분의 사람들에게 재정적으로
불가능한 주문이 될 것이다.

　물론 퇴직 이후로 35년을 사는 사람들에게 3단계 삶을 살라고 하
는 것이 불가능한 또 다른 이유가 있다. 35년은 골프장에서만 보내기
에는 너무나도 긴 시간이다. 퇴직자들을 대상으로 한 연구 결과에 따
르면, 경제 활동을 하지 않는 기간이 길어질수록 인지 능력이 떨어지
고 결과적으로 삶의 만족도도 떨어진다고 한다.

　물론 제인도 지미와 마찬가지로 일하는 기간을 늘려서 저축 기간
을 늘릴 수 있다. **표 2-7** 은 제인이 할 수 있는 다양한 선택을 보여
준다. 제인이 퇴직 전 소득의 30%를 연금으로 받는 데 만족한다면,
일하는 동안 저축률 10%를 유지하면서 70세에 퇴직할 수 있다. 그러

나 30%는 낮은 수준인데, 이 경우 제인은 퇴직 후 30년간 그런 수준의 연금을 받는 것이다. 제인의 연금이 퇴직 전 소득의 30%로 고정된다면, 퇴직 이후로 10년 혹은 20년이 지나서 노동자들의 임금이 크게 올랐을 때 제인의 소득은 다른 사람들과 비교하여 아주 낮아진다. 20년 전 소득의 30%로 받는 연금은 오늘날 노동자들이 받는 임금과 비교하면 상당히 낮은 금액이다. 따라서 저축률 10%에 연금이 퇴직 전 소득의 50%는 되어야 한다고 생각하면, 제인은 80대가 되어서도 일을 계속해야 한다.[12] 잭과 비교하면 제인은 30년을 더 산다. 하지만 표 2-7 에 따르면 제인이 잭보다 20년은 더 일을 해야 한다. 이것이 선물인가, 아니면 저주인가.

파트너십

지금까지 우리는 잭, 지미, 제인의 삶을 따로 떼어내 살펴보고 다른 가족들과의 관계를 무시했다. 이들이 맞벌이 가정의 구성원이라면 수명이 늘어나서 생기는 재정 문제를 해결하는 일이 더 쉬워진다. 여기에는 두 가지 이유가 있다. 하나는 가정에서 규모의 경제가 작용한다는 것이며, 다른 하나는 당연한 이야기지만 가정의 순소득이 증가한다는 것이다.

규모의 경제는 2인 가구 생활비가 1인 가구 생활비의 두 배가 되지는 않기 때문에 발생한다. 예를 들어, 2인분의 식사를 준비하는 데 드는 비용이 1인분 비용의 두 배가 되지는 않는다. 경제학자들은 '성인기준 가구균등화지수adult equivalence scale'를 가지고 규모의 경제 효과를 측정하는데, OECD는 성인 2인 가구가 성인 1인 가구와 똑같은 생활 수준을 유지하려면 소득이 50%만 더 있으면 되는 것으로 추정했다. 따라서 성인 두 사람이 일을 하면, 이들은 혼자 살 때와 똑같은 생활 수준을 유지하면서도 저축을 (각각 25%) 덜 해도 된다. 물론 가구 소득이 증가했기 때문에 그들 각자의 저축 부담이 줄어드는 것이다.

뒤에서 파트너십의 중요성을 설명하겠지만, 100세 인생에서는 그 중요성이 더욱 커진다. 하지만 그렇다고 해서 오랜 세월 동안 파트너십을 유지하는 어려움이 사라지지는 않는다. 맞벌이에게는 금전적인 장점이 있지만, 여기에는 함정도 있다. 가구 소득이 증가하면 현재의 소득 패턴에 맞게 소비 습관을 바꾸고 싶은 유혹이 생긴다. 결국 나중에 가서 퇴직 전 소득의 50%를 연금으로 받으면, 생활 수준이 급격하게 떨어진다. 결과적으로 소득의 증가로 소비 습관이 바뀌면, 맞벌이 자체는 저축 측면에서만 도움이 된다.

▌3단계 삶에서 벗어나라

우리의 분석은 삶이 길어지면 대부분의 사람들이 더 오래 일할 수밖에 없음을 보여준다. 불과 몇 년을 의미하는 것이 아니다. 제인의 경우에는 수십 년을 더 일해야 한다. 이처럼 일하는 기간을 늘리지 않으면 적어도 일하는 기간의 절반이 되는 퇴직 후 기간에 필요한 자금을 충분히 저축할 수가 없다. 이러한 상황은 현금지급주의 방식을 더 이상 유지할 수 없어서 연금 지원액을 삭감해야 하는 국가에서는 더욱 악화된다. 이번 장의 계산 결과는 우리가 예상했던 수준 혹은 우리가 원하거나 현재 여력이 된다고 생각하는 수준보다 저축과 일을 더 많이 해야 하는 사실을 드러낸다.

이는 받아들이기 힘든 결론이다. 나이가 들어서도 일을 해야 하는 것은 유쾌하지 못할 뿐만 아니라 벌써부터 몸과 마음을 지치게 한다. 그러나 이처럼 유쾌하지 못한 결론은 우리가 단순히 과거의 흐름에 근거하여 미래를 추정하고, 노년에 일을 계속해야 하는 구조가 전통적인 3단계 모델의 뒤를 이을 것이라고 가정하기 때문에 나타난다. 우리가 좀 더 창의적으로 생각하여 3단계 모델에서 벗어날 수 있다면, 훨씬 더 매력적인 선택들이 생길 것이다.

그러나 이것은 쉬운 일이 아니다. 수많은 직업 계획과 장기 재무설계 속에 3단계 모델이 놀라울 만큼 뿌리 깊게 자리를 잡고 있다. MIT의 프랑코 모딜리아니Franco Modigliani 교수는 소비에 관한 생애주기 가설Life Cycle Hypothesis을 연구한 공로를 인정받아 노벨 경제학상을 수상했다. 경제학 교과서에서는 이를 3단계 삶을 잘 요약한 것이라고 설명한다. 연금을 뜻하는 '펜션pension'이라는 단어도 원래는 궁정의 충신들에게 정기적으로 지급하던 것이었는데, 3단계 모델을 반영하기 위해 그 의미가 달라졌다. 여기서 우리가 검토한 길어진 수명과 그에 따른 재정상의 결과들을 고려하면 이제는 3단계 모델이 쓸모없게 되었음이 명백해졌다. 3단계 모델이 재정적으로 무리 없이 작동하려면 일하는 두번째 단계가 길어지는 수밖에 없기 때문이다. 이는 궁극적으로 생산성 혹은 활력과 같은 비금전적 자산에 바람직하지 못한 효과를 미친다. 두번째 단계가 무자비할 정도로 길어지면서 비금전적 자산에 부정적인 효과를 미치는 과정에 대해서는 나중에 좀 더 자세히 살펴보도록 하겠다. 그러나 그 간단한 설명만으로도 어려운 문제들이 도사리고 있음을 확실히 알 수 있다.

우선 퇴직 후 기간이 길어진 것이 한편으로는 매력적으로 보일 수도 있지만, 사람들이 가치 있게 여기고 필요로 하는 격려와 동료애를 구할 수 없을 것이다. 세번째 단계가 길어지는 데 문제가 있다면, 두번째 단계에서 일을 하는 기간이 길어지는 데도 문제가 있다.

고용 환경의 본질적 변화 역시 3단계 모델이 더 이상 유지되지 못하도록 할 것이다. 다음 장에서 설명하겠지만, 앞으로 수십 년 동안에는 새로운 기술이 부각되었다가 소멸될 것이고, 성장하는 산업과 사라지는 산업이 있을 것이고, 새로운 직업이 등장하여 기존의 일자리를 대체할 것이다. 잭은 30년 넘게 일하면서 20대 초반에 받은 기술 교육을 60대까지 활용했다. 제인이 80대까지 일을 한다면 잭과 같은 경험을 하지는 않을 것이다. 제인은 인생 전반에 걸쳐 고용 시장의 변화에 적응하기 위해 새로운 기술을 배우고 익히는 데 시간을 투자해야 할 것이다. 제인은 평생 동안 여러 차례에 걸쳐 교육을 받아야 하기 때문에 제인에게 적합한 모델은 3단계 삶이 아니라 다단계 삶이다.

또한 비금전적 자산의 문제도 있다. 제인이 두번째 단계에서 오랜 기간 일을 하면, 제인의 건강이나 체력은 어떻겠는가. 파트너와 자녀를 포함하여 집안사람들과는 관계를 어떻게 유지할 것인가. 제인은 두번째 단계에서 오래 일을 하는 동안에 지식이나 기술이 퇴보할 뿐만 아니라 가족들과의 관계도 소원해질 수 있다. 우리 중에서 80세까지 쉬지 않고 일을 할 수 있는 사람이 몇 명이나 될까. 당신은 그렇게 할 수 있다고 생각하는가.

잭에게 적용되던 것이 지미에게 적용되기는 어렵고, 제인에게는 전혀 적용되지 않을 것이다.

우리는 이 말이 확실히 옳다고 생각한다. 모두가 3단계 삶에서 벗어나서 삶을 재설계하여 장수가 활력, 창의성, 즐거움을 전해주는 선물이 되기를 바란다. 많은 사람들에게 장수와 관련된 공통의 관심사는 바로 일이 될 것이다. 이제 우리는 고용 환경이 어떻게 변할 것인지를 살펴보고, 지미와 제인이 어떻게 하면 잭보다 생산적이고 활력이 넘치고 창의적인 삶을 오래 살 수 있을 것인지를 보여주기 위해 몇 가지 시나리오를 구성할 계획이다.

3장

일
급변하는 고용 환경

지금까지 우리는 많은 사람들이 예전보다 오래 살게 되었고, 이에 따라 재정적인 문제를 해결하기 위해 일하는 기간을 늘려야 한다는 사실을 설명했다. 이처럼 일하는 기간이 길어지면 고용 환경도 급격하게 변할 것이다. 따라서 삶이 길어지면서 생겨나는 재정적인 문제를 해결하기 위해 제대로 직업을 선택하려면 급변하는 고용 환경에 대한 이해가 필수적이다.

이것은 길어진 삶에서 가장 중요한 문제라 할 수 있다. 윈스턴 처칠Winston Churchill은 이런 말을 한 적이 있다. "앞을 내다보는 것은 언제나 현명한 행동이지만, 눈에 보이는 것보다 더 멀리 내다보는 것은 어려운 일이다." 미래를 예측하는 것은 어렵고 더 멀리 내다볼수록 불확실성이 더 커진다. 100세 인생을 살다보면 불확실성의 범위가 엄청나게 늘어난다.

지난 100년을 되돌아보면, 오늘날 100세 노인들은 살아오는 동안에 너무나도 많은 것을 겪었다. 두 차례의 세계대전, 기마병에서 핵무기로의 전환, 러시아 혁명과 공산주의의 흥망, 첫번째 세계화의 종식과 두번째 세계화의 등장, 중국의 몰락과 융성, 전기·라디오·텔레비전의 도래, 모델 T*의 출현, 민간 여객기의 등장, 달 착륙, 인터넷의 등장 등이 그것이다. 또한 가정에는 자동 세탁기, 옥내 화장실, 진공청소기, 지퍼, 브래지어가 널리 보급되었다.

이러한 변화를 잠깐이라도 생각해보면, 지금 태어나서 100세까지 사는 사람들의 삶을 예상하는 것은 무의미한 일처럼 보인다. 그러나 이러한 불확실성을 다루는 것이 장수 시대의 주요 과제가 될 것이다. 앞으로 더 오래 살 사람들은 이전 세대보다 훨씬 더 많은 변화를 경험할 것이다(여기서 변화의 속도가 달라지지 않을 것이라고 가정한다). 과학기술 전문가들이 주장하듯이, 변화의 속도가 증가하면 변화를 경험하는 것 자체가 훨씬 더 크게 와 닿을 것이다. 60년 동안 일을 하며 오래 살아야 할 사람들은 누구를 위해 일을 할 것인가, 어떤 유형의 일을 할 것인가, 그 일을 어떻게 수행할 것인가. 이 모든 질문에 대한 대답이 크게 변할 것이다.

미래의 고용 환경을 구체적으로 예상하는 것이 어리석어 보이지만, 과거로부터 무엇인가를 배우고 현재의 흐름을 살펴보면서 이를 예상해볼 수는 있다. 특히 길어진 삶을 살아야 할 사람들에게는 미래의 일을 예상해보는 것이 아주 중요하다. 우리는 먼저 발달할 가능성이 있는 산업을 예상하면서 광각 렌즈를 통해 미래의 고용 환경을 전망해볼 것이다. 그다음에는 새롭게 등장하는 현상으로서 스마트 시티 smart city**를 살펴볼 것이다. 마지막으로 일자리와 기술에 관하여 자

●   1908년부터 1927년까지 포드Ford에서 제조한 자동차로, 자동차의 대중화를 이끈 역사적인 모델이다.
●●   언제 어디서나 인터넷 접속이 가능하고 영상 회의 등 IT 기술을 자유롭게 사용할 수 있는 미래형 첨단 도시를 일컫는다.

세히 살펴보고, 급변하는 노동시장에서 누가 승리자가 되고 누가 패배자가 될 것인지를 설명할 것이다.

▎새로운 산업과 생태계

산업 부문이 변할 것이다

이제 우리는 산업 환경이 어떻게 변할 것인가의 문제로 이야기를 시작하려고 한다. **표 3-1** 은 지난 100년 동안에 미국의 고용 현황이 어떻게 변했는지를 보여준다. 1910년에는 노동자의 3분의 1이 농민이거나 농장 노동자였다. 그러나 오늘날 이러한 직업에 종사하는 노동자는 전체 노동력의 1%에 불과하다. 1910년에 농민, 농장 노동자, 일반 노동자, 가사 도우미가 미국 전체 고용의 절반 정도를 차지했다. 2000년까지 고용 환경은 급격하게 변하여 미국 노동자의 절반이 전문직, 사무직, 관리직에 종사하고 있다. 앞으로 정보 기술과 로봇 공학이 발달하고, 인공지능이 등장하고, 환경에 대한 관심이 커지고, 고령 사회로의 진입이 시작되면, 변화가 더 많아질 것이다.[1]

경제 구조는 시간이 지나면서 수요와 공급이라는 근원적인 힘에 반응하여 커다란 변화를 겪게 된다. 어떤 산업은 전체 경제에서 차지하는 비중이 급격하게 감소한다. 예를 들어, 1869년 미국 GDP에서 농업 부문이 거의 40%를 차지했지만, 2013년에는 겨우 1%만을 차지했다. 이는 주로 농기계와 비료 분야에서 기술이 발전하여 농업 생산성이 크게 증가했고 이에 따라 공급이 증가했기 때문이다. 그러나 미국 국민들의 소득이 증가했음에도 식료품 수요가 이에 비례하여 증

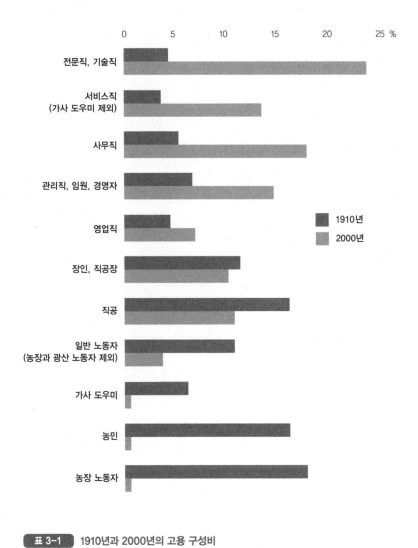

표 3-1 1910년과 2000년의 고용 구성비

가하지는 않았다. 결국 수요보다 공급이 훨씬 더 많아서 식료품 가격이 하락했다. 그 결과, 농업 생산물의 가치가 하락하고, 농업 종사자들이 해고되었다.

다른 부문이 전체 경제에서 차지하는 비중은 크게 증가했다. 농업 부문과는 대조적으로 서비스 부문은 1929년 미국 경제에서 40%를 차지했지만, 2013년에는 65%를 차지했다. 이는 사람들이 소득이 증가함에 따라 서비스를 더 많이 소비하기를 원하기 때문으로 해석된다. 레저 산업은 이러한 해석을 아주 잘 뒷받침한다. 20세기 전반에 걸쳐 여가 시간이 늘어나면서 레저 산업도 크게 성장하여 영화관, 스포츠클럽, 헬스클럽과 같은 시설이 여기저기에 생겨났다. 그러나 생산성이 크게 증가하는 농업 부문과는 다르게, 레저 산업의 생산성은 그다지 증가하지 않았다(요가 강사 혹은 헤어디자이너의 생산성을 어떻게 크게 높일 수 있는가). 따라서 생산성을 증가시켜 늘어나는 수요를 채워줄 수는 없었고, 결과적으로 서비스 가격이 올라 많은 사람들이 서비스 부문으로 몰리게 된다. 이에 따라서 고용과 생산이 증가하면 GDP에서 서비스 산업이 차지하는 비중도 커진다.

지난 역사를 돌이켜보면 이와 같은 변화는 항상 일어났다. 그러나 바로 그 이유 때문에 새로운 100세 노인들은 전환기와 전환을 더 많이 경험할 것이다. 미래에는 어떤 변화가 일어날까, 그리고 일자리는 어디에 있을까.

여기서 우리는 일자리에서 일어나는 인구 변동의 파급효과를 고려해야 한다. 이제 고령 사회로 진입하면서, 인구 변동은 경제에 상당한 영향을 미치게 되었다. 점점 늘어나는 노인 인구가 수요를 창출하면 경제 부문과 시장 가격이 그에 반응한다. 예를 들어, 수명과 생명공학에 집중하는 의료연구는 중요한 성장 부문이 될 것이고, 서비스 부문은 의료 서비스 제공 분야로 이동할 것이다.

환경과 지속가능성 문제는 물가와 자원뿐만 아니라 각 산업 부문의 비중에도 커다란 영향을 미칠 것이다. 얼마 지나지 않아서 에너지 공급에서도 커다란 변화가 예상된다. 에너지 부족 현상이 계속되고 에너지 가격이 상승하면, 에너지 생성과 자원 보존에서 중요한 혁신이 일어날 것이다. 식량 공급도 마찬가지다. 특히 사람들이 건강에 관심을 갖게 되고 유전공학이 발전하면서 식량 공급에서 급격한 혁신이 예상된다. 물 부족 현상도 물 가격에 큰 변화를 일으키고, 물의 효율적 이용·공급·재활용 문제와 관련하여 상입적인 중요성이 커질 것이다.

마찬가지로 환경의 지속가능성과 이산화탄소 배출에 관한 관심이 커지면서 탄소세가 도입될 것이다. 이는 경제 가치에 있어서 커다란 변화를 일으킬 것이다. 특히, 탄소 저감 포집, 대체기술과 관련하여 새로운 부문, 새로운 기업, 새로운 기술이 황금알을 낳는 산업이 될 것이다.

새로운 생태계가 등장한다

산업 부문에서 커다란 변화가 일어남에 따라 기술과 근무지를 선택할 때 유연한 자세가 필요할 것이다. 누구를 위하여 일을 하는가에 있어서도 커다란 변화가 있을 것이다. 예일대학교의 리처드 포스터 Richard Foster는 1920년대 S&P 500지수*에 포함된 500개 기업들의 평균 수명이 67년이라고 계산하여 발표했다. 2013년에는 이 수치가 15년으로 감소했다. 1984년 FTSE 100지수**에 포함된 영국 기업들 100개 중 겨우 30개 기업만이 지금도 이 지수에 포함되어 있다. 새로

● 국제 신용평가기관인 미국의 스탠더드 앤드 푸어스Standard and Poors가 작성한 주가지수이다. 다우존스지수와 마찬가지로 뉴욕증권거래소에 상장된 기업의 주가지수이지만, 지수 산정에 포함되는 종목 수가 다우존스의 30개보다 훨씬 많은 500개이다.
●● 런던 증권거래소에 상장된 시가총액 기준 상위 100개의 우량주식으로 구성된 지수.

운 산업 부문이 등장했다가 사라지곤 하면서 새로운 기업들이 지배력을 이어받았다. 따라서 1945년에 태어난 잭은 안정적인 직업 활동을 했지만, 1998년에 태어난 제인은 자신이 일하는 기업과 산업에서 더 많은 역동성을 경험할 것이므로 필연적으로 다양한 기업에서 일하게 될 것이다.

　사람들을 고용하는 기업의 유형에서도 급격한 변화를 예상하는 평론가들이 있다. **표 3-1** 에서 알 수 있듯이, 현대적인 대기업의 등장으로 사무직이 급증했다. 이러한 대기업들은 조직 구조를 통해 규모의 경제를 전파하면서 경제의 변치 않는 특징 한 가지를 증명해왔다. 이러한 대기업들을 조직 시대의 공룡으로 여기고, 이들이 새롭게 등장하는 발빠른 중소기업에 굴복할 것이라고 예상하는 사람들도 있다. 이러한 예상이 옳을 수도 있다는 신호들이 더러 나타나고 있다. 기술은 노동자 간의 협력을 용이하게 해주고, 소규모 조직은 대규모 조직이 갖기 힘든 유연성을 갖추고 있다. 3D 프린팅과 같은 기술이 더욱 발전하면서, 대기업이 갖는 규모의 우위는 점점 사라질 것이라는 주장도 있다. 우리가 지금 이 글을 쓰고 있는 시점에는, 이러한 주장을 뒷받침하는 증거가 보이지 않는다. 유니레버Unilever 혹은 펩시코PepsiCo와 같은 대기업들은 전 세계의 거의 모든 곳으로 제품을 배달할 수 있는 규모와 유통 능력을 갖추고 있고, 우리는 이것이 앞으로도 계속 유지될 것으로 예상한다. 구글과 제약 회사 로슈Roche와 같은 대기업은 연구비에만 수십억 달러를 투입하고 있으며, 차세대 기술과 의약품 개발을 위해 전 세계에서 가장 뛰어난 인재를 유치할 수 있는 능력을 보유하고 있다.

　그러나 대기업들이 계속 존재하는 동안에도, 이들의 기업 구조에는 틀림없이 변화가 있을 것이다. 미래의 기업 환경에서는 대기업들이 소규모 기업과 신생 기업으로 이루어진 생태계에 둘러싸여 있을 것이다. 이러한 생태계에는 소수의 전문가들로 구성된 기업들이 모여 있으며, 바로 이곳에서 성장의 동력을 찾을 수 있을 것이다. 실제로 가장 흥미진진한 일들이 이러한 생태계에서 벌어질 것이다. 이 같은 현상은 삼성이나 ARM과 같은 기업에서 이미 뚜렷하게 나타나고 있다. 이런 기업들은 아주 복잡하게 얽힌 협력 관계의 생태계를 구축하고는 수백 개의 기업들과 파트너 관계를 형성하여 최첨단 기술과 최고의 서비스를 제공한다.[2] 제약 부문에서 의미 있고 중요한 기초 연구는 특정 분자에 관한 연구처럼 좁은 분야에만 역량을 집중하는 소규모 전문 기업에 의해 이루어지는 경우가 많다. 기술이 발전함에 따라 이러한 유형의 연구를 가로막는 진입 장벽이 낮아지면서, 이와 같은 기업들이 수적으로 많아지고 있을 뿐만 아니라 경쟁력도 갖추게 되었다. 우리는 이처럼 소규모 기업으로 이루어진 생태계가 번창하여 큰 가치를 실현할 것으로 예상한다. 소규모 기업의 대표가 자기 회사를 미래의 대기업으로 성장시키기 위해 기업을 설립하는 경우도 있지만, 자신이 해결하고자 하는 과제에 대한 열정으로 설립하는 경우도 있다.

이러한 생태계가 등장하면 고용 기회가 많아질 것이다. 이처럼 새로운 생태계에서도 규모를 갖춘 대기업에서 관리자로 일할 기회가 여전히 있겠지만, 소규모 기업에서는 좁은 분야를 대상으로 유연성 있는 고용이 늘어날 것이다.

제인처럼 100년을 사는 사람들에게는 이 생태계가 제공하는 유연성 덕분에 삶의 일정 단계에서 자영업이 실행 가능한 선택이 될 수 있다. 개인과 그들의 능력을 원하는 기업을 연결하는 기술은 널리 확산

될 것이고, 더욱 정교하고 저렴해질 것이다. 커넥팅 플랫폼connecting platform이 이미 확산되고 있고, 이에 따라 긱 이코노미gig economy•와 공유 경제••에 대한 관심이 커지고 있다. 기술의 발달로 정보 비용이 줄어들고, 이에 따라 구매자와 판매자가 서로 쉽게 찾을 수 있을 뿐만 아니라 독립적인 출처들을 통해 상대방에 대한 신뢰성과 품질을 검증할 수 있다.

긱 이코노미는 정규직이나 파트타임 일자리를 갖지 않고 일련의 구매자 다수를 상대로 특정한 과제를 수행하면서 소득을 올리는 사람들이 많아지는 현상을 일컫는다. 지금은 프리랜서 고용 전문 사이트인 업워크Upwork와 같은 플랫폼을 통해 자신의 능력을 판매할 수도 있고, 혹은 현금이나 포상을 걸고 특정 과제를 수행할 사람을 모집하는 이노센티브InnoCentive나 캐글Kaggle에 창의적인 기여를 할 수도 있다. 대기업들이 통찰력을 얻거나 혁신을 추진하기 위해 소규모 집단 혹은 개인에게 더 많은 기대를 걸면서, 그리고 소규모 집단은 규모와 범위를 확대하기 위해 서로 연대하면서, 이러한 플랫폼들이 더욱 중요해질 것이다. 우버Uber가 카네기멜런대학교의 로봇공학 팀을 끌어들인 것처럼, 기업은 상금을 걸고서 관심 있는 개인과 팀을 끌어들이고 특정 프로젝트를 위해 그들과 파트너 관계를 맺거나 그들의 능력을 구매할 것이다. 긱 이코노미와 마찬가지로 공유 경제도 상업적인 실체로서 유연한 소득원이 될 수 있다. 예를 들자면, 당신은 전 세계 숙박 공유 사이트인 에어비앤비Airbnb를 통해 자신의 주거지를 빌

• 1920년대 미국 재즈공연장 주변에서 연주자를 필요에 따라 섭외해 단기 공연을 진행했던 긱gig에서 유래한 용어로 그때그때 임시직을 섭외해 일을 맡기는 경제 형태를 말한다.
•• 물건을 소유하는 개념이 아닌 서로 빌려 쓰는 경제 활동을 의미한다. 자신이 소유한 기술 또는 재산을 다른 사람과 공유함으로써 새로운 가치를 창출하는 협력적 소비를 기반으로 한다.

려주고 소득을 창출할 수 있다.

우리는 이러한 생태계가 사람들에게 소득원을 제공할 뿐만 아니라 일, 여가, 가정의 조화를 이루도록 해줄 것으로 예상한다. 자기 일에 열정을 가진 사람들이 좁은 분야에만 집중하는 작은 팀 단위로 좀 더 유연하게 일을 하면, 일과 여가의 경계를 가르는 장벽이 무너질 것이다. 산업화 이전에 생산은 주로 일과 여가가 뒤섞여 있던 가정에서 이루어졌다는 사실은 무척 흥미롭다. 처음에는 공장이 등상하고 이후로는 사무실이 등장하면서 일과 여가는 결국 분리되고 말았다. 앞으로 우리는 이러한 장벽을 허물고 일과 인생이 다시 통합되는 생태계가 등장하는 모습을 보게 될 것이다.

유연한 스마트 시티가 등장한다

당신이 일하는 기업도 변하겠지만, 당신이 일하는 장소도 변할 것이다. 지금 우리는 인류가 경험한 가장 놀라운 이동을 목격하고 있다. 이는 농촌에서 도시로의 이동이다. 2010년에는 세계 인구 중에서 36억 명이 도시에서 살았다. 2050년이 되면 도시 인구가 63억 명이 될 것이다(이는 매주 140만 명이 도시로 이동한다는 뜻이다). 도시(특히 스마트 시티) 생활에는 큰 변화가 일어날 것이고, 이러한 변화는 계속될 것이다.

왜 이처럼 많은 사람들이 도시로 이동하는가. 이제는 인터넷 덕분에 물리적 거리는 중요하지 않게 되었고, 사람들은 자기가 원하는 곳이라면 어디든지 살 수 있게 되었다. 사실 '물리적인 거리'는 덜 중요해진 반면, '접근성'은 더욱 중요해졌다. 도시로의 이동에 관한 이야기가 나오면 신흥시장국가의 도시를 빼놓을 수 없는데, 사람들이 농촌의 농업에서 도시의 제조업으로 이동한다는 내용이다. 그러나 이러한 이동만 있는 것은 아니다. 선진국 사람들도 도시로 이동하고 있으며 이는 아이디어와 고급 기술에 대한 접근성이 중요해졌음을 반영한다.

그래서 디트로이트와 같은 제조업 도시는 쇠퇴하고, 샌프란시스코, 시애틀, 보스턴과 같은 스마트 시티는 번성하여 인구가 증가했다. 이러한 스마트 시티는 아이디어와 고급 기술을 가진 사람들과 그들과 가까이 있고 싶어하는 사람들을 연결하는 곳이 되어가고 있다. 그들은 혁신이 더욱 빠른 속도로 일어나고 있다는 사실을 잘 안다. 그리고 똑똑한 사람들 가까이에서 서로 자극을 주고받으며 혁신을 추구하고 싶어한다. 이러한 클러스터는 처음에는 대학을 졸업한 사람들의 집단에서 형성되었다. 이렇게 고급 기술자 집단이 형성되면, 기업은 자연스럽게 이들에게 관심을 갖고 다가간다. 결과적으로 또 다른 고급 기술자들이 그곳으로 몰려온다. 다른 곳에 비해 고용 기회가 더 많고 임금도 더 많이 받을 수 있기 때문이다. 이러한 클러스터는 뛰어난 인재들을 끌어들이는 자석과도 같다.[3] 다시 말하자면, 경제학자들이 말하는 수확체증의 법칙Increasing Returns of Scale*이 적용되고 '두터운 시장thick market' 효과가 발생한다.

런던은 이러한 클러스터 현상의 또 다른 사례다. 2014년 런던에는 140만 명에 달하는 고급 기술 인력이 모여 있었고, 2019년까지 180만 명에 달할 것으로 예상된다.[4] 런던은 영국의 수도로서 항상 기업과 정부 기관을, 변호사들과 금융 전문가들을 끌어들여왔다. 역사적으로 강력한 클러스터 효과인 것이다. 그런데 런던은 주요 기업에

● 투입된 생산요소가 늘어나면 늘어날수록 산출량이 기하급수적으로 증가하는 현상.

유리한 입지 여건을 지녔을 뿐만 아니라 이를 뛰어넘어 전 세계의 창의적인 인재들을 끌어들이는 글로벌 디자인 허브로도 자리를 잡아가고 있다. 이는 똑똑한 사람들과 그들의 아이디어를 한곳으로 모으는 능력이 IT 산업에만 있는 것은 아니라는 사실을 말해준다. 아이디어의 경제적 가치가 커지면서, 우리는 더 많은 클러스터가 등장할 것으로 예상한다. 서로 아이디어를 주고받으면서 신생 기업의 생태계를 구축하고자 하는 사람들이 모인 곳이라면 어디든지 클러스터가 등장할 것이다.

때로는 세계적인 명문대학교들이 창의적인 클러스터의 구심점이 되기도 한다. 실리콘밸리에는 스탠퍼드, 버클리, 칼텍이 있다. 보스턴에는 MIT와 하버드가 있고, 런던에는 디자인 분야에서 세계적인 명문으로 자리 잡은 왕립예술학교Royal College of Art와 센트럴 세인트 마틴Central St. Martin's College of Art and Design이 있다. 이러한 클러스터들은 성장을 거듭하면서 인재풀을 활용하려는 기업을 끌어들인다. 런던의 경우에는 킹스크로스King's Cross에 자리 잡은 100만 평방피트*의 구글 캠퍼스에서 센트럴 세인트 마틴까지는 걸어서 조금만 가면 되고, 이곳에서 적어도 4,500명 규모로 성장할 것이다.

고급 기술 인력을 갖춘 스마트 시티가 고용 창출에 미치는 효과는 엄청나게 클 것이다. 캘리포니아대학교 버클리 캠퍼스의 엔리코 모레티Enrico Moretti 교수의 주장에 따르면, 스마트 시티의 일자리 하나는 다른 일자리 다섯 개를 창출한다.[5] 그중 일부는 변호사, 회계사, 컨설턴트와 같은 고급 기술 인력이다. 그 밖의 일자리는 정원사, 기능공,

● 92,903평방미터

바리스타, 요가 강사처럼 저임금 인력이다. 이렇게 스마트 시티는 과거의 제조업 허브보다 고용을 더 많이 창출하는 곳이 될 것이다.

스마트 시티는 또 다른 사회적 현상 때문에 그 중요성이 더욱 커지고 있다. 지난 수십 년 동안에 사회학자들이 '동질혼assortative mating'이라고 일컫는 현상이 뚜렷하게 나타났다. 다시 말하자면, 이제 사람들은 과거 어느 때보다도 교육이나 소득 측면에서 자기와 비슷한 배우자를 만나려고 한다. 이러한 결과는 도시의 성장을 견인한다. 고급 기술을 가진 사람끼리 결혼을 하면 두 사람 모두에게 맞는 일자리를 찾기가 한 사람에게만 맞는 일자리를 찾는 것보다 훨씬 더 어렵다.[6] 예전처럼 남편이 밖에서 일을 하고 아내가 가사를 돌보는 전통적인 가정은 작은 마을에 더 잘 어울렸다. 그러나 두 사람 모두에게 최적인 일자리를 찾으려면, 그런 곳을 빨리 떠나는 것이 좋다. 따라서 대도시가 단순히 기회가 더 많다는 이유만으로도 더욱 매력적으로 다가왔다. 사실 결혼 전이라도 대도시는 충분히 매력이 있다. 당신이 최적의 결혼 조건을 갖춘 완벽한 파트너를 찾는다고 생각해보라. 이런 배우자를 작은 마을에서 찾을 수 있을까. 어쩌면 그럴 수도 있지만, 못 찾을 가능성이 더 많다. 능력과 소득 수준이 비슷한 사람을 찾으려고 한다면, 당장 도시로 떠나는 것이 좋다. 두터운 시장 효과는 연애에도 적용된다. 로맨틱한 생각 아닌가.

우리는 유연한 노동 현장을 이끄는 스마트 시티를 기대할 수 있다. 기술 혁신은 일을 하는 장소와 시간에 관해 유연성을 부여할 것이고(덕분에 재택근무나 가상의 공간에서의 근무가 널리 유행할 것이다),[7] 또한 사람과 직장을 관심사가 비슷한 사람들을 쉽게 연결해줄 것이다(결과적으로 사람들은 노동시장에 좀 더 쉽게 진입할 것이다).

기술 혁신 덕분에 저렴한 비용으로 쉽게 소통할 수 있고(그러므로 가상의 공간에서 글로벌 팀을 이루어 일을 할 수 있고), 개인적인 문제를 서로 협력하여 해결할 수 있다(결과적으로 능력과 관심사가 비슷한 사람들의 공동체를 이루어갈 것이다).

회사 사무실에서 일하는 모습은 점점 사라질 것이고, 실제로 사무실을 유지하는 데도 많은 비용이 소요될 것이다. 예전에 유니레버의 경영진이 이산화탄소가 언제 어디서 많이 배출되는지를 측정했는데, 거대한 본사 사무실로 직원들이 출퇴근하면서 엄청난 양의 탄소발자국carbon footprint*을 발생시킨다는 사실을 밝혀냈다. 이와 함께 다른 요인들도 작용하여 많은 사람들이 재택근무를 하거나 지역 허브 혹은 공동체 센터에서 일을 할 것이다. 이는 어느 정도는 홀로그램이나 가상 회의와 같은 저비용 기술에 의해 가능할 것이다. 또한 관리자들이 가상의 공간에서 일하는 노동자에 대한 관리 기술을 습득하여 재택근무를 더욱 활성화함으로써 이러한 현상이 표준으로 자리를 잡을 것이다. 그러나 재택 기반의 가상 공간에서 일하는 경향이 커지더라도 항상 접근성이라는 가치에 의해 균형이 유지될 것이다.

▌ 미래에는 일자리가 사라질 것인가

인류의 역사는 지속적인 기술 진보의 역사이기도 하다. 1899년 미국 특허청장이었던 찰스 듀얼Charles Duell이 "발명될 수 있는 것은

● 하나의 개인, 가정, 기업이 일정 기간 일상 활동을 하면서 대기 속으로 배출하는 이산화탄소의 양을 재는 단위.

이미 모두 발명되었다"라는 말을 했다고는 하지만, 인류의 지식은 계속 진보를 거듭했다. 각 세대가 이전 세대만큼 똑똑한 데다 이전 세대가 쌓아놓은 지식까지 물려받는다면, 세계는 이런 지식의 또 다른 측면을 탐구하여 새로운 통찰을 얻음으로써 기술의 진보를 이룩한다. 아이작 뉴턴Isaac Newton이 멋지게 표현했듯이, 우리는 거인의 어깨 위에 서 있는 것이다.

그러나 새로운 기술은 과거의 일자리를 없애고 새로운 과제와 역할을 창출하기 마련이다. 바로 이 시점에서 사람들은 곧 일자리가 없어질 것이라는 사실은 인식하지만, 일자리가 창출될 것이라는 사실은 아직 인식하지 못한다. 영국 산업혁명 시대에 기계를 파괴했던 러다이트Luddite 운동에서부터 미국 존슨Johnson 대통령의 기술, 자동화, 경제 발전에 관한 국가위원회National Commission on Technology, Automation, and Economic Progress 설립에 이르기까지 많은 사람들이 미래에는 자동화로 인해 일자리가 사라질 것을 걱정했다. 지금도 이러한 우려가 전 세계적으로 퍼져 있다.[8] 로봇 공학, 인공지능 분야에서 놀라운 기술 혁신이 일어나고 있는 이 시점에서,[9] 제인은 앞으로 60여 년 동안 일자리를 계속 찾을 수 있을까.

이것은 깊이 논의해야 할 문제이고, 이러한 논의에 참여한 사람들이 어떤 결론을 내렸는지를 알아보는 것도 유익한 일이다. 실리콘밸리의 기업가 마틴 포드Martin Ford의 분석은 생각해볼 만하다. "전체적인 고용에 미치는 위협은 다음과 같이 말할 수 있다. 창조적인 파괴가 진행됨에 따라, 파괴는 주로 소매업이나 제품 조달과 같은 노동집약적인 사업에서 일어날 것이고, 창조는 사람들을 많이 고용하지 않는 새로운 사업과 산업을 발생시킬 것이다."[10] MIT 교수 에릭 브리놀

프슨Erik Brynjolfsson과 앤드루 매카피Andrew McAfee는 이렇게 말했다. "컴퓨터와 그 밖의 디지털 기술의 발전은 지적 능력에 도움이 된다… 증기기관과 그 후예들이 육체적 능력에 도움이 된 것을 생각해 보라."[11]

체스판의 나머지 반

1965년 인텔의 제프리 무어Geoffrey E. Moore는 반도체의 처리 능력이 대략 2년마다 두 배가 될 것이라고 예상했는데, 지금까지 그의 예상은 아주 정확했다. 이러한 지수 성장의 결과, '제2의 기계 시대'를 외치는 사람들은 지금 우리가 '체스판의 나머지 반'에 와 있다고 주장한다. 이 말은 인도의 어느 왕에 관한 우화에서 나온 것이다. 그는 세상일이 너무나도 따분한 나머지, 백성들에게 재미난 오락거리를 내놓으라는 명령을 내렸다. 왕은 초기 형태의 체스 게임을 받고 기뻐하며, 그것을 발명한 사람에게 원하는 것이라면 무엇이든 주겠다고 말했다. 그 발명가는 쌀을 원했다. 체스판의 첫번째 칸에 쌀 한 톨, 두번째 칸에 쌀 두 톨, 세번째 칸에 쌀 네 톨, 네번째 칸에 쌀 여덟 톨. 다시 말하자면, 컴퓨터의 처리 능력이 2년마다 두 배가 되듯이, 쌀도 체스판에서 한 칸이 늘어날 때마다 두 배로 늘어났다. 왕은 서른번째 칸 이전에 (체스판의 반이 차기도 전에) 쌀이 다 떨어질 것임을 깨달았다.

왕이 발명가의 요구를 충족시키려면, 쌀을 에베레스트 산보다도 더 높이 쌓아두어야 한다(거의 1850경 톨의 쌀을 준비해야 한다). 첫번째 칸에 대해 쌀 한 톨을 주던 것이 서른세번째 칸에 이르면 43억 톨을 주어야 한다. 무어의 법칙도 이 우화와 마찬가지다. 1981년 빌

게이츠Bill Gates는 640킬로바이트 메모리면 모든 사람들에게 충분할 것이라고 말했다. 30년 후, 컴퓨터의 처리 능력은 엄청나게 증가했다. 뿐만 아니라 앞으로 2년 동안에도 예전에 누적된 처리 능력과 비교하여 엄청나게 증가할 것이 예상된다. 체스판의 서른두번째 칸에서 서른다섯번째 칸으로 갈수록 증가하는 처리 능력은 처음 서른두 개 칸에 걸친 처리 능력 누적 합계의 여덟 배에 해당한다. 다시 말해, 무어의 법칙이 앞으로도 계속 적용된다면, 앞으로 6년 후에는 컴퓨터의 처리 능력이, 예를 들어 무인자동차에 들어가는 기술 수준에 비해 여덟 배로 증가한다.

고용의 공동화

이처럼 놀라운 추세는 어떤 결과를 일으킬 것인가. 로봇과 인공지능에 관한 이야기는 결국 SF소설 같은 요소가 더해져서 〈터미네이터〉식의 시나리오 또는 의식의 본질에 관한 〈블레이드 러너〉 스타일의 형이상학적 고찰로 넘어가버리는 듯하다. 이러한 논쟁을 하다보면, 차라리 현실로 되돌아와서 기술이 이미 노동시장에 영향을 미치고 있는 현상에서 출발하는 편이 더 낫다. 그러면 왜 많은 평론가들이 일자리가 없는 미래를 걱정하는지를 쉽게 알 수 있다.

표 3-2 는 고용의 공동화空洞化라고 알려진 현상을 보여준다. 이것은 미국 데이터이지만, 다른 선진국들도 이와 비슷한 양상을 띤다. 이 데이터는 비숙련 노동자 고용과 숙련 노동자 고용 비율의 변화를 나타낸다. 1979년 이후로 숙련 노동자 고용과 비숙련 노동자 고용은 모두 증가했으나, 반숙련 노동자의 고용은 감소했다. 숙련도 스펙트럼의 중간이 아닌 양끝에서 일자리가 증가하고 있지만, 전체적으로

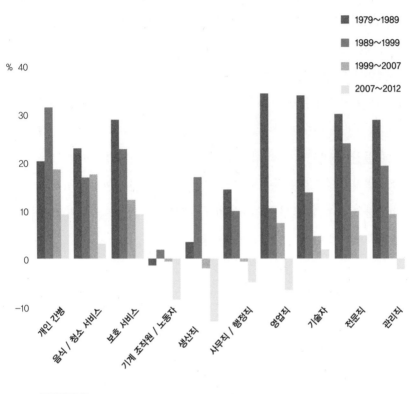

표 3-2 직업별 고용 비율의 변화

는 노동시장이 공동화되고 있다.

이런 현상이 일어나는 이유를 이해하려면, 우선 일자리를 과제들의 집합으로 생각하는 편이 유용하다. 이를 위해 MIT 경제학과 교수데이비드 오터David Autor와 공저자들은 일자리를 다음과 같이 두 가지 요소에 따라 분류했다.[12] 인지 능력을 요구하는가 혹은 신체 능력을 요구하는가. 반복적인 과제가 주어지는가 혹은 반복적이지 않는과제가 주어지는가. 오터는 반복적인 과제란 쉽고 따분한 과제가 아니라 작업 지침서를 통해 수행 절차를 정확하게 기술할 수 있는 과제를 의미한다고 했다. 은행의 창구직원은 인지적이고 반복적인 과제를 수행하지만, 조립 라인에서 분류 작업을 하는 사람은 신체적이며 반복적인 과제를 수행한다.

이미 상당 부분 기술로 대체된 것은 반복적인 과제들을 포함한 일자리들이다. 반복적인 과제는 구체적인 작업 지침서를 통해 기술될 수 있기 때문에, 컴퓨터와 로봇이 수행하도록 프로그램으로 체계화할 수 있다. 아마존의 물류창고에서는 로봇이 재고를 쌓아놓은 선반을 가져와서 포장 담당 직원에게 전해준다. 이와 동시에 로봇은 주문이 들어온 제품에 관한 정보를 중앙처리 시스템에 전달한다. 이러한 과정은 사람의 개입이나 의사 결정이 없이도 지속적으로 이루어진다. 이는 머신 러닝machine learning●과 센서 기술에서 혁신이 있었기에 가능했다. 반숙련 노동을 요구하는 수많은 일자리는 인지적이든 신체적이든 간에 반복적인 과제들로 구성되어 있기 때문에 노동시장의 공동화가 발생한다. 기술은 사람을 고용하는 것보다 낮은 비용으로 컴퓨터와 로봇이 이러한 일자리를 대체할 수 있도록 해준다.

그러나 이야기는 여기서 끝나지 않는다. 기술이 미래의 고용 환경에 미치는 영향을 이해하려면, 다른 어떤 일이 벌어지는지도 살펴보아야 한다. 기술은 반숙련 노동자의 일자리를 대체하는 반면에, 숙련 노동자가 하는 일을 보완해주는 역할을 한다. 소프트웨어와 컴퓨터는 교육받은 숙련 노동자를 위한 보완 수단이다. 따라서 소프트웨어와 컴퓨터는 반숙련 노동을 대체했지만, 생산성을 증진하여 숙련 노동자의 소득을 높여주었다. 숙련 노동자들의 소득이 증가하면, 이에 따라

● 자신의 동작을 스스로 개선할 수 있는 슈퍼컴퓨터의 능력.

그들의 서비스 수요도 증가한다. 이때 비숙련 노동자들이 이러한 서비스를 생산한다. 이러한 대체 효과, 보완 효과, 수요 효과로 인한 결과가 바로 노동시장의 공동화인 것이다.

이는 체스판의 절반에 다다르는 과정을 설명한다. 이제 우리는 처리 능력이 놀라울 정도로 커지는 체스판의 나머지 반에 진입하려는 참이다. 따라서 우리는 공동화 현상이 광범위하게 전개되는 것을 우려한다. 지금까지 기술은 간단하고도 반복석인 과제를 대체했고, 처리 능력의 한계로 일자리의 감소도 제한적이었다. 예를 들어, 자동차 운전은 반복적인 과제이다. 작업 지침서의 내용만이 아주 길고 복잡할 뿐이다. 이후에 처리 능력이 급격하게 향상되고 이에 따르는 비용도 적게 소요되면서, 이제는 기술 혁신이 무인자동차의 개발을 가능하게 했다. 이것이 현실이 되면 물류 산업에서 일자리가 크게 감소할 것이다. 반복적인 과제의 또 다른 예로는 질병 진단을 들 수 있다. 이것은 지금까지는 컴퓨터의 처리 능력을 뛰어넘는 것으로 알려진 의학적 지식과 패턴 인식 능력을 요구했다. 그러나 여기서는 이미 체스판의 나머지 반으로 들어선 상태이다. 지금 IBM의 슈퍼컴퓨터 왓슨Watson은 종양 진단을 수행하고 있다. 컴퓨터의 처리 능력이 증대되면서, 노동시장의 공동화 현상은 탄력을 받는다. 이제 기술 혁신이 숙련 노동을 보완하는 대신 이를 대체하기 시작했다. 이런 일들은 이미 일어나고 있는데, 최근의 연구 결과에 따르면, 숙련 노동자에 대한 수요가 오랫동안 증가하다가 2000년부터 반전이 일어나고 있다.[13] 널리 인용되고 있는 옥스퍼드대학교의 칼 프레이Carl Frey와 마이클 오즈번Michael Osborne 교수의 연구 결과에서는 향후 수십 년 동안 미국 일자리의 47%(6천만 개)가 이러한 추세에 취약한 것으로 나타났다.[14]

▌일의 미래

이것은 복잡한 문제이지만, 오래 살게 될 사람들은 미래에 어떤 일을 할 것인가에 대해 미리 생각해봐야 할 것이다. 그렇다면 그들에게 어떤 조언을 해야 하는가. 일의 미래는 어떻게 될 것인가.

인간의 고유한 능력

기술의 관점에서 말하자면, 일의 미래에 관한 질문은 "인공지능의 한계는 어디까지인가" "로봇은 인간의 노동을 어디까지 대체할 것인가"라고 할 수 있다. 지금 이 글을 쓰고 있는 시점에서 보자면, 인간에게는 고유한 능력이 있으며 (아직은) 이것이 인공지능이나 로봇에 의해 복제되거나 대체될 수 없다는 주장에 대하여 광범위한 합의가 이루어져 있다. 데이비드 오터와 공저자들은 두 가지 측면에서 인간의 고유한 능력을 지적했다. 첫째, 인간은 전문 지식, 귀납적 추론, 커뮤니케이션에 의존하여 복잡한 문제를 해결하는 능력을 지녔다. 애플Apple의 아이폰은 이러한 주장을 잘 뒷받침한다. 아이폰과 아이패드는 주로 중국의 선전에 있는 폭스콘Foxconn에서 생산되며, 제조원가는 제품 가격의 5~7%에 불과하다. 애플은 각 모델마다 30~60%의 이윤을 남긴다. 게다가 폭스콘 종업원 한 명이 창출하는 가치는 대략 2천 달러 정도이지만, 애플 종업원 한 명이 창출하는 가치는 64만 달러가 넘는다. 가치 창출은 혁신에 있지, 제조에 있지는 않다. 둘째, 인간은 대인관계를 통해 상호 작용을 하고 상황에 맞게 적응하는 능력을 지녔다. 이는 인간의 신체 능력과 더 많이 관련된다.

첫번째 능력의 중심에는 폴라니의 역설Polanyi's Paradox이 있다.

이것은 화학자이자 철학자인 마이클 폴라니Michael Polanyi의 주장으로 "우리는 우리가 말할 수 있는 것보다 더 많이 안다"라는 것이다. 다시 말하자면, 인간의 지식의 상당 부분은 암묵적인 것이므로 지침서 형태로 기록될 수 없다는 것이다. 따라서 이러한 지식은 인공지능이나 로봇으로 복제될 수가 없다.[15] 두번째 능력은 모라베크의 역설Moravec's Paradox과 관련된다. 이것은 "컴퓨터가 지능 테스트 혹은 장기 게임에서 어른 수준의 능력을 보여주기는 쉽지만, 인식과 이동의 영역에서는 한 살 어린아이 수준의 능력조차도 보여주지 못한다"라는 의미다.[16] 예를 들어, 로봇은 복잡하고 분석적인 과제는 쉽게 처리하지만, 컵을 집거나 계단을 오르는 일은 제대로 하지 못한다.

그러나 기술 전문가들 중에는 여기서도 기계에 대한 인간의 우위가 오래가지 못할 것이라고 주장하는 사람들이 있다. 클라우드 로보틱스Cloud Robotics와 딥 러닝Deep Learning이 빠른 속도로 발전함에 따라 인간과 기계의 수행 능력의 격차는 점점 좁혀지고 있다. 로봇이 클라우드 네트워크를 통해 다른 로봇이 학습한 내용에 접근하는 클라우드 로보틱스의 발전으로 로봇의 학습 속도가 급격하게 빨라졌다 (궁극적으로는 인간의 학습 속도보다 훨씬 더 빨라질 수 있다). 또한 딥 러닝의 측면에서 기술은 클라우드를 통해 다른 로봇의 경험을 활용하는 방식으로 인간의 귀납적 추론 방식을 흉내 낼 수 있다.

비어 있는 일자리

경제의 관점에서 보자면, 이 문제는 대체의 문제일 뿐만 아니라 공급의 문제이다. 특히 선진국의 경우에는 고용의 공급 측면이 인구구조에 의해 영향을 받을 것이다. 이제 선진국에서는 베이비붐 세대가 퇴직하고 있으며, 고령화, 저출생에 따라 인구가 감소하고 있다. 여기서 인구 감소는 노동 인구의 감소로 이어진다. 이러한 현상은 일본에서 가장 두드러지게 나타난다. 일본 인구는 1억2700만 명에서 정점을 찍고 2060년에는 8700만 명이 될 것으로 예상된다. 이들 중 40%는 65세 이상 노인이 될 것이다. 이러한 인구 감소는 다수를 이루는 베이비붐 세대의 퇴직과 함께 발생하고 있다. 우리의 분석 결과가 말해주듯이, 그들이 퇴직을 미루더라도 최종적인 결과는 다르지 않아서 수많은 일자리가 비는 상황이 벌어질 것이다. 영국의 예를 들어보자. 영국 공공정책 연구소Institute of Public Policy Research는 일자리가 비게 되는 가장 큰 원인은 새로운 일자리의 창출(확충 수요)이 아니라 노동 인력의 퇴직(대체 수요)에 있을 것으로 예상했다. 그러므로 베이비붐 세대가 퇴직하면, 특히 비숙련 부문에서 수백만 개의 일자리가 비게 될 것으로 보았다. 실제로 향후 10년 동안에는 숙련 부문, 특히 고급 기술 인력을 요구하는 신기술 부문에서도 대체 수요가 확충 수요를 능가할 것이다.

따라서 우리는 로봇이 우리의 일자리를 차지할 것을 걱정하기보다는 오히려 로봇이 나이가 들어가는 노동 인력을 제때에 대체하여 생산, 생산성, 생활 수준을 유지할 수 있도록 해주는 것을 기뻐해야 한다.

실행의 문제

첨단 기술은 빠른 속도로 발전하지만, 이를 실행에 옮기는 것은 상당히 늦어질 것이다. 예를 들어, 무인자동차가 실생활에 도입되려면, 이를 가로막는 엄청나게 많은 법적 규제를 뛰어넘어야 한다. 제인이 사는 동안에는 무인자동차가 도로를 달리는 날이 오겠지만, 그때까지는 많은 시간이 걸릴 것이다.

기술 전문가들 중에는 앞으로 50년이 지나면 무어의 법칙이 물리적 한계에 도달하여 더 이상 적용되지 않을 것으로 예상하는 이들도 있다. 실제로 무어의 법칙은 트랜지스터의 크기를 계속 줄여서 이것을 칩에 점점 더 많이 집적할 때 적용된다. 전문가들은 여기에 물리적, 경제적 한계가 있음을 지적한다. 지금은 원자 크기의 트랜지스터를 생산할 때 나노 기술이 쓰이는데, 나노 공장을 운영하려면 돈이 많이 든다. 물론 무어의 법칙이 막바지에 이르렀다는 우려는 여러 번에 걸쳐서 근거 없는 것으로 밝혀졌고, 나노 산업도 이러한 한계를 뛰어넘는 방법을 찾아내려 하고 있다. 그러나 물리적 한계는 가까워지고 있다. 물론 무어의 법칙이 막바지에 이르더라도, 다양한 관련 기술 분야에서 지수 성장이 여전히 이루어질 수 있다. 예를 들어, 지금까지 소프트웨어는 무어의 법칙이 적용되는 하드웨어의 혜택을 충분히 활용하지 않았다. 따라서 앞으로 수십 년 동안은 발전을 거듭할 수 있다.

새로운 일자리

기술이 일을 대체하여 대량 해고에 이르게 할 것이라고 강력하게 주장하는 사람들이 있다. 그러나 역사적으로, 경제학자들이 지적하듯이, 이는 상당히 복잡한 문제다. 역사가 전해주는 경험을 통해 보면, 기술의 진보는 생산성을 증진하고 생활 수준을 높여 사람들이 더 많이 소비하게 만들었다. 그래서 기술은 집단 실업을 일으키지 않았다. 예를 들어, 기계가 공장 노동자의 일자리를 대체하더라도 새로운 일자리를 창출했다. 기계는 자신을 만들고 유지하고 작동시키는 사람이 필요했다. 이처럼 보완적인 일자리가 고용을 창출한 것이다.

그러나 과거에는 기계가 새로운 일자리를 창출했지만 미래에는 그렇지 않을 것이며, 보완적인 일자리도 얼마 되지 않을 것이라는 반론도 만만치 않다. 2014년 2월 페이스북Facebook이 와츠앱 WhatsApp을 190억 달러에 인수한 사실을 생각해보자. 당시 와츠앱의 직원 수는 불과 55명이었다. 하지만 이 거래의 경제적 가치는 직원 수가 14만 명인 소니를 인수하는 것과 거의 비슷했다. 이러한 사실은 고용에 미치는 효과를 확실히 보여준다(그러나 여기서 소득 분배에 관한 또 다른 이야기가 나온다). 와츠앱의 직원 수가 아주 적었던 것은 사실이다. 하지만 와츠앱의 서비스를 지원하는 파트너십 생태계의 규모는 아주 컸다. 예를 들어, 서비스가 가치를 지니려면 인터넷이 필요하다. 그리고 인터넷은 수십만 개의 일자리를 창출한다. 정말 걱정해야 할 것은 인터넷 산업에서 소수가 열매의 대부분을 챙겨가는 반면 대부분의 산업 종사자들은 그러지 못하는 '승자독식' 구조이다.

경제의 관점에서 보자면, 일자리 창출의 또 다른 요인이 있다. 로봇과 인공지능을 사용하는 공장과 사무실에서는 생산성이 높아지고, 결과적으로 제품과 서비스의 생산 비용이 절감된다. 그러면서 기업은 경쟁력을 갖기 위해 상품 가격을 낮춘다. 그렇게 되면 수요가 상승하고, 기업은 이러한 수요를 충족시키기 위해 사람을 뽑아야 한다. 물론 각각의 생산 단위에서 필요한 인력은 소수이지만, 생산이 증가하면 고용이 감소하지는 않는다. 실제로 일자리를 계속 유지하는 사람들은 생산성이 높아져서 소득도 높아질 수 있고, 이렇게 높아진 소득으로 다른 산업의 제품과 서비스를 소비한다.

기술 혁신의 결과로 새로운 제품과 서비스가 등장한 것도 일자리를 창출하는 또 다른 요인이 될 수 있다. 앞으로 수십 년 동안에는 지금까지 전혀 생각지도 못했지만 살아가는 데 반드시 필요하고 경제성도 입증된 새로운 제품들이 대거 쏟아질 것이다. 페이팔의 공동 창업자 중 한 사람인 피터 틸Peter Thiel은, 우리는 날아다니는 자동차를 원했는데 결국 얻은 건 140자를 쓸 수 있는 기술이었다고 꼬집었다. 그러나 이것이 바로 기술의 중요한 특징이다. 어느 누구도 트위터Twitter의 경제적 가치가 얼마나 되는지 혹은 사람들이 트위터를 사용하기 위해 시간을 얼마나 쓸 것인지를 제대로 예상하지 못했다.

이것은 다가오는 미래를 생각하면 아주 중요한 쟁점이다. 기술의 관점에서 보자면, 혁신의 속도가 급격하게 빨라져서 기계가 인간과는 비교도 안 될 정도의 지능을 구현할 것이다. 기계가 인간의 일자리를 대체할 것이고, 교육에 투자한다 해도 안정적인 일자리와 고소득을 더 이상 보장받지 못할 것이다. 경제의 관점에서 보자면, 이보다는 낙관적이다. 기술은 보완적인 일자리를 창출하여 생산을 늘리고, 그 결과 고용을 증진할 것이다. 그리고 지금까지 생각지도 않았던 제품의 등장으로 새로운 산업 부문이 탄생하여 경제가 발전할 것이다.

▌제인에게 어떤 조언을 해야 하는가

제인은 이제 성년이 되었고 이전 세대보다 훨씬 더 오래 살 것으로 예상된다. 나중에 우리는 다양한 시나리오를 가지고 제인의 삶에 관해 이야기를 할 것이다. 지금까지 설명했던 고용 환경을 통해 명심해야 할 것은 무엇인가. 이러한 결과가 발생하는 속도, 고용에 미치는 실제 효과에 대해서는 합의된 내용이 없지만, 기술이 노동시장을 뒤흔들고 있으며 이런 현상이 앞으로도 계속될 것이라는 데는 합의가 이루어졌다. 기술 전문가들은 이제는 수입이 좋은 안정적인 일자리를 얻기가 어려울 것이라고 말한다. 경제학자들은 피해를 보는 사람들도 있겠지만, 이익을 얻는 사람들도 있을 것이라고 말한다. 이익이 불평등하게 분배된다는 것을 강조하면서도 말이다. 기술 전문가나 경제학자 모두가 비숙련 노동자의 저임금 문제를 해결하고 사회 안정을 유지하려면 정부 정책이 변해야 할 것이라고 주장한다. 또한 그들은 과거에 많은 사람들이 종사했던 전통적인 일자리 중 상당수가 사라질 것이라고 예상한다.

그렇다면 제인에게 어떤 조언을 해야 하는가. 우리는 기술의 발전에도 살아남는 일자리를 두 가지 범주로 나누어볼 수 있다. 하나는 인간이 '절대 우위'를 갖는 일자리이고, 다른 하나는 인간이 '비교 우위'를 갖는 일자리이다. 인간이 절대 우위를 갖는다는 말은 인간이 로봇이나 인공지능보다 과제를 더 잘 수행한다는 뜻이다. 폴라니와 모라베크의 역설에 의하면, 우리 인간이 지금은 창의성, 감정 이입, 문제 해결 능력, 문 여닫기를 비롯한 다양한 신체 능력에서 로봇이나 인공지능보다 확실히 우위에 있는 것으로 볼 수 있다. 앞으로 수십 년 동안 노동시장의 공동화 현상이 지속되더라도, 이러한 일자리는 계속 살아남을 것이다. 그러나 얼마나 오랫동안 살아남을지는 아무도 모른다. 기술 전문가들 중에는 지금 인간이 더 잘 수행하는 과제를 결국에는 로봇과 인공지능이 더 잘 수행하게 될 것으로 믿는 이들도 있다. 그러나 그런 날이 오더라도, 인간이 비교 우위를 갖는 영역은 여전히 존재할 것이고, 바로 이런 영역에 미래의 고소득 일자리가 있을 것이다.

또한 기술이 인간의 능력을 보완하는 것도 쟁점이 된다. 이것은 인간과 기계가 협력하여 생산성을 증진하는 영역에서 일의 성과를 높여줄 것이다. 이것은 이미 체스에서 나타나고 있다. 아마추어 선수들이 체스 수준이 중간 정도인 기계의 도움을 받아 경기력을 강화하고는 당대 최고의 고수 혹은 슈퍼컴퓨터와의 경기에서 승리를 거둘 수 있었다. 우리는 이러한 방식의 강화 프로그램이 급격하게 발전할 것으로 예상할 수 있다. 지금 사람들이 모바일 기기와 함께 일을 하듯이, 미래에는 개인 고유의 역량을 최상으로 강화하도록 설계된 기계와 함께 일을 할 것이다.

지금까지 우리는 앞으로 노동시장에 나타나게 될 변화에 관해 개략적으로 설명했다. 그러나 우리는 이번 장을 시작하면서 인용했던 처칠의 말을 다시 한번 생각할 필요가 있다. 제인 다음의 세대에게는 지금의 예상이 별로 쓸모가 없을 것이다. 이는 다음과 같은 문제를 제기한다. 앞으로 어떤 일이 일어날 것인지를 모른다면, 그것에 대비하기가 어렵다는 것이다. 잭과 비교하면, 제인이 더 오랜 기간 일을 해야 한다. 제인은 더 많은 변화를 경험해야 하고, 더 커다란 불확실성에 직면해야 한다. 따라서 제인은 미래의 어느 순간에는 자신에게 재교육과 재투자가 이루어져야 한다는 사실을 유연한 자세로 받아들여야 한다. 미국 소설가 폴 오스터Paul Auster가 말했듯이 "당신이 모든 것에 준비가 되어 있는 게 아니라면, 아무것도 준비가 되어 있지 않은 것이다."

4장

무형 자산
가격을 매길 수 없는 것들

수명이 길어지면서 일을 하는 기간도 더 길어지고, 저축도 더 중요해진다. 그리고 시간이 흐르면서 산업과 고용에서 주요한 변화가 일어난다. 이것이 100세 인생의 전반적인 모습이다. 그러나 이러한 상황을 돈과 일의 관점에서만 생각한다면 인간의 본질을 부정하게 된다. 장수라는 선물은 기본적으로 가격을 매길 수 없는 것이다. 이번 장에서는 가격을 매길 수 없는 무형 자산에 집중하여 이야기를 풀어 가겠다.

무형 자산은 우리 삶에서 중요한 역할을 한다. 물론 돈이 중요하지만 그 자체가 목적은 아니다. 우리는 필요한 것을 얻기 위해 돈을 번다. 대부분의 사람들에게 행복한 삶이란 가정을 꾸리고 좋은 친구를 얻고 기술과 지식을 배우고 정신적으로나 신체적으로 건강하게 살아가는 것을 의미한다. 이 모든 것들이 무형 자산이며, 이는 우리가 풍요롭게 오래 사는 데 금전적 자산만큼이나 중요하다.

그러나 이러한 무형 자산은 유형 자산과 별개의 것이 아니다. 오히려 유형 자산을 개발하는 데 중요한 상호적 역할을 한다. 일례로,

지식이나 기술이 없다면 직업을 찾거나 돈을 벌 가능성이 한정적일 것이다. 협력적이고 식견이 있는 친구들의 네트워크가 없어도 마찬가지이다. 전환기를 현명하게 활용하고 직업 선택의 기회를 넓히는 데 그들이 결정적인 역할을 하기 때문이다. 그리고 건강이 안 좋거나 가족 관계에 문제가 있다면, 여기서 나오는 스트레스 때문에 일을 할 때 생산성, 공감 능력, 창의력이 현저하게 떨어질 것이다.

따라서 무형 사산은 경제 활동을 오랫동안 하기 위한 열쇠이다. 이는 그 자체가 목적인 동시에 유형 자산을 벌어들이기 위한 수단이기도 하다. 실제로 행복에는 이 두 가지 자산뿐만 아니라 이들의 조화와 시너지 효과도 필요하다.

▌자산 관리

아마 당신은 우정, 지식, 건강을 자산으로 생각하지 않았을 수도 있다. 우리는 일상생활에서 무형 자산이라는 표현을 잘 쓰지 않는다. 하지만 이런 시각은 100세 인생에서 중요한 생각의 틀을 갖게 해준다. 자산이란 일정 기간 혜택을 제공하는 것이다. 다시 말하자면, 자산은 얼마 동안은 지속되는 것이다. 따라서 인생이 길어지면서, 이러한 자산을 어떻게 관리해야 하는가는 중요한 화두가 되었다. 일정 기간 지속되는 자산은 계속 사용함에 따라 혹은 소홀히 취급함에 따라 보통 감가상각의 형태로 가치가 하락한다. 이는 우리가 자산을 주의 깊게 유지하고 신중하게 투자해야 함을 의미한다. 이러한 관점에서 보자면, 우리가 우정, 지식, 건강을 자산으로 생각하려는 이유가 분명해진다. 우정과 지식은 하루아침에 사라지지 않는다. 그러나 친구와 꾸준히 연락을 취하거나 지식을 새롭게 하는 식으로 투자를 하지 않으면, 결국 우정과 지식은 그 가치가 손상되거나 심지어는 사라질 것이다.

무형 자산은 주택, 현금, 예금과 같은 유형 자산과는 크게 다르다. 유형 자산은 물리적으로 존재하기 때문에 이것을 정의하고 측정하기가 비교적 쉽다. 따라서 가격이 쉽게 매겨지고 거래도 즉시 가능하며 관리도 복잡하지 않다. 우리는 증명서를 통해 은행잔고를 확인하고, 주택 가격은 인터넷으로 조회하며, 연금도 찬찬히 살펴볼 수 있다. 반면에 우정, 가족 관계, 육체적 혹은 정신적 건강, 지식, 기술과 같은 무형 자산은 물리적으로 뚜렷하게 존재하지 않는다. 바로 이런 사실 때문에 가치를 어떻게 측정할 것인가, 거래할 수는 있는 것인가와 같은 쉽지 않은 문제가 발생한다.

비교적 쉽게 측정할 수 있는 무형 자산도 있다. 예를 들어, 우리는 건강이나 활력에 대해서는 비교적 확실한 지표로 나타낼 수 있는데, 건강 진단을 통해 일정 기간 건강이 좋아졌는지 나빠졌는지를 알 수 있다. 기술이나 지식도 마찬가지다. 암묵적인 지식을 측정하기는 어렵더라도, 시험 성적이나 자격증은 명시적인 지식을 보여주는 지표가 된다. 우정이나 인간관계는 어떨까. 우리는 자신에게 가장 중요한 인간관계가 얼마나 건전한가에 대해서는 어느 정도는 이해하고 있지만 이를 수치로 나타내기 위해 애를 쓰기도 한다. 예를 들어, 개인의 네트워크의 규모, 다양성, 상호연결성을 측정하고 이들의 증가 혹은 감소의 정도를 추적하기 위한 네트워크 분석이 시도되고 있다.[1] 이제 우리는 증강현실augmented reality 기술의 발전으로 도보 거리, 친구와의 대화 시간 등 일상 활동의 다양한 측면을 측정할 수 있으며, 이는 무형 자산의 가치를 훨씬 더 정밀하게 측정할 수 있도록 해준다.

따라서 무형 자산 중 일부는 양적으로, 또는 대리 변수를 통해, 또는 질적으로만 (증가/감소) 측정이 가능하다. 그런 경우에는 객관적인 비교도 가능하다. 예를 들어, 교육 수준은 객관적인 비교가 가능하지만, 행복 수준은 그렇지 않다. 무형 자산의 가치를 측정하기가 어렵고 이를 주관적으로만 인식할 수 있다는 것은 무형 자산에 가격을 매겨서 거래하기란 불가능하지 않더라도 언제나 어렵다는 것을 의미한다. 게다가 정치철학자 마이클 샌델Michael Sandel이 말했듯이, 일부 무형 자산에는 가격을 매겨서 거래하는 것을 불가능하게 만드는 훨씬 더 심오한 특징이 있다. 때로는 무형 자산의 거래를 불가능하게 만드는 본질적, 역사적 근원이 있다. 당신은 80대가 되어서는 평생 동안의 우정을 돈으로 살 수도 없고 만들어낼 수도 없다. 실제로 우정의 정의에 따르면, 우정은 나이와는 무관하게 돈으로 살 수는 없는 성질의 것이다.

우리가 무형 자산을 시장에서 팔거나 살 수 없다는 사실은 이를 얻기 위한 계획이나 투자를 더욱 복잡하게 만든다. 유형 자산에 대한 투자 결정은 비교적 쉽다. 이러한 결정은 어느 정도는 돌이킬 수 있다. 우리는 의지만 있으면 집을 팔거나 살 수 있고, 돈을 주식에서 연금으로 옮길 수 있다. 유형 자산은 정해진 가격에 매매가 가능하기 때문에 대체도 쉽게 된다. 우리는 지금 거주하던 집을 팔아서 다른 집을 살 수 있다. 또한 주식을 팔아서 현금으로 보유할 수 있다.

그러나 무형 자산은 대체가 가능하지도 않고, 결정을 돌이킬 수도 없다. 만약 당신이 다른 나라로 이민을 간다면, 옛 친구를 팔아서 새로운 나라에서 새로운 친구를 살 수는 없다. 당신이 쌓은 지식이 더 이상 가치가 없다면, 이를 팔고 새로운 지식을 살 수는 없다. 우리가 무형 자산에 대한 투자를 신중하게 결정해야 하고 그 가치가 갑자기 사라지는 것을 걱정해야 하는 것은 무형 자산의 돌이킬 수 없는 성질 때문이다. 지진이 주택을 전혀 쓸모없게 만드는 것처럼, 때로는 외부 적인 변화가 무형 자산의 가치를 갑자기 사라지게 만들 수 있다.

그러나 가격을 매기거나 거래를 할 수 없다고 해서 무형 자산이 가치가 없다는 것은 아니다.[2] 유형 자산과 비교한 무형 자산의 중요 성 문제는 문학과 종교에서 끊임없이 다루는 주제가 되었다.[3] 예를 들어, 무엇이 행복하고 의미 있는 삶을 낳는가에 대한 심리학의 연구 결과를 살펴보자. 하버드대학교 인생관찰보고서Harvard Grant Study 는 상당히 흥미로운 결과를 보여준다. 이 보고서에는 1938년부터 1940년까지 하버드대학교를 다녔던 남학생 268명을 75년 동안 추적 하여 조사한 결과가 나와 있는데, 연구자들은 유형 자산이 매우 중요 하다는 사실을 확인했다. 조사 대상자들에게는 돈이 없거나 또래 집 단에 비해 돈이 적은 것이 불만의 근원이었다. 그러나 평생 동안 이루 어놓은 끈끈한 인간관계가 행복한 삶을 규정짓는 중요한 요인이기도 했다.[4] 이 연구를 개척한 조지 베일런트George Vaillant에 따르면, 행복 에는 두 가지 기둥이 있다. 하나는 사랑이고, 다른 하나는 사랑을 밀 어내지 않는 삶의 방법을 찾는 것이다. 돈을 더 많이 벌면, 더 많이 행 복할 수 있다. 그러나 우선 사랑이 있어야 행복하다.

경제학에는 훨씬 더 재미있는 이야기가 나온다. 이스털린의 역설 Easterlin's Paradox에 따르면, 부자들이 행복하다는 것은 맞는 말이지 만, 평균적인 행복과 평균적인 소득에는 직접적인 관련이 없는 것으로 나타난다. 다시 말하자면, 국가가 부유해진다고 해서 국민들의 행복 수준이 높아지는 것이 아니고, 이는 돈이 아닌 다른 요인이 행복에 커다란 영향을 미친다는 것을 의미한다.[5]

물론 지금 하는 이야기들이 돈이 중요하지 않다는 의미는 아니다. 돈으로 무형 자산을 살 수는 없지만, 무형 자산에 투자하기 위해서는 여전히 돈과 재정적인 안정이 필요하다. 당신이 헬스클럽 회원권을 구매하거나 가족과 휴일을 보내거나 사랑하는 사람들과 여가 시간을 즐기며 마음의 평화를 가지려면 돈이 있어야 한다. 돈이 있어야 무형 자산에 투자할 수 있고, 이러한 무형 자산이 재정적인 성공을 이룩하는 데 도움을 준다. 이는 중요한 연관 관계이고, 이 두 가지의 적절한 조화는 100세 인생을 설계하는 데 결정적인 역할을 한다.

다양한 무형 자산

무형 자산의 정의를 생각하면, 무형 자산으로 고려해야 할 대상들이 너무나도 많다. 예를 들어, 아름다움은 중요한 자산이라는 증거가 있다. 노동경제학자 대니얼 해머메시Daniel Hamermesh는 잘생긴 사람이 평균적인 외모의 사람보다 일자리를 쉽게 얻고, 승진도 빨리 하고, 월급도 3~4% 더 많이 받는다는 사실을 확인했다.[6] 키가 큰 사람이 월급을 많이 받고,[7] 그 밖의 성별과 인종적인 특성이 소득에 영향을 미친다는 연구 결과도 있다.

이전의 정의에 따르면, 이러한 특징들은 모두가 무형 자산으로 분류되었다(일정 기간 혜택을 제공하고, 물리적으로 뚜렷하게 존재하지 않으며, 가격을 매겨 거래할 수가 없다). 또한 일반적인 지능, 건강과 관련된 유전적 특징, 교육받고 부유한 집안 출신, 적극적인 성향, 원만한 성격, 사교성 등 인간이 지닌 그 밖의 광범위한 특징들에 대해서도 똑같이 적용된다. 따라서 무형 자산의 범위는 상당히 넓으며, 개인의 생득적이거나 유전적인 요인이 미래의 운명을 좌우할 수도 있다.

우리의 분석에서 개인의 생득적 자질의 일부인 무형 자산은 제외하기로 한다. 대신에 우리는 선택 변수인, 즉 개인이 영향을 미칠 수 있는 요인으로서의 무형 자산에만 집중할 것이다. 예를 들어, 아름다워지거나 머리가 좋아지는 것 혹은 교육 수준이 높은 집안에서 태어나는 것 혹은 적극적인 성향을 지니는 것은 우리가 선택한다고 해서 되는 일이 아니다. 물론 예뻐지기 위한 성형수술이나 사교적으로 되기 위한 행동 치료를 받아서 이러한 무형 자산을 형성할 수도 있다는 사실을 부인하는 것은 아니다. 그러나 우리는, 고정된 것과 변동 가능한 것의 비율을 볼 때 이 생득적인 무형 자산은 이미 결정된 것으로 간주해야 한다는 점에서 출발하기로 한다.

이러한 생득적인 무형 자산을 제외하더라도 여전히 다양한 무형 자산이 존재한다. 그래서 우리는 이러한 무형 자산을 길어진 삶에 맞게 세 가지 범주로 분류했다.

1. 첫번째 범주의 무형 자산으로 생산 자산이 있다. 이는 직장에서 생산성을 높여서 성공하는 데 도움을 주고, 궁극적으로는 높은 소득을 얻게 해준다. 기술과 지식이 이러한 범주에 속하는 주요 무형 자산인데, 그밖에도 많이 있다.

2. 두번째 범주의 무형 자산으로 활력 자산이 있다. 이는 정신적, 육체적 건강과 웰빙을 의미한다. 이러한 자산으로는 우정, 긍정적인

가족 관계와 파트너십, 개인의 건강을 꼽을 수 있다. 여러 추적 연구 결과에 따르면, 활력 자산이 행복한 삶을 위한 결정적인 요소인 것으로 나타났다.

3. 마지막으로 변형 자산이 있다. 앞으로 사람들은 100세 인생을 살면서 많은 변화와 전환기를 경험하게 될 것이다. 이러한 변형 자산으로는 자기 인식, 다양한 네트워크에 대한 접근 능력, 새로운 경험에 대한 개방적인 대도 등이 있다. 이러한 범주의 사산은 전통적인 3단계 삶에서는 제대로 활용되지 않았지만, 앞으로 다단계 삶에서는 중요한 역할을 할 것이다.

❶
생산 자산

생산 자산은 직장에서 생산성을 높여서 고소득을 실현하고 직업적으로 성공하는 데 도움을 주는 무형 자산을 말한다. 물론 업무 능력에 간접적으로 영향을 미치는 무형 자산은 아주 많이 있다. 건강이 안 좋거나 인간관계에 어려움이 있다면, 업무에도 안 좋은 영향을 미칠 것이다. 그러나 여기에서는 생산성에 직접적으로 영향을 미치는 자산에만 집중하기로 한다. 그렇다고 해서 생산 자산이 생산성 때문에만 가치를 지니는 것은 아니다. 생산 자산은 일반적인 의미의 웰빙을 창출하는 데도 틀림없이 중요한 역할을 한다.

▌ 지식과 기술

생산 자산의 가장 두드러진 예로서 당신이 일정 기간에 걸쳐 쌓아놓은 지식과 기술이 있다. 지식은 오랫동안 교육을 받아서 형성된다. 또한 특정한 일을 하면서 혹은 코치, 멘토, 동료와 함께 시간을 보내면서도 지식을 쌓을 수 있다. 이 같은 사실은 노동시장의 변화와 기술 습득의 놀라운 속도로 볼 때 아주 중요하다. 이는 지식과 기술에 투자하기 위한 최선의 방법은 무엇인가, 특히 어디에 집중할 것인가와 같은 중요한 문제를 생각하게 만든다.

학습과 교육을 통한 수익

직업 활동을 하는 기간이 길어지면서 지식과 기술에 대한 투자는 최우선적인 문제가 되었다. 이제 학습과 교육을 통한 금전적인 수익은 더욱 중요해졌다. 지금 이 글을 쓰고 있는 시점에, 미국에서 22세에 대학을 졸업하는 사람의 평균 연봉은 3만 달러라고 한다. 이에 반해, 대학을 졸업하지 않은 사람의 평균 연봉은 1만8천 달러라고 한다. 이들 간의 격차는 시간이 지나면서 더욱 커져서 40대 중반이면 최고점에 도달하여 대학졸업자의 평균 연봉은 거의 8만 달러에 이르지만, 고등학교 졸업자의 경우는 3만 달러밖에 되지 않는다. 여기에 함축된 평균 교육투자 수익률은 대체로 매년 물가상승률보다 15%나 더 높다고 한다.[8] 이러한 수익률이 지속된다면, 수명이 길어지면서 교육 기간이 몇 년 더 길어질 것으로 예상할 수 있다. 20세기 전반에 걸쳐 미국인의 평균 교육 기간은 7년에서 14년으로 증가했으며, 앞으로도 계속 증가할 것이다.

기술 혁신은 노동시장에 커다란 영향을 미칠 것이다. 실제로 하버드대학교 경제학과 교수 클로디어 골딘Claudia Goldin과 래리 캐츠 Larry Katz는 교육과 기술을 달리기 경주에 비유한 적이 있다.[9] 지금까지 기술은 교육을 보완하는 역할을 해왔고, 기술이 발전하면 기술자의 임금이 상승했다. 교육을 받지 않은 사람의 임금이 하락하고 불평등이 커지기도 했지만, 교육투자 수익률 때문에 대학 입학자의 수가 확실하게 늘고 있다. 그 결과, 오늘날 미국 노동 인구의 25~30%가 대학 교육을 받았으며, 이러한 비율은 계속 증가하고 있다.

대학 교육이 일반화되고 기술이 계속 발전하면서, 인생에서 늘어난 시간에 대학원 교육을 받으려는 사람이 많아질 것이다. 대학원 과정 수료는 주로 전문화에 관한 것이어서 업무에 전념할 것이라는 인상과 세부적인 지식을 제공하여, 이를 이수한 사람에게 노동시장에서 두각을 나타내도록 해준다. 게다가 IT 산업의 발전으로 노동시장의 공동화 현상이 두드러지면서, 더욱더 많은 사람들이 최고급의 기술 유통을 향유하여 대학원 과정 수료 경력으로 자신을 차별화하려고 노력할 것이다.

그러나 투자 고문들이라면 늘 하는 말처럼, '과거의 실적이 미래의 실적을 말해주지는 않는다'. 그리고 교육투자 수익률과 고학력자의 증가세 측면에서 전환점이 있을 수 있다. 이제는 지식과 기술을 습득하는 데 '무엇을, 언제, 어떻게'가 확실히 변화할 것이다.

100세 인생에는 상당한 지식 습득의 과정이 인생의 초기에 한 번으로 끝나지는 않을 것이다. 기술이 발전하는 정도를 감안하면, 직업 생활 초기에 습득한 전문 지식이 오랜 직업 활동 전체를 뒷받침해주기는 어려울 것이다. 한 가지 기술만으로 사는 것이 따분해서든, 그 기술이 쓸모가 없어져서든, 앞으로는 새로운 기술과 전문 지식의 습득이 인생 전반에 걸친 과제가 될 것이다. 100세 인생 동안 우리는 87만3천 시간을 살게 된다. 흔히 말하듯이, 한 가지 분야에 전문성을 쌓는 데 1만 시간이 걸린다면 한 가지가 넘는 분야에서 전문성을 쌓는 것이 벅찬 일도, 불가능한 일도 아니다.

가치 있는 지식

교육은 인생에서 중요한 부분을 차지하며, 그것이 창출하는 소득을 훨씬 뛰어넘는 가치를 지닌다. 넬슨 만델라Nelson Mandela가 "교육은 세상을 변화시킬 수 있는 가장 강력한 무기다"라는 말을 한 적이 있는데, 물론 그의 말이 옳았다. 여기서 그는 GDP 혹은 소득에 관해서 말한 것이 아니다. 우리가 열정과 관심을 가지고 배우고 싶은 분야를 선택하는 것은 중요한 의미를 지닌다. 그러나 대다수의 사람들에게 소득은 중요하고, 100세 인생에서는 훨씬 더 중요하다. 앞으로 우리는 충분한 소득을 보장하면서 열정과 관심을 갖게 해줄 분야가 무엇인지 알아낼 수 있을까.

일반적인 의미에서, 이것은 대답하기가 쉬운 질문이다. '가치가 있고'(다시 말해, 유용해서 수요가 있는) '희귀한' 지식과 기술을 습득하는 것이 강조되어야 한다. 이런 지식과 기술을 가진 사람은 많지 않다. 따라서 앞으로는 대학원 교육에 대한 수요가 증가할 것이라는 예상이 가능하다. 또한 이런 지식과 기술은 '모방하기가 어려워야' 한다. 따라서 이런 지식과 기술을 가진 사람은 다른 사람보다 유리한 출발점에 있다.[10] 그리고 이런 지식과 기술은 '대체하기도 어려워야' 한다. 이 마지막 특징이야말로 기술이 발전함에 따라 가장 지키기 힘든 것이며, 교육받을 분야에 대한 선택을 가장 어렵게 만드는 것이기도 하다.

현재 가장 커다란 관심사는 머신 러닝과 인공지능의 등장이다. 기술 발전의 추세를 감안할 때, 어떤 지식과 기술이 가치를 계속 유지할 수 있으며 이러한 지식과 기술을 어떻게 개발할 수 있을까. 기술의 변화를 감안할 때, 교육, 학습, 능력 계발이 직업 활동에 도움이 되는 측면을 다음 세 가지로 나누어볼 수 있다. 첫째, 아이디어와 창의성 계발에 도움이 된다. 둘째, 인간의 고유한 능력과 공감 능력을 부여한다. 셋째, 지적 유연성과 민첩성처럼 널리 적용되는 일반적이고도 핵심적인 소질을 계발한다.

아이디어 창출, '혁신과 창조'의 가치를 뒷받침하는 교육은 예전보다 더욱 중요하게 여겨지고 있다. 19세기가 산업혁명과 물적 자본의 시대라면, 20세기는 교육과 인적 자본의 시대이다. 한편 21세기는 복제나 구매가 가능한 아이디어와 혁신을 통해 가치를 증진하는 시대가 될 것이다. 실제로 이러한 현상은 이 책의 저자들이 소속된 런던 경영대학원에서 이미 일어나고 있다. 이곳에서는 학생들과 기업 양쪽에 아이디어, 혁신, 창조, 기업가 정신을 끊임없이 강조한다.

이러한 맥락에서 보면, '인간의 고유한 능력과 판단력'이 더욱 중요하게 여겨진다. 인공지능이 이러한 능력까지도 발휘할 것이라고 주장하는 사람들은 종양 진단을 수행하는 IBM의 슈퍼컴퓨터 왓슨의 예를 들기도 한다. 이는 진단 분야에서 증강현실 기술의 발전과 함께, 의학 기술이 정보 검색 중심에서 직관적 경험, 대면 기술, 팀을 위한 동기 부여와 판단력을 중요하게 여기는 방향으로 변하고 있음을 의미한다. 교육 부문에서도 이와 비슷한 기술 발전이 일어날 것이다. 디지털 교육이 교과서 중심의 교실 수업을 대체할 것이고, 인간의 미묘하고도 복잡한 능력으로서 공감, 동기 부여, 격려의 능력이 중요하게 여겨질 것이다.

직업 활동을 하는 기간이 길어지면서, '지적 유연성과 민첩성'처럼 일반적이고도 널리 적용되는 능력에 대한 관심도 커질 것이다. 이러한 현상은 일반적인 능력의 필요성과 전문적인 능력의 중요성 간의 흥미로운 충돌을 일으킨다. 전문성은 중요하고 필요하며, 중요성이 커지는 분야에서 전문성을 계발할 경우에는 높은 가치를 지닐 수 있다. 여기서 문제는 오랜 기간에 걸친 직업 활동에서 단 하나의 전문성만으로는 생산성을 뒷받침하기에 충분하지 않을 것이라는 데 있다. 기술 변화의 속도를 생각하면, 어떠한 전문 지식이라도 쓸모가 없어질 가능성이 높다. 따라서 사람들이 직업 활동의 첫번째 단계에서 특정 분야의 전문성을 쌓고, 나중에 가서는 다른 분야의 전문성을 쌓을 가능성이 높아진다. 결과적으로 정규 교육은 기초적인 분석 능력과 원리에 더욱 치중할 것이다. 이러한 기초를 다져놓으면 유연하고도 혁신적인 능력을 발휘하고 각각의 전문 분야를 연결시킬 기회가 많아진다. 따라서 직업에서 성공하고 지속적이고 정확한 사고 능력을 입증하기 위하여 특정 전문 분야에서 깊은 지식을 쌓아야 하지만, 이것만으로는 직업 활동 전체를 뒷받침하기에는 충분하지 못하다. 앞으로 사람들은 직종과 업종을 넘나들기를 바랄 수 있기 때문에, 다양한 분야에 널리 적용되는 수준 높은 지식과 기술이 필수적일 것이다.

논쟁은 이미 진행 중이다. 어떤 이들은 인간의 고유한 공감 능력과 판단력을 중요하게 여기고 창의성과 혁신 능력에 집중하는 현상이 인문학 교육의 업데이트된 형태가 놀라울 만큼 큰 가치를 갖게 될 것임을 시사한다고 믿는다. 또 다른 이들은 기술과 과학이 점점 더 중요해지는 세상에서 기술, 과학, 공학, 수학 교육은 여전히 핵심적인 생산 자산이 될 것이라고 생각한다. 물론 100세 인생에서는 두 가지 중 하나가 아닌, 두 가지 모두 해야 할 가능성이 높다.

우리가 배우는 내용뿐만 아니라 배우는 방법에서도 변화가 예상된다. 특히, '경험학습experiential learning'이 강조될 것이다. 이것은 교과서 중심의 교실 수업을 뛰어넘는 학습을 의미하며, 행동을 통해 계발된다. 한편으로는 웹이나 온라인을 통한 학습이 유행하여 간단한 지식 습득이 훨씬 더 쉬워지기 때문에 경험학습의 가치가 증대될 것이다. 따라서 사람들을 구분하는 조건은 그들이 알고 있는 지식이 아니라 그들이 이러한 지식을 활용하여 실제로 경험한 내용이 될 것이다. 이는 우리가 앞에서 설명했던 두 가지 역설(폴라니, 모라베크)과 (문서로 기록될 수 없는) 암묵적인 지식의 중요성 때문에 나타나는 결과이다. 암묵적인 지식은 우리가 형성하기가 어렵지만 상당히 중요하다. 이것은 지혜, 직관, 통찰의 토대가 되고, 연습, 반복, 관찰에 의해 형성된다.

앞으로 고용주들은 책을 통해 터득한 지식뿐만 아니라 실생활을 통해 터득한 지혜에도 가치를 둘 것이다. 경험학습이 대학과 대학원 교육의 한 부분을 분명히 차지하겠지만, 실제로는 캠퍼스가 아니라 다른 곳에서 유행할 것이다. 다음 장에 나오는 시나리오 분석에서는 경험학습을 통해 가치 있는 기술과 지식을 습득하는 새로운 단계들을 명시적으로 다룰 것이다. 한편, 경험학습에는 여러 가지 장점이 많지만 한 가지 문제가 있다면 교육에 근거한 학습이 자격을 증명하기가 훨씬 더 쉽다는 점이다.

▎동료

지식과 기술은 상당히 개인적인 것으로 여겨지고 있다. 졸업장은 개인의 능력과 성적을 반영하며, 학교마다 표절과 부정행위에 대하여 엄벌한다. 그러나 우리가 지식을 어떻게 습득하는가, 우리가 얼마나 생산적인 사람인가는 주변 사람들에 의해 크게 좌우된다. 다시 말하자면, 지식을 생산적으로 활용하는 것은 팀 게임이다. 이러한 상호 의존성은 높은 가치를 생산하는 복잡한 과제를 수행할 때 생산성이 높은 사람은 그들처럼 생산성이 높은 사람과 짝을 이루어야 한다는 것을 의미한다. 하버드대학교 경제학과 교수 마이클 크레머Michael Kremer가 신랄하게 지적했듯이[11] 찰리 파커Charlie Parker는 디지 길레스피Dizzy Gillespie와 공연을 했고, 도니 오즈먼드Donny Osmond는 마리 오즈먼드Marie Osmond와 함께 노래를 불렀다. •

주변 사람들의 중요성은 하버드대학교 경영대학원 보리스 그로이스버그Boris Groysberg 교수의 연구에서도 분명하게 나타난다.[12] 그의 관심사는 어떤 사람이 혼자서 창출하는 가치와 이 사람이 주변 사람들과 함께 조화를 이루어서 창출하는 가치였다. 그로이스버그는 이러한 조화를 이해하기 위해 월스트리트 투자은행에서 일하는 1천 명이 넘는 애널리스트의 경력을 조사했다. 이러한 스타 애널리스트 한 사람이 지닌 지식을 개인의 생산성이라고 한다면, 그들이 다른 은행으로 직장을 옮기더라도 실적은 변하지 않아야 한다. 반면에, 그들의 실

• 찰리 파커는 미국의 색소폰 연주자이며 디지 길레스피는 미국의 트럼펫 연주자로, 재즈 역사에서 가장 영향력 있는 뮤지션들이다. 도니 오즈먼드와 마리 오즈먼드는 미국의 가수로, 1971년 '오즈먼즈Osmonds'라는 가족 밴드로 함께 데뷔하였다. 각자 방송 MC, 뮤지컬 배우, 소설가 등 다방면으로 활동했다.

적이 주변 사람들에 의해 좌우된다면, 그들이 다른 은행으로 직장을 옮길 때 실적이 감소할 것이다. 그로이스버그 교수는 다음과 같은 사실을 확인했다. 애널리스트의 지식은 통째로 옮길 수 있는 것이 아니므로, 결과적으로 그들의 실적은 즉각 또는 지속적으로 감소했다.

애널리스트의 지식과 기술을 옮길 수 없는 이유는 무엇이며, 이러한 사실은 우리에게 어떤 교훈을 주는가. 확실히 기업의 자원, 조직 문화와 같은 기업 고유의 측면이 있으며, 이는 개인의 지식을 생산성과 실적으로 전환하는 데 중요한 역할을 한다. 여기서 중요한 것은 그로이스버그가 발견한 사실, 즉 모든 기업이 개인의 지식과 기술을 실적으로 전환하는 데 똑같은 역량을 지닌 것은 아니라는 사실이다. 이는 당신이 지식을 최대한 활용하려고 한다면, 기업이나 사람을 신중하게 찾아야 한다는 것을 의미한다. 당신에게 적합한 기업이나 사람을 찾는 것이 결정적이기 때문이다. 그로이스버그의 연구가 전하는 분명한 사실은 애널리스트들이 은행에서 형성한 동료 네트워크는 그들이 실적을 올리는 데 결정적인 역할을 한다는 것이다. 이는 팀 구성원들이 서로 신뢰하고 서로의 평판에 긍정적인 입장을 가질 때 특히 두드러지게 나타난다. 이러한 네트워크 효과는 매우 중요하여 실제로 애널리스트들이 팀 단위로 은행을 옮길 경우에는 실적이 변함없이 유지되거나 증가했다. 이러한 네트워크 효과가 없다면, 은행을 옮긴 스타 애널리스트들 대부분이 새로운 환경에서 마치 별똥별처럼 잠시 눈길을 끌다가는 금방 사라지고 말았다.

네트워크와 인간관계는 생산 자산에서 중요한 위치를 차지하며, '직업상의 사회자본professional social capital'이라고 불린다.[13] 당신이 형성한 끈끈한 인간관계는 지식이 사람들 사이를 쉽게 흐르도록 하여 당신의 생산성과 혁신 능력을 강화한다. 이는 신뢰와 평판을 기반으로 한 친밀한 협력 관계는 개인이 축적한 지식보다 더 넓은 지식과 통찰의 영역으로 이끌기 때문이다. 또한 네트워크와 인간관계는 다른 사람들과 협력하여 일할 수 있는 비옥한 바탕이 되어 통찰을 결합할 수 있는 기회를 제공한다. 이러한 결합 효과는 혁신에서 특히 중요한 것으로 드러난다.[14]

생산 자산의 형성에서 특히 중요한 것은 서로 강한 신뢰 관계에 있는 동료들과 일에 기반을 둔 소규모의 네트워크를 구축하는 것이다. 당신이 이러한 네트워크를 갖고 있다면, 당신은 비슷한 기술과 전문 지식을 쉽게 공유할 수 있으며, 전문성을 계발할 때 서로 도움을 줄 수 있다. 린다 그래튼Lynda Gratton은 협력 관계에 관한 연구에서 이것을 '포시posse'라고 불렀다. 포시는 서로 신뢰하고 가르치고 돕고 소개해주고 소중한 조언을 해주는 사람들로 구성된 직업적인 인간관계의 네트워크를 말한다.[15]

그러면 포시를 어떻게 구축할 것인가. 다양한 사회자본과 마찬가지로 이것을 구축하는 데는 시간이 걸린다. 당신은 많은 시간을 내어 비슷한 기술과 지식을 가진 사람들과 인간관계를 형성하고 그들과 직접 만나서 대화를 나눌 준비가 되어 있어야 한다. 이러한 시간 속에서 깊은 전문성을 계발하고 공유할 수 있게 된다.[16]

▍평판

코카콜라Coca-Cloa, 애플과 같은 대기업의 리더들은 기업 가치의

많은 부분이 기업 소유의 공장, 대리점과 같은 물리적 항목 혹은 유형
자산에 있지 않다는 사실을 잘 안다. 그것은 오히려 브랜드 혹은 지적
재산권과 같은 무형 자산에 있다. 예를 들어, 애플의 브랜드 가치는
1천억 달러가 훨씬 넘는 것으로 추정된다. 애플의 실험실, 공장, 대리
점이 제품 설계, 생산, 유통에 중요한 역할을 하지만, 무형의 가치 중
일부는 애플이라는 브랜드에서 나온다.

　개인의 브랜드 가치에도 마찬가지 논리가 적용된다. 중세의 유럽
이나 아시아에서는 장인들이 만들어낸 제품의 가치가 어느 정도는 그
들의 브랜드 가치에 의해 결정되었다. 사회학자 리처드 세넷Richard
Sennett은 중세 시대의 장인에 관하여 이렇게 말했다. "중세 시대의 장
인들에게 주어진 가장 절실하고도 세속적인 단 한 가지 의무는 개인
적으로 훌륭한 평판을 갖는 것이었다. 이것은 자신이 일하는 곳에서
이방인 취급을 받는 금세공인과 같은 떠돌이 장인들에게는 특히 절실
한 문제였다."[17] 장인에 대한 평판은 오랜 세월이 지나는 동안에 확립
되고, 이에 따라 예측 가능한 품질이 나온다. 고객들은 자신이 기대하
는 품질을 충족시킬 것이라는 사실을 미리 알고 제품을 주문한다. 지
금도 브랜드와 평판은 수백 년 전과 마찬가지로 중요하다. 기업이 좋
은 브랜드를 갖거나 개인이 좋은 평판을 가지면, 고객과의 관계를 맺
기가 훨씬 더 쉬워진다. 기업이 좋은 평판을 가지면, 고객인 당신은
기업이 만들어낸 제품을 유심히 살펴보지 않아도 된다. 기업의 평판
이 당신의 기대에 부응하는 제품을 만들어낼 것임을 말해주기 때문이
다. 이는 개인에게도 마찬가지로 적용된다. 어떤 사람이 좋은 평판을
가지면, 그 사람은 어떠한 상황에서도 일을 능숙하게 처리할 것이라
는 믿음을 준다.

따라서 생산 자산을 형성하는 데 좋은 평판을 갖는 것은 상당히 중요하다. 평판이 좋으면 당신의 지식이나 기술을 생산적으로 활용할 수 있기 때문이다. 또한 평판은 직업적 사회자본에도 커다란 영향을 미친다. 평판이 좋지 않으면, 가치 있는 동료 집단을 형성할 수가 없을 것이다.

평판은 다른 무형 자산과 마찬가지로 오랜 시간을 두고 투자하여 얻을 수 있다. 평판은 오랫동안 가치를 제공하는데, 매매의 대상이 될 수 없고, 가치는 금방 하락할 수 있다. 당신에 대한 평판이 좋으면, 당신이 지금까지 우호적이고도 신뢰할 만한 방식으로 행동해왔다는 것을 의미한다. 반면 당신에 대한 평판이 나쁘면, 이기적이고도 기만적인 방식으로 행동해왔다는 것을 말한다. 물론 평판은 관찰자의 눈으로 결정된다. 이 말은 당신에 대한 평판이 다른 사람들에 의해 결정된다는 뜻이다. 그들은 당신에 대한 평판을 어떻게 결정할까. 평판은 어느 정도는 연상 작용에 의해 결정된다. 이런 식으로 평판이 좋은 학교 혹은 기업에 다니는 사람들이 혜택을 보는데, 반박할 수 있는 예가 드러나지 않는 한, 이러한 연상 작용은 다른 사람들에게 그들이 좋은 평판을 갖고 있다는 신호를 준다. 이는 중세 시대의 장인들에게도 마찬가지로 적용된다. 그들이 유명 길드나 조합에 소속되어 있으면, 떠돌이 생활을 하더라도 좋은 평판을 가질 수 있었다. 지난 역사를 돌이켜볼 때, 사람들은 자신이 엘리트 집단에 소속되어 있다는 사실만으로도 좋은 평판을 가질 수 있었다. 이렇게 연상되는 것이 처음에는 중요하지만, 시간이 지나면서 평판은 결국 다른 사람들에게 보이는 행동에 의해 결정된다. 의도를 보이거나 신조를 밝히면 기대치가 생기지만, 결국 평판을 공고히 하는 것은 행동이다.

그러면 다른 사람들은 당신에게서 무엇을 보는가. 물론 규모와는 상관없이 집단에 소속된 모든 개인의 행동을 관찰하기는 어렵다. 따라서 선별적인 정보에만 주목하는 경향이 있다. 사람들은 직접적인 경험을 통하여 직접적인 평판을 갖기도 하지만, 주로 다른 사람이 전하는 이야기에 따라 간접적인 평판을 가질 수밖에 없다. 따라서 당신 주변의 사회 구조는 방송 시스템처럼 작동하여 청중에게 정보를 끊임없이 전달하는데, 정보가 퍼져가면서 신호가 증폭된다.[18] 실제로 평판이 생기고 전파되는 과정에서 드러나는 사회 구조의 중요성은 평판이 당신이 소유한 자산이 아니라는 것을 의미한다. 대신에 평판은 공동체가 당신에 대해 갖는 믿음, 인식, 평가에 근거하여 만들어진다. 결과적으로 좋은 평판은 소중한 무형 자산이기는 하지만, 복잡한 자산이기도 하다. 평판이 당신이 보여준 일련의 행동의 산물로서 당신의 생산 능력에 중요한 영향을 미칠 수는 있지만, 당신이 평판을 완전히 통제할 수는 없다.

　앞으로 당신이 다양한 기업, 업종, 기술에 걸쳐 경력을 쌓아가는 과정에서, 좋은 평판은 무형의 가치를 연결해주는 고리가 될 것이다. 평판은 당신이 직업이나 업종을 바꿀 때마다 특히 결정적으로 작용할 것이다. 기업이 새로운 시장에 진입하기 위해 브랜드에 대한 평판을 활용하듯이, 좋은 평판은 당신이 일하는 영역을 확장해주는 자산이 될 것이다. 널리 적용되는 지식과 기술, 좋은 평판의 조합이 당신이 새로운 분야로 넘어가기 위한 교량이 될 것이다. 당신이 공정하고 성실하고 일을 제대로 처리하고 유연하고 믿음직한 사람이라는 평판은 다양한 역할과 직업을 넘어 가치를 전해줄 것이다.

　앞으로는 평판이 더욱 광범위한 정보에 바탕을 두고 형성될 것이다. 3단계 삶을 살았던 사람에게는 평판이 주로 전문 기술과 지식, 과거의 실적에 근거하여 형성되었다. 미래에는 사람들이 더 많은 단계와 전환기를 보내면서 다양한 직업을 거쳐야 하기 때문에, 평판은 더욱 광범위한 정보에 근거하여 형성될 것이다. 한편으로는 소셜 미디어가 당신의 이미지나 가치를 다른 사람들에게 전달하여, 그들이 당신의 실적을 확인할 수 있도록 해줄 것이다. 따라서 당신은 직업 활동을 훨씬 뛰어넘는 범위에서 당신 자신의 브랜드와 평판을 관리해야 할 것이다.

물론 당신이 다수의 사람들에게 노출되어 정밀한 검증을 받으면서 좋은 평판이 널리 알려지듯이, 반사회적인 행동은 나쁜 평판을 초래할 것이다. 공동체들이 더욱 긴밀하게 연결되면서, 사람들도 긍정적인 평판을 유지하기 위해 자기 표현에 더욱 철저하게 나설 것이다. 수명이 길어지면서 평판이 영향을 미치는 기간도 길게 느껴질 것이다. 그리고 좋은 평판이 오랜 시간에 걸쳐 형성되듯이, 시간이 지나면서 평판을 잃을 수도 있다. 소셜 미디어는 평판을 치명적이고 극단적인 방식으로 무너뜨릴 수도 있고, 평판에 지속적으로 영향을 미칠 수도 있다.[19]

❷
활력 자산

신체적, 정신적 건강과 심리적 안정은 중대한 무형 자산이다. 사람들에게 무엇이 삶을 행복하게 만드는지를 물어보면, 주로 건강, 우정, 사랑을 말한다. 우리는 이러한 무형 자산을 활력 자산이라고 부른다. 활력 자산은 사람들에게 행복, 성취, 동기, 긍정의 마인드를 갖게 해준다.

▌건강

우리는 건강에 더 많은 관심을 갖는 사회에 살고 있다. 100세 인생을 맞이하여 건강은 아주 중요하다. 장수가 모든 사람들에게 자동적으로 부여되는 권리가 아니기 때문이다. 지금 태어나는 아이들은 과거에 비해 유전학적으로나 영양학적으로 더 나은 시대를 물려받은 덕분에 기대 여명이 당연히 길어질 것이다. 또한 기술의 지속적인 향상과 의료비 증가를 통해 수명이 길어지는 것도 사실이다. 그러나 사람들의 인식이나 행동의 변화도 중요한 역할을 한다. 따라서 건강한 삶을 위한 최선의 행동 지침을 따르는 것이야말로 장수라는 선물을 가장 잘 활용하기 위한 초석이 된다.

삶이 길어지면서 건강은 더욱 중요해졌다. 50세에 경제력을 잃어버렸을 때의 피해는 기대 여명이 70세일 때보다 100세일 때 훨씬 더 크게 다가온다. 다단계의 100세 인생은 건강하지 않으면 불가능하고, 이때 나타나는 결과는 금전적으로나 비금전적으로나 극적일 수 있다. 건전한 재무 설계의 습관이 있듯이, 건강한 삶의 습관이 있다. 무엇을 얼마나 많이 먹는가, 운동을 규칙적으로 하는가는 무형 자산에 대한 투자에서 아주 중요하게 취급해야 할 부분이다. 앞으로 새로운 의학 정보가 계속 쏟아져나올 것이다. 따라서 시간을 내어 건강 지식을 배우고 이에 맞게 자신의 행동과 습관을 고치는 것도 중요하다.

아마도 웰빙을 위한 가장 중요한 통찰은 제대로 기능하는 건강한 두뇌를 유지해야 한다는 인식이 커지고 있다는 사실에서 찾을 수 있을 것이다. 여기서 우리의 행동 방식이 중요해진다. 연구 결과에 따르면, 두뇌 기능의 저하는 유전적인 요인이 3분의 1 정도를 차지한다. 나머지 3분의 2는 일상적인 활동, 공동체 참여, 인간관계, 신체적 건강과 식습관과 같은 생활 방식에 달려 있다고 한다.[20]

이 연구 결과는 중요하고도 새로운 통찰을 전해준다. 비교적 최근까지도 나이가 들면 뇌세포가 죽는다는 것이 일반적인 견해였다. 그 때문에 노인들은 기억력이나 지적 능력이 감퇴한다고 보았다. 그러나 이는 옳은 설명이 아니며, 지금은 '신경가소성neuroplasticity' 이론이 등장하고 있다. 이것은 두뇌가 근육과도 같아서 반복적으로 사용하고 훈련하면 작동하는 방식이 변할 수도 있고 회복을 도울 수도 있다는 생각에서 나온 것이다. 두뇌는 자주 사용하지 않으면 여느 근육처럼 그 기능이 쇠퇴하여 허약해진다. 따라서 나이가 들면, 뇌세포가 죽는 것이 아니라 두뇌의 크기나 무게가 줄어든다. 50세가 지나면 두뇌가 줄어들기 시작해서 80세 이후에는 현저하게 줄어든다. 두뇌 발달에 긍정적인 영향을 미치는 요인에 대한 연구는 지금 초기 단계에 있지만, 이미 몇 가지 상식적인 제안이 등장하고 있다. 신체 운동이 두뇌 기능의 저하를 예방하는 데 중요한 역할을 한다는 사실은 이미 알려져 있다. 명확하지는 않지만(두뇌에 산소를 더 많이 공급해서라거나, 호르몬의 성장을 자극해서가 아닐까), 결정적인 역할을 시사하는 연구가 꽤 있다. 야채, 과일, 기름기 많은 생선, 오메가-3 지방산, 비타민 B12를 추천하기도 하는데, 인지 능력 훈련과 두뇌 훈련도 물론 언급된다. 이 모든 것이 타당성이 있으며, 이를 뒷받침하는 연구 결과도 있지만, 정확하게 얼마나 중요한 역할을 하는지에 대해서는 아직 뚜렷하게 정립되어 있지는 않다.

▌균형 잡힌 생활

활력의 반대는 스트레스다. 세계적으로 일과 관련된 스트레스 수준이 점점 높아짐에 따라 심장 발작이나 신체장애에 이르기까지 온갖 종류의 건강 문제가 넘쳐난다. 세계보건기구World Health Organization가 최근 조사한 내용에 따르면, 영국에서 일을 '아주 열심히' 하거나 '스트레스를 엄청나게 많이 받으면서' 하는 사람의 비율이 1980년대 이후로 꾸준히 증가한 것으로 나타난다. 이러한 스트레스는 파괴적인 결과를 초래할 수 있다. 직장에서의 스트레스는 심장병에 걸리거나 정신적, 육체적 건강 문제를 일으킬 위험을 20%나 더 높이는 것으로 나타났다. 이는 영국에서만 일어나는 현상은 아니다. 2009년 75개 국가의 1천 개 기업을 상대로 조사한 내용에 따르면, 직장인의 60% 이상이 직장 내에서 스트레스를 점점 더 많이 받고 있는 것으로 나타났다.[21]

여기서 분명한 사실은 활력 자산을 형성하고 유지하는 것이 부분적으로는 스트레스의 원인을 관리하는 것이라는 점이다. 린다 그래튼과 동료 연구자 한스-요아힘 볼프란Hans-Joachim Wolfran 박사는 몇 년 전에 이 같은 사실을 정확하게 이해하기 위하여 지식 기반의 복잡한 업무에 종사하는 직장인 200명 이상을 조사한 적이 있었다.[22]

그들은 직장과 가정이 서로 분리된 공간이 아니라는 사실을 확인했다. 오히려 많은 사람들이 두 공간 사이에서 '정서적 전이emotional spillover'를 경험했고, 이러한 전이 효과는 스트레스, 즉 활력에 긍정적인 또는 부정적인 영향을 미치기도 했다.

당신이 아침에 편안하고 응원받는 기분으로 집을 나서고 직장에서도 이런 기분이 이어질 때, 긍정적인 정서적 전이를 경험한다. 또한 직장에서 새로운 기술을 배우고 흥미로운 네트워크를 형성하고는 생산적인 하루였다고 느끼며 퇴근해 이런 긍정적인 기분을 집으로 가져올 때도 마찬가지이다. 직장과 가정 사이에서 감정의 흐름이 부정적으로 전개될 수도 있다. 당신이 피곤하고 찜찜한 기분으로 집을 나서고, 아이들도 행복하지 않고, 당신도 배우자에게 응원도 격려도 하지 않는다는 것을 알고 있다고 하자. 직장에 도착하자마자 이런 피곤하고 찜찜한 기분이 그날 하루의 컨디션과 당신이 하는 일에 금방 영향을 미칠 것이다. 활력이 사라지면서 창의성과 혁신 능력에 부정적인 영향을 미치고 결국에는 스트레스만 쌓이게 된다.

우리는 9장에서 가정과 배우자와의 관계가 어떻게 변하는지를 고려하면서 이 균형의 문제를 자세히 살피고 이것이 정서적인 활력에 미치는 영향을 설명할 것이다. 그뿐만 아니라, 가정의 부정적인 측면(피로와 죄책감)이 아니라 긍정적인 측면(정신적인 지원과 휴식)을 경험하고 직장의 부정적인 측면(불만, 따분함)이 아니라 긍정적인 측면(생산성, 새로운 기술, 흥미로운 네트워크)을 경험할 수 있도록 해주는 다양한 방법을 설명할 것이다. 이는 기본적으로는 당신이 어떤 일을 할 것인가, 당신과 배우자와의 관계에서 당신의 역할을 어떻게 자리매김할 것인가, 당신의 시간을 어떻게 배분할 것인가에 대한 선택과 결정으로 귀결된다.

▌재생적 커뮤니티 – 친구 관계

생각이 비슷한 사람들의 포시를 형성하는 것도 직업적 사회자본을 형성하여 생산 활동을 지속적으로 유지하는 데 도움이 된다. 그러나 가깝고도 긍정적인 친구들의 네트워크는 당신이 건전하고도 행복한 삶을 영위하도록 하여 당신의 활력 자산에 기여한다. 린다 그래튼은 자신의 저서 『일의 미래*The Shift*』에서 이처럼 오랜 세월에 걸쳐 이루어진 친구 관계를 '재생적 커뮤니티Regenerative Community'라고 불렀다. 이는 이러한 사람들이 재생의 과정에서 중요한 역할을 하기 때문이다.[23] 앞에서 언급했던 하버드대학교의 추적 연구든, 노년에도 활력을 유지하는 사람들로 이루어진 공동체에 대한 연구든, 이러한 연구에는 한 가지 공통적인 현상이 나타난다. 타인과 밀접하게 연결되어 있는 사람이 혼자 지내는 사람보다 활력과 에너지가 넘치고 긍정적인 마인드를 갖고 있다는 것이다.[24]

이러한 네트워크는 직업적 사회자본의 기반이 되는 네트워크와는 조금은 다른 점이 있다. 재생적 친구 관계는 오랜 세월에 걸쳐 이루어진다. 이러한 관계는 주로 학창 시절이나 사회 초년병 시절로 거슬러 올라가며, 이 시기의 사람들은 인간관계를 형성할 때 '감수성이 강한' 경향이 있다. 이러한 재생적 인간관계는 때로는 다양한 가정환경에서 자기와는 다른 역할을 하는 친구들을 알게 해주고, 필연적으로 공동의 이해관계를 갖게 된다는 의미에서 다중 가닥multi-strand의 관계로 일컬어진다. 이러한 다중 가닥의 관계는 친구 관계를 지속시키고 우정의 깊이를 더해가는 데 반드시 필요하다. 결과적으로 이러한 관계는 당신이 자신의 감정에 시간과 에너지를 많이 쏟고 우정이 금이 가거나 변할 때 좌절하기 쉽다는 의미에서 '감성이 중요하게 작용하는' 경향이 있다. 이러한 감성은 당신이 활력을 유지하는 데 결정적인 뒷받침을 한다.

다중 가닥의 관계, 즉 감성에 좌우되는 관계는 웰빙과 활력에 핵심적인 역할을 한다. 이러한 관계는 직업 활동의 배경이 되고, 꽤 자주, 과거를 돌이켜봤을 때 삶과 정체성에 관한 이야깃거리를 제공한다.

100세 인생에서 이처럼 감성과 우정에 바탕을 둔 친구 관계는 지속적으로 유지되기가 어려운 만큼 더욱 가치를 지닐 것이다. 왜냐하면 사람들이 오래 사는 동안 많은 전환기를 겪으면서 자신의 정체성에 대한 인식이 변함에 따라 친구들을 묶어주는 끈이 느슨해지거나 끊어질 수 있기 때문이다. 그러나 친구 관계가 지속되어 삶과 정체성의 기반이 되어줄 때 이것은 더욱 커다란 가치를 지닐 것이다.

▌잭의 무형 자산

여기서 중요한 과제는 유형 자산과 무형 자산을 적절한 수준으로 유지하는 것뿐만 아니라 이 두 가지 자산의 균형을 이루는 것이다. 삶이 길어지면서 이 두 가지 자산의 상호 작용은 훨씬 더 복잡해지는데, 바로 이러한 사실이 3단계 삶이 더 이상 적절하지 않은 근본적인 이유가 된다. 우리는 앞에서 잭, 지미, 제인의 유형 자산 모델을 설정하고 늘어난 수명이 그들의 재무 설계에 어떠한 영향을 미치는지를 살펴보았다. 이제 그들의 무형 자산, 즉 생산 자산과 활력 자산을 살펴보기로 하자.

무형 자산을 추적하는 일은 금전적 자산을 추적하는 것보다 더욱 복잡하다. 이는 무형 자산을 정확하게 측정하여 가치를 매기기가 어렵기 때문이다. 주식 시장 애널리스트들은 브랜드나 평판과 같은 무형 자산의 가치를 추정하기 위해 기업의 주식 가격을 사용할 수 있다. 개인의 무형 자산의 경우에는 쉽지가 않다. 비록 경제학자들이 개인의 선택을 통해 그 사람이 각각의 활동에 얼마만큼의 가치를 부여하는지를 추론할 수 있다고 주장하더라도 말이다. 그러나 무형 자산에 금전적인 가치를 부여하는 것은 쉽지도 않고 도움이 되지도 않는다. 특정 시점의 가치 일람표를 만드는 것이 불가능하더라도, 가치의 방향을 추론하는 것은 가능하다. 구체적으로 말하자면, 우리는 이런 질문을 할 수 있다. 무형 자산은 개발 활동에 따라 증가했는가 감소했는가. 이는 우리가 잭의 무형 자산 상태를 고려할 때 취하는 정성적인 접근 방식이다.

이제 우리는 모델을 설정하여 잭의 인생 경로에 따라 유형 자산과 무형 자산의 상승 혹은 하락을 살펴볼 것이다. 잭의 3단계 삶에 따라 자산의 흐름을 살펴보도록 하자. **표 4-1** 은 잭의 자산이 시간의 흐름에 따라 어떻게 증가하고 감소하는지를 보여준다. 잭이 자산에 투자를 하면 자산이 증가하고, 자산에 투자를 하지 않거나 이에 관심이 없으면 자산이 감소한다. 특히, 금전적 자산의 경우에는 잭이 자산을 지출하면 당연히 감소한다. 우리는 잭의 자산 흐름에 관하여 다음과

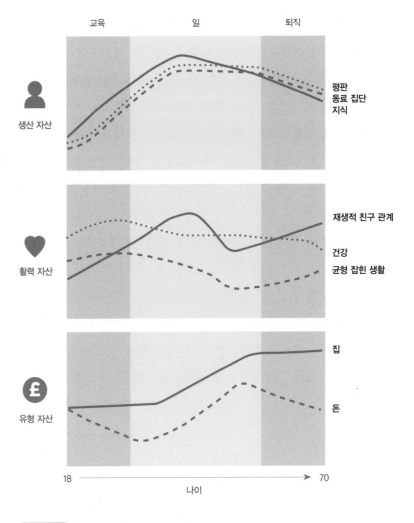

표 4-1 3단계 삶을 사는 잭의 자산 흐름

같은 특징을 설명할 수 있다.

　우선 잭은 다음과 같은 삶을 살아왔다. 잭은 인생의 초기에 생산
자산에 투자했다. 그는 대학 과정을 통해 지식과 기술을 배웠다. 따라

서 우리는 첫번째 단계에서 잭의 생산 자산이 증가한 것으로 표시할 수 있다. 잭은 대학교를 다니는 동안에, 지식과 기술을 얻기 위해 많은 투자를 했다. 또한 자기 분야의 친구를 사귀면서 직업 활동 전반에 걸쳐 도움을 주고받을 동료 집단을 형성했다. 또한 그는 학업 성적을 통해 평판도 얻었다. 잭은 학창 시절을 즐겁게 보냈고 폭넓은 친구 관계(재생적 친구 관계)를 형성하여 새로운 아이디어뿐만 아니라 미래의 아내까지도 얻을 수 있었다. 그는 공부도 열심히 했지만, 사교 활동도 열심히 했다. 그는 균형 잡힌 생활을 했으며, 젊은 시절의 스포츠를 통한 사교 활동은 건강을 단련하는 데 도움이 되었다. 물론 대학교를 다니면서 학자금을 빌리고 집세를 납부해야 했기 때문에 유형 자산은 감소했다.

잭은 대학교를 졸업하고 지역의 제조 회사에 취업했다. 이 회사를 메이크웰Makewell이라고 부르자. 이 회사는 잭이 어느 팀의 구성원이 되어서 자신에게 멘토가 되고 가르침을 줄 동료 집단을 형성하는 곳이기 때문에, 생산 자산을 형성하는 데 중요하다. 잭이 일을 잘하기 위해 이러한 동료 집단이 도움이 되기는 했지만, 이제는 잭이 직장에서 일을 배우는 시기이지 새로운 지식과 기술을 축적하는 데 투자할 시기는 아니다. 잭은 직장 생활을 하는 동안에 결혼을 하여 가정도 꾸리고 주택담보 대출을 많이 받아 집도 구매했다. 사회적 네트워크는 새로운 이웃들과 자녀 친구들의 부모로 좁혀졌다. 잭이 균형 잡힌 생활을 하기는 점점 어려워지고 있었다. 잭은 승진을 위해 일도 열심히 해야 하고 대출금을 갚고 가족을 부양하기 위해 돈도 많이 벌어야 했다. 가족이나 친구와 함께 있는 시간이 줄었다. 일과 가정 사이를 흐르는 정서적인 에너지는 점점 부정적으로 변해가고 있었다. 잭은 고된 일과를 마치고 몹시 피곤한 몸으로 집에 와서는 아이들을 보면서 책임감을 느낀다. 바로 이런 이유 때문에 이 시기를 고갈의 시기라고 부른다. 실제로 이 시기에 많은 사람들이 가정을 꾸려가기 위해 오랜 시간 일을 한다.

잭은 40대 중반이 되어 메이크웰을 떠나 같은 업종의 다른 회사로 이직한다. 이 회사를 컨스트럭트Construct라고 부르자. 그리고 이직을 통해 높은 자리에 오른다. 이제부터 잭은 특정한 전문 분야의 업무가 아니라 임원으로서 일반 관리 업무를 맡게 되었다. 잭은 높은 자리에 오르면서, 일과 관련된 동료 집단을 형성하기가 점점 어려워지고 있다는 것을 알게 되었다. 잭은 대학을 졸업한 이후로 지식과 기술에 대해서는 더 이상의 투자를 하지 않았기 때문에 잭의 지식과 기술은 가치가 떨어지기 시작한다. 이제부터 잭은 새로운 기술이나 지식을 배우지도 않고, 자신의 아이디어를 추진할 수 있는 동료들과의 만남을 통해 직업적 사회자본을 늘리지도 않는다. 이러한 고갈은 직업 활동을 하는 동안에 계속되지만, 예전에 직장을 다니면서 다져놓은 소규모의 동료 집단과의 만남을 통해 고갈의 속도를 줄인다. 그러면서 잭의 전문 지식은 퇴직할 때까지 완전히 고갈되지는 않을 정도로 지속된다. 유형 자산을 살펴보면, 잭은 퇴직할 때까지 주택담보 대출금을 완전히 갚고, 자신이 목표한 연금 수준을 달성한다.

잭은 퇴직과 동시에 평생 동안 저축해놓은 금전적 자산을 가지고 육체적, 정신적 건강에 다시 투자하고, 오랫동안 미루어왔던 취미 활동을 시작하고, 가족, 친구와 더 많은 시간을 보낼 수 있다. 다른 수많은 사람들과 마찬가지로, 잭에게도 퇴직 이후가 행복하고 만족스러운 시기에 해당한다.

▎3단계 삶의 불균형

이제 잭의 삶의 특징을 한 발짝 물러서서 생각해보면, 몇 가지 놀라운 현실이 보인다. 잭의 삶은 전체적으로 괜찮은 편이었다. 인생의 시기마다 주안점이 달랐고 그 결과 각각의 자산이 균형을 이룬 적은 한 번도 없었지만, 3단계 삶 전반에 걸쳐서 유형 자산과 무형 자산 간의 균형은 이루었다.

잭이 전체적으로 균형 잡힌 삶을 살았다면, 그것은 분명히 잭 혼자만의 노력 때문은 아니다. 잭의 주된 역할은 특히 두번째 단계에서 직업 활동을 하는 동안 유형 자산을 형성하는 것이었다. 전통적인 가족 관계에서 자녀를 양육하고 가정과 공동체와의 유대를 강화하여 무형 자산을 형성하는 역할은 아내 질Jill의 몫이었다. 잭과 질의 역할이 합쳐져서 균형을 이루었던 것이다. 잭이 즐거운 마음으로 퇴직하게 된 것은 두번째 단계에서 질이 무형 자산을 형성하는 역할을 충실하게 수행했기 때문이다. 질이 이러한 역할을 제대로 하지 않았더라면, 잭의 삶은 전체적으로 균형을 이루지 못했을 것이다.

전통적인 가족 관계가 규범으로 자리를 잡았음에도 불구하고, 지난 수십 년 동안 결혼과 가족 관계에서 새로운 변화가 일어나고 있다. 실제로 이제는 전통적인 의미에서의 결혼 개념은 사라지고 다양한 생활 방식이 등장하고 있다. 이러한 현상은 어느 정도는 여성이 3단계 삶에서 폭넓은 역할 선택에 대한 정치적 권리를 주장함에 따라 사회 정의와 평등이 구현되는 모습을 반영한다. 가정의 구성원으로서의 잭과 질은 무형 자산과 유형 자산 간의 균형을 이루었지만, 개인으로서는 균형을 제대로 이루지 못할 때가 많았다. 앞으로 맞벌이 가정이 많아지면서 새로운 변화가 일어날 것이다. 앞에서 언급했다시피, 특정한 상황에서는 성인의 가족 구성원 둘 다 일을 하면 저축과 연금을 마련하는 데는 도움이 되겠지만, 무형 자산을 형성하고 유지하는 데는 문제가 발생할 것이다.

잭의 3단계 삶을 살펴보면, 두번째 단계에서 무형 자산에 대한 투자가 부족하여 불균형이 발생하고 있다. 표 4-1 을 보면, 투자 흐름이 잘 나와 있다. 잭은 교육을 받고 직장 생활을 시작하는 동안 생산 자산에 투자를 많이 했기 때문에 직업적으로 성공했다. 잭이 직장 생활을 하는 동안에는 금전적 자산을 형성하는 데만 몰두했으며, 이는 활력 자산의 관리에는 소홀했다는 것을 의미한다.

이러한 불균형 때문에 3단계 삶이 잭에게는 적합할지 몰라도 100세를 사는 사람에게는 적합하지가 않다. 두번째 단계가 길어져서 일하는 기간이 늘어나면 중요한 무형 자산이 크게 고갈되고, 시간이 지나면서 생산 자산이 감소한다. 특히, 활력 자산의 감소는 온딘의 저주, 돈의 노예가 된 좀비와 같은 존재를 연상시킨다. 세번째 단계에서 퇴직 기간이 길어진 것이 좋아 보이기도 하지만, 이는 두번째 단계에서 저축을 많이 해야만 가능한 일이고 제대로 관리되지 않으면 지루한 시기가 될 수도 있다.

❸
새로운 종류의 자산: 변형 자산

100세 인생에서 3단계의 모델을 통해 유형 자산과 무형 자산의 균형을 달성하는 것이 어려운 일이라면, 다단계 삶에 관심이 갈 수밖에 없다. 우리는 다단계 삶이 어떻게 전개될 것인가에 대해 정확하게 알지는 못하지만, 개괄적인 예상은 할 수 있다. 첫번째 단계에서는 교육 기간이 길어질 것이다. 이는 길어진 두번째 단계를 위한 일종의 완충 장치가 될 무형 자산을 형성하는 데 더 많은 시간을 보낼 것이라는 의미다. 또한 기술 노후화에 효과적으로 대처할 수 있도록 전문성을 넓힐 기회를 창출한다. 두번째 단계에서는 일을 하는 기간이 여러 개로 나누어질 것이다. 사람들은 지식이 고갈되거나 건강 또는 의욕을 잃거나 친구 혹은 가족과의 관계가 소원해지는 것을 피하기 위해 자신의 직업 활동 기간을 여러 단계로 쪼개고는 각 단계마다 고유한 특징과 목적을 부여할 것이다. 기술 혁신과 업종 간 이동 현상은 끊임없는 변화와 불확실성을 초래하여 책의 삶보다는 더 많은 재충전과 재교육이 요구될 것이다.

따라서 다단계 삶이 무형 자산과 유형 자산 간의 균형을 달성하기 위한 방식이라면, 이러한 삶은 새로운 종류의 자산 형성을 요구할 것이다. 우리는 이러한 자산을 '변형 자산'이라고 부를 것이며, 이 변형 자산은 변화와 전환기의 시기를 성공적으로 보내기 위한 능력과 동기를 반영한다.

우리는 어떤 종류의 전환기에 직면할까. 전환기 중 일부는 외부 여건에 의해서 당신에게 강요될 것이다. 예를 들어, 당신의 기술이 쓸모없게 되거나 당신이 일하는 회사가 문을 닫을 수 있다. 때로는 당신이 주도해야 하는 전환기도 있을 것이다. 정규 교육을 받기 위해 직장을 떠나야 할 수 있다. 혹은 탐색의 단계를 거쳐 강력한 권한을 주는 회사로 취업하기까지 전환기를 겪을지도 모른다. 힘이 들거나 불안감을 일으키는 변화도 있을 텐데, 물론 힘이 들수록 이에 대한 당신의 준비는 덜 되어 있을 것이다. 변형 자산은 이러한 준비 과정을 지원한다. 즉 변형 자산이란 전환기의 불확실성에 대처하는 능력을 고양시키는 자산이다.

전통적인 부족 사회에서는 이러한 전환기(예를 들어, 유년기에서 성년기로의 변화)가 일련의 의식儀式을 통해 진행된다. 부족의 의식을 연구하는 인류학자들은 유년기에서 성년기로 통과하는 것이 때로는 상당히 중요한 의미를 가지는 현상을 관찰했다. 그들은 중간 단계에서 관찰되는 모호하거나 혼란스러운 상황을 설명하기 위해 '경계성liminality'이라는 개념을 제시했다. 이 단계의 사람들은 의식 이전의 지위를 더 이상 갖지 않지만, 아직은 의식이 완료된 상태의 지위로 이동하는 전환기는 아직 시작되지 않았다.[25] 이러한 경계성은 현대 사회의 전환기에 대한 연구에서도 나타난다. 허미니아 아이바라 Herminia Ibarra 교수는 사람들이 전환기를 거쳐가는 모습을 20년에 걸쳐 관찰했다. 그녀는 부족의 의식과 같이 전환기의 사람들이 이도 저도 아닌 상태에 놓이는 중간 지점이 대체로 존재한다는 사실을 확인했다.[26] 이는 과거의 정체성이 사라지기 시작했지만, 새로운 정체성은 아직 정립되지 않은 불편한 지점이다. 이곳에서는 과거의 안정은 사라졌지만, 미래의 성공은 아직 불확실하다.

변형 자산은 전환기의 성공 가능성을 높이고 변화에 따른 불확실성이나 비용을 줄여주는 자산이다. 잭은 변형 자산이 그다지 필요하지 않았고 많이 가지고 있지도 않았다. 잭은 1960년대에 큰 변화가 없는 미래를 그리면서 직장 생활을 시작했고, 자기 삶의 대부분을 두 개의 기업에서 일하면서 아주 작은 범위에서 비교적 편안한 역할을 해왔다. 잭을 포함한 동년배 세대에게는 고용주와 피고용인 간의 확실한 심리적 계약이 있었다. 고용주는 피고용인을 전일제로 뽑아서 임금을 제공하고, 피고용인은 성실하게 근무하고 퇴직할 때까지 이직하지 않는다.[27] 이러한 시나리오에서는 연공서열이 중요하게 작용한다.

잭이 50대 중반이 되는 1980년대 후반부터 이 모든 것들이 변하기 시작했다.[28] 고용 패턴을 연구하는 학자들은 이때부터 이동성이 크게 증가했다고 주장한다. 기업은 더 이상 평생 직장을 제공하지 않고 피고용인들은 더 많은 유연성을 원했다. 고용주와 피고용인의 계약은 인간적 관계에서 업무적 관계로 변했고, 실적 위주의 단기 계약이 주종을 이루었다. 세계화의 추세가 고용 감소로 이어지면서, 외부 환경도 피고용인을 더욱 힘들게 했고 잭의 동료들 중에서 상당수가 변화를 강요받았다.

잭은 이러한 변화를 인식하지 못했고, 따라서 여기에 준비가 되어 있지도 않았다. 잭은 다른 직장을 찾아 헤매야 했다. 하지만 그동안 저축해놓은 자금 덕분에 힘든 시기를 넘길 수 있었다. 잭이 기대했던 안정적인 생활과 제한적인 변형 자산을 생각하면, 당시 이러한 변화는 그에게 불안감을 불러일으켰다. 그러나 잭이 기술, 역할, 정체성 측면에서 상당한 변화를 요구받지는 않았기 때문에, 시간이 지나면서 불안은 가라앉았다.

이에 반해, 지미는 직업 이동성이 표준이 되는 세상에 태어났다. 지미는 이러한 유연성이 무엇을 의미하는지를 계속 들으면서 자랐다.[29] 과거에는 고용 계약이 조직과의 계약이었다면, 이제는 이것이 자신, 그리고 자신의 일과의 계약이 되었다. 조직은 개인이 자신의 목표를 추구하기 위한 배경 혹은 매개체가 되었다. 지미가 30대일 때는 경력 관리에 관한 책들이 봇물처럼 쏟아져나왔다.

잭과 비교하여 지미에게 전환기와 변화가 더 많아졌다면, 제인에게는 이것들이 훨씬 더 많아질 것이다. 우리는 나중에 지미와 제인의 다양한 시나리오를 개발하면서 더 많은 단계, 더 많은 변화가 등장하는 모습을 보여줄 것이다. 제인은 회사뿐만 아니라 업종까지도 바꿀 것이다. 그녀의 인생에서 가장 의미 있는 전환기가 외부의 시장 환경에 의해 강요당하지는 않겠지만, 오히려 그녀는 자신의 무형 자산을 유지하기 위해 이러한 변화를 일으키려고 할 것이다.

이제 심리학자와 사회학자에게는 사람들이 성공적인 전환기를 만드는 방법을 이해하는 것이 최우선적인 과제가 되었다. 지금까지 이에 관한 연구 결과, 아이디어, 이론이 많이 등장했지만, 서로 밀접하게 관련된 변화의 요소 세 가지가 주목을 받기 시작했다. 첫째, 사람들이 자기 자신을 이해할 때, 즉 자신의 현재 모습과 미래의 모습을 이해할 때 성공적인 변화가 일어난다는 것이다. 이는 사회학자 앤서니 기든스Anthony Giddens가 말하는 '성찰적 기획reflexive project'에 해당되는데, 이는 과거·현재·미래에 대하여 지속적으로 의문을 품는 것을 의미하며, '자기 인식'을 필요로 한다.[30] 둘째, 전환기에 있는 사람들을 관찰한 결과, 그들은 그 과정에서 새로운 네트워크에 접근하며, 이처럼 '역동적이고도 다양한 네트워크'를 이미 창출해봤던 사람들이 전환기를 좀 더 쉽게 여긴다. 그들은 이러한 네트워크를 통해 자신의 롤모델, 이미지, 상징에 대한 사회적 배경을 더욱 폭넓게 활용할 수 있었다. 셋째, 이러한 연구 결과를 통해 분명히 알 수 있는 사실은 전환기를 만드는 것이 수동적인 경험이 아니라는 것이다. 사람들은 변화로 가는 길을 생각만 하는 것이 아니라 (아이바라가 우리에게 분명하게 상기시켜주듯이) 그것을 행동으로 옮긴다. 이것이 바로 새로운 '경험에 대한 개방적인 태도'로서, 변형 자산에 활력을 가져다준다.

▌ 자기 인식

잭이 경험했던 전통적인 직업 생활에서는 자의식이 어느 정도는 자신의 지위나 역할에 의해 부여된다. 삶이 길어지면 당신이 어디에서 출발했는가가 아니라 어떤 일을 하는가에 따라 당신의 정체성이 결정된다. 당신의 역할이 많아지면, 어느 한 가지 역할만으로 당신의 정체성을 결정하기가 어렵다. 이제 정체성은 주어지는 것이 아니라 자신이 만들어가는 것이며, 그 과정에서 자기 인식이 중요한 역할을 한다.

당신은 피드백을 받을 준비가 되어 있을 때, 다른 사람의 생각을 듣고 이를 성찰할 준비가 되어 있을 때 자신에 대하여 더 잘 알 수 있다. 여기서 성찰은 아주 중요하다. 우리 모두는 자신과 세상에 대하여 생각하는 방식에 새로운 정보를 보탤 능력이 있다. 변형 자산을 적극적으로 형성하는 사람과 그렇지 않은 사람의 차이점은 단지 새로운 정보를 보태기만 하지 않고 자신의 자의식, 세계관 자체를 변화시키려고 한다는 데 있다. 그들은 자기 자신에 대하여 더욱 폭넓고 복잡하게 이해하며, 다양한 요구와 불확실성에 효과적으로 대처할 능력이 있다. 심리학자 로버트 키건Robert Kegan은 사람들이 한 걸음 물러나서 어떤 대상을 성찰하고 이에 대하여 결정을 할 수 있을 때 변화가 일어난다고 했다. 사람들이 행동하는 방식, 느끼는 방식뿐만 아니라 인식하는 방식(무엇을 인식하는가뿐만 아니라 어떻게 인식하는가)을 바꿀 때 변화가 일어난다.[31]

정체성을 만들어가는 과정이 더욱 중요해짐에 따라, 심리학자 헤이즐 마커스Hazel Markus와 폴라 뉴리어스Paula Nurius가 '가능 자아 possible self'라고 일컫는 것을 개발하면서 우리의 자의식은 먼 미래까지 뻗어나가게 된다. 여기서 가능 자아란 미래에 우리가 어떤 사람이 될 것인가, 어떤 일을 할 것인가에 대한 명확한 표현을 의미한다. 다시 말하자면, 가능 자아는 우리가 어떤 사람이 될 것인가, 어떤 사람이 되고 싶은가 혹은 어떤 사람이 되기 싫은가에 대한 이상적인 모습이다. 어떤 자아는 희망을 상징하고, 다른 자아는 우리가 피하고 싶은 비극적인 미래를 상징한다.[32] 가능 자아는 자기 인식과 결합하여 미래의 행동, 즉 무엇을 할 것인가, 무엇을 하지 않을 것인가를 결정하는 강력한 동기가 되고, 이를 통해 행동의 틀을 잡고 방향을 정립한다. 우리는 지미와 제인의 시나리오와 이들이 늘어난 수명을 최대한 활용할 수 있는 방법을 살펴보면서 이러한 가능 자아의 개념을 사용할 것이다.

자기 인식은 변화와 전환기를 헤쳐나가는 길을 모색할 때, 특히 정체성과 일관성을 유지하려고 할 때 요구된다. 우리가 자기 자신에 대하여 제대로 알고 있으면, 목적 의식과 삶의 진실성을 잃지 않는 길을 선택할 수 있다. 이는 목적이 없는 삶을 살지 않는 것을 의미한다. 외부 환경에 의한 것이든, 직장과 거주지의 주기적인 변화에 의한 것이든 상관없이 말이다. 이러한 자기 인식은 미래의 각 단계에서 성공의 가능성을 높여주고 변화가 자신의 정체성을 위협하지 않도록 해준다. 정체성이 변하는 것은 곤혹스러운 일이다. 실제로 변화가 일어나면, 변하지 않는 것은 무엇인가에 관한 문제가 제기된다. 인류학자 샬럿 린디Charlotte Linde는 많은 사람들에게서 살아온 이야기를 들었다.[33] 그녀는 사람들이 일관성 있는 인생 역정을 만드는 데 에너지를 쏟은 것에 깊은 인상을 받았다고 했다. 일관성을 유지하려면, '지속성'(나 자신에게 변하지 않는 것은 무엇인가)과 '인과성'(나 자신에게 일어난 일 중에서 변화의 원인이 되는 일은 무엇인가)이 있어야 한다. 그녀는 깊이 있는 자기 인식이 이 두 가지 특성을 갖는 데 결정적인 역할을 하는 것으로 보았다.

▌다양한 네트워크

잭에게 준거 집단은 인생 전반에 걸쳐 변하지 않았다. 나중에 우리는 제인의 시나리오를 설정하면서 준거 집단, 롤모델, 비교의 기준이 수시로 바뀌는 모습을 볼 것이다. 이러한 관점의 변화는 변형 자산을 형성하는 데 반드시 필요한 요소이다.

당신이 다양한 네트워크를 통해 상호 작용을 할 때 당신의 관점이 변하기 시작한다. 당신의 정체성은 기본적으로 인간관계 속에서 구현되므로, 당신이 전환기를 마련하기 시작하면 인간관계에서도 반드시 변화를 추구할 수밖에 없다. 같은 전환기에 있으면서 게임의 규칙을 이해할 수 있게 해주는 새로운 롤모델이나 당신과 비슷한 사람을 찾는 것이다. 결과적으로는 변화는 고립된 상태에서 일어나지 않고 기존의 인간관계를 통해서도 일어나지 않는다. 당신은 새로운 인간관계를 형성하면서, 과거의 인간관계 중에서 일부를 청산할 수밖에 없다. 이는 아주 중요하다. 당신을 가장 잘 아는 사람들이 당신이 추구하는 변화에 도움이 되기는커녕 방해가 되기 때문이다. 때로는 그들이 당신이 현재의 자리를 유지하도록 가장 많은 지원을 했을 수도 있다. 이제는 새로운 동료 집단이 새로운 가치, 규범, 태도, 기대를 가지고 당신에게 다가온다. 그들은 비슷한 의구심을 가졌을 수도 있는데, 이러한 유사점들이 변화의 티핑 포인트tipping point●를 창출할 수 있다.

이처럼 새롭고도 다양한 네트워크는 포시 혹은 앞에서 설명했던 재생적 인간관계의 네트워크 속에서 찾을 수는 없는 일이다. 이 두 가지 네트워크는 규모가 아주 작고(다양성이 부족하다) 매우 동질적(구성원들은 자신처럼 되도록 지원하지만 변화를 위해 지원하지는 않는다)이다. 다양성은 더 크고 더 다양한 네트워크에서 비롯된다. 이처럼 크고 다양한 네트워크에서 당신이 추구하는 변화에 적합한 방식으로 행동하는 사람을 찾을 수 있다.

우리는 이렇게 크고 다양한 네트워크를 중요한 무형 자산으로 간주한다. 이러한 네트워크가 장기간에 걸쳐 가치를 전해주기 때문이다. 예를 들어, 사람들이 일자리를 찾는 문제를 생각해보자. 일반적인 통념에 따르면, 사람들은 자신의 지식이라는 무형 자산을 활용하여 일자리를 찾는다. 즉 자신이 알고 있는 것 때문에 일자리를 얻는 것이다. 사회학자 마크 그래노베터Mark Granovetter의 연구 결과에 따르면, 중요한 것은 그들이 무엇을 알고 있는가뿐만 아니라 누구를 알고 있는가이다.[34] 그러나 여기에는 왜곡의 여지가 있다. 사람들은 친구

● 작은 변화들이 어느 정도 기간을 두고 쌓여, 이제 작은 변화가 하나만 더 일어나도 갑자기 큰 영향을 초래할 수 있는 상태가 된 단계.

에게서 새로운 기회를 전해듣지 않는다(이를 두고 사회학자들은 강한 연대라고 일컫는다). 친구의 친구와 같은 약한 연대를 통해 새로운 기회를 전해듣는다. 이는 친구 집단 내에는 쓸데없는 정보가 많이 있기 때문이다(친구들이 알고 있는 정보는 비슷하다). 그러나 이러한 네트워크가 당신이 잘 모르는 사람으로 확대될 때 신기한 정보를 많이 접할 수 있다. 제인은 다단계 삶을 살면서 많은 전환기를 경험할 것이고 때로는 업종을 비꾸는 상황도 맞이할 것이다. 이처럼 크고 다양한 네트워크는 제인이 업종이나 역할을 바꿀 때 아주 중요하게 작용할 것이다.

새로운 경험에 대한 개방적인 태도

자기 인식과 다양한 네트워크의 조합은 변형 자산의 기반을 조성한다. 그러나 이러한 자산의 형성에 동력이 되는 것은 실천적인 행동, 창의적인 해결 방안에 대한 개방적인 태도의 준비, 과거의 습관이나 타성에 대한 문제 제기, 고정관념에 대한 도전, 인생의 다양한 부분을 통합하기 위한 새로운 모델의 실험 등을 꼽을 수 있다. 이를 위해서는 다른 사람들이 일하고 살아가는 방식에 대한 호기심이 있어야 하고, 새로운 것 때문에 발생하는 명확하지 않은 측면을 불편하게 여기지 말아야 한다.[35]

일상생활은 주로 판에 박힌 일로 이루어진다. 우리는 일상적으로 반복되는 일에 대해서는 일정한 행동 양식을 가지고 있다. 이처럼 판에 박힌 일들은 삶의 형태와 정체성을 형성하고 우리가 일하는 방식을 규정하기 때문에 아주 중요하다. 그러나 어쩔 수 없이, 판에 박힌 일들은 변화의 과정이 진행되는 동안 위협을 받게 되고, 그 결과 우리는 불안을 느낀다. 이는 물론 유쾌한 일은 아니지만, 우리가 변화에 적응하여 새로운 계획을 기꺼이 받아들일 준비를 하는 데는 도움이 된다. 삶을 책임진다는 것은 위험이 따르는 일인데, 다양하게 열린 가능성을 마주하기 때문이다. 이제는 우리가 과거와 어느 정도 단절해야 하는 순간이 올 수 있고, 기존의 습관으로는 설명할 수 없는 새로운 행동 원칙을 고민해야 하는 순간이 올 수도 있다.[36]

기존의 판에 박힌 일들은 자기 인식 혹은 주변 환경에 의해 중단되는데, 그 상황이 대안을 의식적으로 탐색하는 과정을 예고하는 것일 수도 있다. 더글러스 홀Douglas Hall과 필립 머비스Philip Mirvis는 이를 두고 학습의 새로운 주기로 안내하는 '판에 박힌 일의 파괴 routine-busting'라고 일컬었다. 이러한 실험들이 성공을 위한 행동의 변화로 이어지면, 우리는 이러한 실험들을 통합하여 우리의 정체성을 확립하고 더 많은 탐색과 적응을 준비할 수 있다.[37] 뒤에서 우리는 인생에서 새롭게 나타나는 단계들을 살펴보기로 한다. 이것은 탐색자 혹은 독립적 생산자independent producer가 되거나 포트폴리오를 구성하는 것을 말한다. 이 모든 단계들은 오랫동안 판에 박힌 일이 파괴되고 변화를 일으키는 능력이 강화되는 환경을 조성한다는 의미에서 매력적이다.

5장

시나리오
다양한 가능 자아

100세 인생에는 흥미로운 가능성이 많다. 더 많은 시간을 쓸 수 있고, 더 많은 기회를 잡을 수 있으며, 더 많은 정체성을 탐색할 수 있다. 당신은 더 오래 살면서 노동시장의 격변을 목격하게 될 것이다. 이는 좋은 삶으로 가는 여정에서 더 이상 연장된 3단계 삶에 의지할 수 없다는 것을 의미한다. 그러면 그 자리에 무엇이 올까. 우리는 이러한 비교와 논의를 위하여 지미와 제인이 앞에서 설명했던 금전적인 문제를 해결하고 무형 자산을 형성하여 균형 잡힌 삶을 살 수 있는 다양한 방법을 개발했다.

그들의 미래의 가능 자아는 당신이 반드시 따라야 하는 것은 아니다. 실제로 100세 인생에는 사람들이 선택하게 될 생활 방식과 인생 경로에서 엄청난 다양성이 나타날 것이고 여기에는 개인의 선호와 여건이 반영될 것이다. 이러한 다양성은 규범적인 접근을 불필요하게 만든다. 대신에 우리는 장수가 저주가 아닌 선물이 되도록 3단계 삶의 실행 가능한 대안을 제시하는 차원에서 가능 자아를 살펴보도록 하자.

전통적인 3단계의 모델에는 확실성과 예측 가능성이 반영되어 있기 때문에, 간단한 계획과 약간의 성찰만이 요구된다. 앞으로는 이 자리를 다양성과 선택이 차지할 것이다. 삶이 길어지면 불확실성이 엄청나게 커진다. 어떤 일을 할 것인가, 어떤 교육을 받을 것인가, 어떤 부류의 사람이 될 것인가, 어떤 목표를 세울 것인가. 알 수 없는 것들이 너무나도 많아서 단 하나의 선으로 된 경로를 만드는 것은 불가능할 뿐 아니라 오해를 살 만큼 삶을 지나치게 단순화하는 것이다. 그렇기 때문에, 우리는 희망의 상징일 수도 있고 파멸의 전조가 될 수도 있는 미래의 가능 자아를 형성하는 경향이 있다. 그런데 이 어두운 전망은 바로 우리 모두가 올바른 선택을 하는 데 걱정을 하게 만든다. 그래서 많은 사람들이 미래의 자아가 무엇을 요구하는가에 대하여 잘못된 선택을 하는 경향이 있다. 우리는 현상을 유지하기를 원하고 익숙한 것을 선호한다. 그리고 우리가 경험하지 않았던 삶의 방식을 그려보는 것을 어렵게 생각한다.

바로 이러한 이유 때문에 가능 자아가 특히 앞에서 설명했던 것처럼 자기 효능 그리고 행위 주체성과 연결될 때 행동에 대한 동기를 부여하는 역할을 할 수 있다. 여기서 우리는 지미와 제인에 대한 일련의 시나리오를 구성하고 가능 자아의 개념을 작동시켜보려고 한다. 이러한 시나리오는 대안이 될 만한 배열 혹은 다양한 전환기를 미리 체험하고 무형 자산과 유형 자산의 장기적인 균형을 찾아갈 기회를 창출한다. 이처럼 다양한 시나리오는 우리가 직면한 주요 쟁점을 구체적으로 보여주고, 우리가 원하는 길을 가고 원하지 않는 길은 가지 않기 위해 여러 경로들을 평가하는 기반을 제공한다.

우리가 런던 경영대학원의 MBA과정 학생들을 대상으로 시나리오를 분석해보았는데, 그들이 제시한 시나리오에는 토론하고 해결해야 할 암묵적인 편견과 모순이 드러났다. 여기서 당장 이런 질문들이 나왔다. 당신은 평생 높은 임금을 받기를 원하는가. 한 사람과의 파트너십을 어떻게 계속 유지할 수 있는가. 당신은 위험을 얼마나 감수하려고 하는가. 당신에게 의미 있는 일은 무엇인가. 당신은 사회에 어떤 식으로 기여하고 싶은가. 당신은 가능성을 최대한 활용하고 있는가. 당신은 지나치게 보수적인 사람인가.

결국 당신이 자신에 대해 생각하는 시나리오는 당신 자신만의 특별한 요구, 열망, 소망을 중심으로 구성될 것이다. 물론 당신이 이러한 구성을 하게 되겠지만, 우리는 지미와 제인의 사례가 당신의 생각과 계획에 유용한 쟁점을 제공하고, 나중에 분석하게 될 여가, 재정, 파트너십을 살펴보는 데 도움이 되기를 바란다.

▎지미: 자산 평가

1971년에 태어난 지미는 잭처럼 3단계 삶을 살 수 있을 것으로 생각하고 직장 생활을 시작했다. 누군가가 스무 살 시절의 지미에게 인생 설계를 해보라고 했다면, 지미는 당연히 60~65세에 퇴직하는 3단계 삶을 그렸을 것이다. 지금의 지미에게 그렇게 해보라고 하면, 명쾌한 답을 쉽게 내놓지 못할 것이다. 그래서 지금 40대인 지미의 시나리오는 지미가 인생의 다음 단계를 고민하면서 어떤 선택을 하는가와 관련이 있다.

먼저 우리는 지미가 직면한 선택과 과제를 알아보기 위해 현재 지

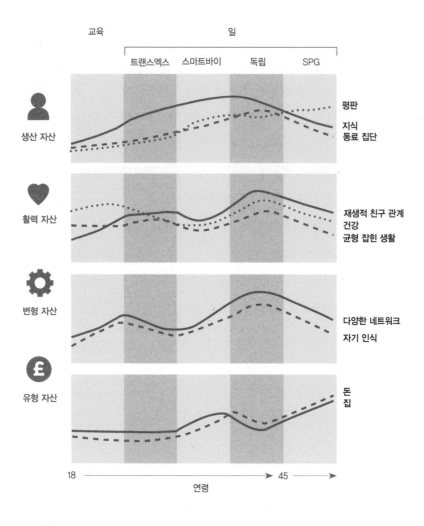

교육　　　　　　　　　일

트랜스엑스　스마트바이　독립　SPG

생산 자산
　평판
　지식
　동료 집단

활력 자산
　재생적 친구 관계
　건강
　균형 잡힌 생활

변형 자산
　다양한 네트워크
　자기 인식

유형 자산
　돈
　집

18 ──────────→ 45 ──→

연령

표 5-1　지미의 자산 흐름

미의 무형 자산과 유형 자산을 평가하려고 한다. 그다음에 지미가 어
떤 삶을 살 수 있는가를 예상하고 세 가지 시나리오를 개발할 것이다.
이때 각각의 시나리오에서 핵심적인 질문을 전면에 내세울 것이다.

40대 중반까지 지미의 직업 활동은 표 5-1 에 설명된 네 가지 단계로 분류할 수 있다. 이 표는 지미가 관심을 가지고 투자했을 때는 자산이 증가하고, 감가상각이 되거나 관심을 덜 가졌을 때는 자산이 감소하는 것을 보여준다.

45세인 지미는 22세에 전산학과를 졸업하고 직장 생활을 계속해 왔다. 재정적으로 보면, 다른 사람들과 마찬가지로 졸업할 때 학비와 생활비로 쌓인 대출이 있었다. 졸업 후 직장을 찾기가 비교적 쉬웠고, 그는 지역에 있는 트랜스엑스TransEx라는 IT 중기업에 취업했다(1단계). 이곳에서 지미는 다양한 고객사들에 IT 지원 컨설팅을 제공하는 팀에서 5년 동안 근무했다. 지미는 대출을 갚기 시작했지만, 자산은 여전히 마이너스 상태여서 집을 구매하지는 못했다.

27세가 된 지미는 고객사 중에서 종업원 수가 850명에 이르는 소매 회사, 스마트바이Smartbuy의 IT 지원 부서로 직장을 옮겼다(2단계). 지미는 열두 명으로 구성된 팀에서 일하게 되었는데, 그들 중에는 회사의 다른 지점에서 일하는 이들도 있었다. 그는 팀장에게서 코칭을 받았는데, 팀장은 그가 협업 능력을 계발하도록 지원을 해주었다. 그 덕분에 지미는 30세가 되어 네 개 지역을 관리하는 IT팀의 팀장으로 승진했다. 그는 2주마다 팀원들과 함께 지역별로 출장을 가서 아웃렛 관리자들과 업무 협의를 했다. 지미가 1주일에 이틀 또는 사흘 동안 집을 비우는 생활은 가족들에게 영향을 미쳤다. 지미는 스마트바이에서 계속 승진하면서 저축을 할 수 있었고 대출을 받아 집을 구매할 수 있었다. 지미가 관리자가 되고 얼마 지나지 않아서 회사는 IT 지원 업무의 절반을 인도의 뭄바이로 아웃소싱하기로 결정했다. 지미는 인도 IT 서비스 공급자와의 협상을 맡았고, 두 차례에서 걸쳐 뭄바이의 아웃소싱 회사를 방문했다.

　이후로 모든 일이 순조롭게 흘러갔지만, 지미는 39세에 일자리를 잃었다. 아웃소싱이 성공적으로 진행되자, 경영본부는 IT 지원 업무 전체를 인도로 옮기기로 결정했다. 갑자기 이런 소식을 듣게 된 지미는 다른 일자리를 찾으려고 했지만 시간이 많이 걸렸다. 2010년 당시에는 전 세계가 아직도 2008년 금융 위기의 여파에 시달리고 있었다. 기업들마다 고용을 동결하기로 결정했기 때문에, 지미로서는 자기 경력에 적합한 일을 찾는 데 어려움이 컸다.

　결국 지미는 프리랜서로 일하기로 결심하고 2년 동안 독립된 IT 전문가로 일하면서 시간 단위로 보수를 받았고, 자신의 기술을 광고하기 위해 웹사이트도 만들었다(3단계). 금전적으로 보면, 이때가 어려운 시기였다. 지미와 아내 제니Jenny는 저축을 중단하고 가계비를 부담하기 위해 담보 설정을 변경해야 했다.

　2012년이 되어 상황이 좋아졌다. 기업들이 다시 사람들을 뽑기 시작했고, 지미는 서른 곳이 넘는 회사에 이력서를 보냈다. 결국 오랜 선발 과정을 거쳐 지미는 400마일 정도 떨어진 도시에 있는 IT 컨설턴트 회사 SPG에 취업했다(4단계). 그는 일자리를 얻게 되어 무척 즐거웠다. 월급도 많이 올라서 다시 저축을 하고 주택담보 대출금을 갚기 시작했다. 그러나 가족들을 데리고 다른 곳으로 이사를 가야 했다. 이제 지미의 나이는 41세였다. 지미는 회사에 입사하고 나서 금방 팀장이 되었고, 이번에는 열다섯 명의 IT 컨설턴트들로 이루어진 팀을 관리했다. 그는 회사 생활이 쉽지 않을 것으로 생각했다. 팀장들은 서로 치열한 경쟁 관계에 있었고, 회사는 직원들의 임금을 1주일 단위로 계산하여 지급했다. 회사 내의 모든 팀들이 고객을 얻기 위해 적극적으로 경쟁했다.

현재의 자산 계정

우리가 현재 지미의 무형 자산과 유형 자산을 평가하면, 어떤 결과를 얻을 수 있을까. **표 5-1** 은 각각의 자산의 증가와 감소를 보여준다.

생산 자산: 지미는 학위를 받았을 때, 그리고 트랜스엑스(1단계)에서 IT 시스템에 대한 이해를 넓히고 관리 능력을 배양하던 때 지식과 기술에 대한 초기 투자를 마쳤다. 스마트바이(2단계)에서 인도의 IT 아웃소싱 시장을 경험하고 여러 당사자들이 복잡하게 얽힌 협업 관계를 관리하는 방법을 터득하면서 업무 영역을 확장했다. 지미의 생산 자산 평가는 SPG(4단계)에서 끝난다. 그는 더 이상 협업 능력을 발휘하지 않고, 계발이나 학습보다는 하루하루를 꾸려가는 데 집중했다. 결과적으로 이때는 지미의 지식이나 기술이 고갈되기 시작한 시기였다.

원래 지미는 자신의 생산 자산을 유지하기 위해 두 개의 모임을 구성했다. 하나는 스마트바이(2단계)에서 알게 된 사람들의 모임이었고, 다른 하나는 프리랜서 IT 전문가(3단계)로 일하던 시절에 알고 지냈던 사람들의 모임이었다. 그러나 지미는 SPG(4단계)에서 일의 부담 때문에 이 두 네트워크에 소홀해졌고 다른 네트워크를 구축하지도 못했다. 바로 이러한 이유 탓에 지미의 생산 자산은 45세가 되면서 서서히 하락하고 있다.

활력 자산: 지미는 대학 시절에 재생적 친구 관계의 기반을 조성했다. 그는 대학을 졸업하고 얼마 지나지 않아서 결혼을 했고, 2년 만에 세 아이들 중 첫째가 태어났다. 이때가 트랜스엑스 시절(1단계)이며, 지미는 곧 아이 친구들의 부모들과 좋은 이웃관계를 형성하기 시작했다. 제니는 자녀를 키우는 동안에 파트타임으로 일했고, 퇴직한 제니의 부모가 아침저녁으로 자녀 양육을 도왔다. 지미의 활력 자산은 이때가 좋았고 스마트바이 시절(2단계)은 힘든 시기였다. 아이들이 자라자 지미가 해야 할 역할이 많아졌다. 그러나 지미가 매주 집을 떠나 있으니 가족들이 힘들어했다. 제니의 부모는 여행을 자주 다녀서 아이를 보는 일에 예전처럼 도움을 주지 못했다. 제니는 파트타임 일을 감당하기가 점점 벅찼다. 부부 간의 유대는 여전히 강했지만, 지미는 집을 떠나 있으면 아이들과 많은 시간을 보내지 못해서 죄책감이 들 때가 많았다. 지미의 활력 자산은 처음에는 좋은 출발을 보였지만, 점점 하락하기 시작했다.

그러나 지미는 2년 동안 프리랜서(3단계)로 일하면서 생활은 균형이 잡혀갔다. 아이들과 더 많은 시간을 보냈고, 옛날 친구들과도 다시 만나기 시작했고, 제니와는 휴일 며칠을 함께 보냈다. 이때는 유형 자산을 생각하면 좋은 시절이 아니지만, 무형 자산에는 의미 있는 투자를 하던 시절이었다.

지미는 이렇게 활력 자산을 끌어올렸지만, SPG 시절(4단계)에 활력 자산이 다시 감소하기 시작했다. 그는 늦게까지 일하고는 좌절감을 느끼면서 집으로 돌아오는 날이 많았다. 제니는 지미가 회사에서 받은 스트레스를 집에서 푸는 것이 영 못마땅했다. 지미의 휴대폰은 항상 켜져 있었고, 때로는 밤이나 주말에도 전화를 받아야 했다. 회사 일 때문에 쉴 틈이 없었고, 친구를 만날 시간은 거의 없었다. 제니는 지미가 관심을 가져주기를 원했다. 제니는 다시 직장 생활을 시작하고 싶어했고, 자기를 더 이상 도와주지 않는 지미에게 화가 많이 나 있었다.

변형 자산: 지미가 자신의 네트워크를 확대하던 시절은 두 번 있었다. 한번은 스마트바이(2단계)에서 아웃소싱 협상을 위해 뭄바이 사람들과 자주 연락하던 시절이었고, 또 한번은 IT 분야 프리랜서(3단계)로 일하던 시절이었다. 이런 시절들은 지미가 전환기를 마련하고, 자기 인식을 강화하고, 새로운 경험에 대하여 개방적인 태도를 갖기 위한 능력을 쌓는 기간이기도 했다. SPG 시절(4단계)에는 더 다양한 네트워크를 구축하는 데 투자하지 않았고, 자신과 자신의 삶에 대하여 깊이 생각할 시간도 없었다.

유형 자산: 지미는 다른 사람들과 마찬가지로 학자금 대출금을 갚아야 하는 상황에서 직장 생활을 시작했다. 스마트바이(2단계)에서 일하면서부터 주택담보 대출을 받았고, 소득의 15% 정도를 저축했다. 프리랜서 시절(3단계)에는 친구들도 다시 만나고 건강도 좋아져서 무형 자산이 늘어났다. 그러나 집에 대한 담보 설정을 변경하면서 유형 자산은 감소했다. SPG 시절에 월급이 오르고 과거의 저축 수준을 회복하면서 주요 유형 자산의 투자가 다시 시작되었다.

이제 40대인 지미는 유형 자산을 다시 형성해야 하는 단계에 있지만, 무형 자산은 대폭 감소하기 시작했다. 그는 이제 인생의 후반전을 맞이하고 있다. 그가 할 수 있는 선택에는 어떤 것들이 있을까.

▍3.0 시나리오

한 가지 가능성은 지미가 잭이 갔던 길을 따라가는 것이다. 지미는 초기의 교육 투자를 기반으로 하여 3단계 삶을 완수한 후 65세에 퇴직하는 것을 목표로 한다.

2021년의 지미: 지미는 50세를 맞이하여 기술이 빠르게 변하는 세상에서 자신의 기술이 점점 더 쓸모가 없어지고 있다는 것을 인식했다. 그 결과 직장에서 점점 뒷전으로 밀리고 있음을 알아차렸다. 지미는 자신의 유형 자산을 살펴보았다. 지난 10년 동안 저축을 했지만, 그전에는 어려운 시절을 보냈다. 지미는 대충 계산을 해보고는 65세에 퇴직해도 될 만큼 저축을 하지는 않았다는 사실을 깨달았다.

2031년의 지미: 이제 지미는 60세가 되었다. 유형 자산도 부족하고 무형 자산도 충분하지 못하여 앞날이 점점 더 걱정되었다. 비록 최근에 저축을 많이 해서 유형 자산은 많아졌지만, 아직도 퇴직 전 소득의 50%를 연금으로 받기에는 충분하지 못하다. 또한 국민연금이 크게 줄어들었고, 2034년부터는 정년이 70세로 늘어날 것이라고 했다. 지미가 처음 일했던 직장에서는 회사가 연금 납부금을 지원했지만, 그다음 직장부터는 이런 규정이 축소되었다. 무형 자산도 줄어들었다. 학습과 교육에 투자를 하지 않았기 때문에, 그의 기술은 쓸모가 없게되었다. 그래서 이제부터는 낮은 단계의 기술이 필요하고 임금도 적은 일을 해야 한다는 사실을 깨달았다. 그는 퇴직 이후로 여러 가지 일을 하는 '포트폴리오 인생'을 살아볼 생각도 해보지만, 현실적으로는 전문 기술, 지식 혹은 동료와 고객 네트워크가 없다는 사실을 알고 있다.

2041년의 지미: 이제 지미는 70세가 되었다. 지미는 앞으로 임금을 많이 받는 일을 하기는 어렵다는 사실을 깨닫고는 전일제 직장을 떠나기로 결심했다. 그는 저소득층이므로 자기가 생각했던 것보다 훨씬 더 검소한 인생을 살아야 한다.

이 시나리오는 확실히 과거에 근거를 둔 것이다. 이에 따르면, 지미는 자기 주변에서 일어나는 변화에 전혀 눈길을 주지 않는다. 그는 무슨 일이 일어나고 있는지에 대하여 잠시라도 생각해보려고 하지 않고, 미래를 적극적으로 계획하지도 않는다. 물론 지미에게 다양한 형태의 3단계 삶이 펼쳐질 수 있다. 그리고 그중에서 일부는 온딘의 저주가 덜할 수도 있다.

3.0 시나리오는 지금 지미와 같은 길을 가고 있는 수많은 사람들을 곤경에 빠뜨릴 두 가지 요인을 보여준다. 첫번째 요인은 이제까지 저축이 충분하지 않다는 것이다. 지미는 50대와 60대에 이르러 금전적으로 충분하게 준비되지 않았다. 두번째 요인은 무형 자산에 대한 투자가 부족하다는 것이다. 지미가 초기의 교육과 직장 생활 초기에 구축한 포시에만 지나치게 의존하다보면, 나중에 직장과 소득을 유지하는 데 어려움을 겪게 된다.

▌3.5 시나리오

우리는 지미가 이러한 운명을 피하기에 너무 늦었다고 생각하지는 않는다. 그러나 그가 더 생산적인 활동을 오랫동안 하기를 원한다면, 몇 가지 선택과 결정에 직면해야 하고, 자기 효능(나는 이것을 할 능력이 있다)과 행위 주체성(나는 이것이 일어나도록 하기 위한 자기 통제력과 의지가 있다)을 발휘해야 한다. 다시 말하자면, 지미는 수동적인 자세에서 벗어나야 한다. 우리는 이러한 가능 자아의 범위를 가장 의욕적인 자아부터 덜 의욕적인 자아까지 생각해볼 수 있다. 그중 덜 의욕적인 미래의 진로를 선택하여 지미의 직업 활동에 반 단계를 더해보기로 한다. 이러한 반 단계는 어느 정도의 갱신 혹은 변화를 요구하지만, 무형 자산에 많이 투자하거나 변형 자산을 광범위하게 사용하는 것을 요구하지는 않는다. 우리는 3.5단계의 삶이 위험을 피하려는 사람과 40대 중반에 위험이 따르는 커다란 변화를 일으키고 싶지 않은 사람에게 가장 적합할 것으로 본다. 그렇지 않으면, 이 시나리오는 중요한 전환기들을 갖기에는 시간이 많지 않은, 퇴직이 가까워진 나이 든 개인들에게 적합할 것이다.

2026년에 55세가 된 지미를 상상해보자. 정부가 정년을 70세로 연장할 것이라고 발표하자, 그는 결단을 내렸다. 지미는 지금 자기가 가진 기술은 SPG에서 가치를 상실할 것이고 그 기술로는 경쟁 기업에서 임금을 많이 받을 수도 없을 것이라는 사실을 잘 알고 있었다. 그렇지만 그는 앞으로 적어도 15년은 더 일을 해야 한다고 추정했다. 집 주변에는 평생 교육을 위한 커뮤니티 칼리지•가 있었는데, 스마트바이에서 알고 지냈던 친구가 학과장을 맡고 있었다. 그는 지미에게

• 미국의 커뮤니티 칼리지는 대부분이 공립이나 주립이며, '커뮤니티'라는 표현처럼 그 지역의 주민, 세금을 내고 사는 사람들에 대한 고등 교육 및 평생 교육의 장으로 마련된 2년제 대학이다. 주로 전문 교육과 직업 훈련 과정 등 다양한 분야의 전문 기술을 배운다. 또한, 대학 진학 준비 과정도 있는데, 교양 과목과 전문적인 기초 과목 등을 배운다. 학부 3학년 편입을 위한 아카데믹 과정과 예비과정이 있는 것이 특징이다.

1주일에 한 번 야간에 IT와 경영 과목을 가르쳐보는 것이 어떻겠냐고 제안했다. 보수는 얼마 되지 않았는데, 지미는 빠르게 커가는 신생 기업에서 일자리를 얻기 위해 필사적인 학생들이 관심 갖는 주제를 가르칠 수 없었다. 그리고 지미와 비슷한 처지에 있는 사람들 중 거기서 가르치는 사람도 많았는데, 지미는 맡은 일을 성실하게 하면서 학생들에게서 좋은 평가를 받았다. 2030년에는 SPG에 사표를 내고 커뮤니티 칼리지에서 전임 강사 자리를 얻었다. 보수는 더 적었지만, 자기 지식을 충분히 활용하면서 사람들에게서 인정받고 있다는 생각이 들었다. 그리고 일과 가정에서 균형 잡힌 생활을 할 수 있었고, 아내 제니와 첫째 손녀 줄리Julie와 함께 보내는 시간도 많아졌다.

금전적으로 따져보면 생활비를 겨우 충당할 정도의 수입을 얻고 있었지만, 일하는 기간이 늘어날수록 연금을 빼 쓸 필요가 없는 기간도 늘어간다는 커다란 장점이 있었다. 더욱 중요하게는 이처럼 적은 월급으로 살다보면, 지미와 제니가 생활비를 줄여서 사는 데 적응할 수 있고 지미의 연금이 오랫동안 유지될 수 있다. 물론 집이 조금은 초라하게 보일 수도 있고, 적은 수입에 학생들을 가르쳐야 하는 일 때문에 지미와 제니가 친구들만큼 여행을 많이 다닐 수는 없지만, 그들보다 형편이 더 안 좋은 사람도 많이 있었다.

3.0 시나리오와 3.5 시나리오에 큰 차이는 없지만, 지미가 70대까지 일을 계속할 수 있는 일자리를 찾았기 때문에 3.5 시나리오가 더 낫다. 지미가 이런 일자리를 얻은 것은 운이 어느 정도는 작용했지만(지미가 스마트바이 시절에 알고 지내던 옛 동료가 커뮤니티 칼리지에서 학과장을 맡고 있었다), 자기 삶을 스스로 결정하면서 새로운 기회에 대하여 개방적인 태도를 지니려고 의식적으로 노력했기

때문이기도 했다. 지미는 실패한 3단계 삶에서 벗어나기 위해 조기에 조치를 취하여 자신의 금전적 자산을 좀 더 오랫동안 유지하려고 했다.

그러나 3.5단계의 삶에서는 지미에게 커다란 변화가 없다. 단지 커뮤니티 칼리지로의 조용한 이동만이 있을 뿐이다. 지미는 여전히 같은 분야에서 일하면서 같은 내용을 가지고 강의를 한다. 이는 지미에게 문제가 될 수 있다. 비록 지미가 학과에서 좋은 교수로 평가받고 있지만, 해가 갈수록 그의 경력과 지식은 점점 시대에 뒤떨어진 것이 된다. 지미가 2042년에 72세의 나이로 퇴직할 때는 동료 교수들이 지미가 이미 떠난 사람으로 생각하고 송별회조차도 열어주지 않았다. 시인 딜런 토머스Dylan Thomas의 시 구절을 바꾸어서 표현하자면, 지미는 이 어두운 밤을 순순히 받아들이는 것이다.

물론 다른 3.5 시나리오도 있다. 지미는 65세까지 일을 하고 나서, SPG에서든 업계 내에서 연락이 닿는 다른 기업에서든 파트타임으로 컨설팅 업무를 맡을 수 있다. 그러나 이는 쉽지 않은 일이다. 지미에게는 쓸모 있고 유의미한 기술이 필요한데 SPG를 떠난 이후로 나이가 들어감에 따라 상황은 점점 더 어려워질 것이다. SPG에서는 바쁠 때 일을 도와줄 수 있는 믿을 만한 사람이 항상 필요했고, 지미는 기쁜 마음으로 도왔다. 가끔씩 발생하는 컨설팅 일을 할 수 있어서 즐거웠고, 이를 통해 얻은 수입으로 생활하면서 연금을 건드리지 않아서 좋았다. 지미는 연금만으로는 오랫동안 생활할 수가 없다는 사실을 잘 인식하고 있었다.

3.5 시나리오의 또 다른 버전으로 지미가 IT 업종을 떠나되 어떤 형태의 전환기도 거치지 않는 것이 있다. 예를 들어, 지미와 제니의

오랜 친구가 근처에서 가게를 운영하고 있는데, 지미에게 카운터 뒤에서 일을 돕고 다른 직원을 주시하는 정규직 일자리를 제안했다. 그 친구는 관리자 경험이 풍부한 지미를 전적으로 신뢰했지만 임금을 많이 줄 수는 없었다. 지미는 "여보게, 지금은 동전 한 닢도 도움이 돼"라고 말했다. 지미 역시 사람들과 교류하기를 좋아하는 사회적 존재였다.

이러한 3.5 시나리오들은 한 가지 면에서만 작동한다. 이 시나리오들은 지미가 유형 자산을 형성하는 데 도움이 되지는 않지만, 그의 자산이 줄어드는 기간을 줄여서 유형 자산의 균형을 달성하는 데는 도움이 된다. 지미는 이 모든 시나리오를 통해서 활력 자산을 끌어올릴 시간을 더 많이 가질 수 있다. 친구도 만나고 가족과도 더 많은 시간을 보내고 건강도 좋아지고 정신적으로도 행복해졌다. 그러나 이 시나리오들은 생산 자산을 늘리지도 않고 변형 자산을 제대로 활용하지도 않는다. 결국 3.5 시나리오들은 유형 자산이든 무형 자산이든 자산에 대한 투자가 부족하고 커다란 변화가 없다. 그러나 이 시나리오들은 3단계 삶을 자신에게 맞게 만들기 위한 작지만 충분한 변화를 포함하고 있다. 하지만 상당한 자산 투자와 변형 자산의 변화가 부족하다는 것은 이 추가적인 단계가 오히려 3단계 삶의 부록임을 뜻한다. 3단계 삶이 길어질수록 투자 부족이 더욱 문제가 될 것이다.

▍4.0 시나리오

지미가 활용할 수 있는 더 나은 시나리오가 있다. 이것들은 더 많은 투자를 하고, 더 많은 위험을 감수하고, 더 많은 변화를 일으키는 가능 자아일 것이다. 우리는 이러한 시나리오 두 가지를 살펴보려고 한다. 이 두 가지 시나리오는 각각 변화와 변형을 위한 의식적이고도 단호한 노력에 바탕을 두며, 우리는 이들을 새로운 네번째 단계를 반영하여 4.0 시나리오라고 부를 것이다. 첫번째 시나리오에서는 지미가 IT 분야에서 일을 계속하지만, 개인적인 변화를 경험하면서 포트폴리오를 창출한다. 두번째 시니리오에서는 지미가 중대한 위험을 감수하기로 결심하면서 자기 회사를 설립한다. 이 시나리오들이 3.5 시나리오와 크게 다른 점은 지미가 변화의 필요성을 먼저 깨달았고, 앞으로 일을 해야 하는 기간이 길어지면서 변화를 일으킬 시간이 생겼다는 것이다.

네번째 단계에서 포트폴리오를 창출한다

2016년의 지미: 2016년은 지미가 45세가 되는 해로서, 자신의 변형 자산을 제대로 개발하고 활용하는 시기다. 이제 지미는 한 걸음 물러나 자신의 삶과 주변 세상을 바라보면서 자기 인식을 강화했다. 그는 자기가 직면한 변화의 규모를 이해하기 시작했다. 그리고 조기에 퇴직하면 금전적 자산이 얼마 남지 않는다는 사실을 깨달았다. 이제 지미는 오랫동안 일을 해야 하는 현실을 인정했다. IT 분야에서 자기가 하는 일, 빠르게 변해가는 기술에 대하여 깊이 생각해보고는 고성장 분야로 옮겨가기 위해 재교육을 받기로 결심했다. 지미는 이렇게 자신의 능력을 계발하기로 마음먹고는 제니에게 이야기하며 자신의 기술을 최대한 발휘할 수 있다고 확신했다.

지미는 단기적인 변화를 일으켜서 자신의 기술을 향상시켜야 한다고 생각한다. 그러나 어떻게 그럴 수 있을까. 바로 이 지점에서 전문적인 인간관계 네트워크인 포시가 중요한 역할을 한다. 지미의 친구들은 그에게 IT 분야에서 각광받는 기술과 이를 가르치는 프로그램을 알려주었다. 지미는 직속상사와의 대화를 통해 지금 다니는 직장 SPG에서는 자기계발비가 제공되지 않는다는 사실을 알게 되었다. 그래서 지미는 중대한 결단을 내린다. 다음 해에 프로그램을 이수하기 위해 주중에 이틀을 야근하고 격주로 주말마다 일을 하기로 한 것이다. 프로그램의 일부는 능력이 비슷한 학생들을 대상으로 한 온라인 강좌 형태로 진행되었고, 격주로 토요일마다 같은 코스를 수강하는 학생들을 만나야 했다. 간단히 말하자면, 지미는 여가 시간을 자신을 재창조하는 시간으로 바꾸기로 결심한 것이다. 힘이 들기는 했지만, 이 코스를 통해 기술을 향상시키고 새로운 동기를 지닌 사람들과 만날 수 있었다. 더욱 중요하게는 코스를 이수하면 IT 업계에서 인정받는 자격증이 주어졌다. 지미는 이렇게 투자를 하여 코스를 마치고 나서 새로운 직업을 찾기 시작했다. 이는 간단한 것이 아니었다. 지미는 SPG에 들어간 것을 후회했고, 똑같은 실수를 되풀이하고 싶지 않았다. 그래서 지미는 앞으로 일할 직장에 대해 자세히 조사했다. 우선 직원들의 능력 계발에 관심이 없는 회사에는 가고 싶지 않았다. 오랜 조사 끝에 지미는 뭄바이에 본사를 둔 글로벌 IT 기업에 취업했다. 지미가 알아본 바에 의하면, 이 회사가 직원의 능력 계발을 중요하게 생각하고, 지미가 가상의 팀을 관리하고 까다로운 파트너십 관계를 처리하는 능력을 높이 평가한 것으로 들었다.

지미는 활력 자산을 관리하는 방법에 대해서도 깊이 고민했다. 그는 가정과 일의 균형이 제대로 이루어지고 있지 않다고 생각했다. 그는 자기가 한 집안의 생계를 책임져야 하고 제니는 가사를 책임져야 한다는 전통적인 역할에 익숙해져 있었다. 그러다가 제니가 하는 말을 주의 깊게 듣고는 파트너십이 변해가고 있다는 것을 깨달았다. 제니는 전일제 일자리로 다시 돌아가기를 원했다. 그러나 그렇게 하려면 가정에서의 역할에 어느 정도 변화가 있어야 했다. 지미와 제니는 서로 머리를 맞대고 파트너십, 역할과 책임에 대한 (때로는 고통스러운) 협의를 시작했다. 이를 통해 두 사람은 맞벌이 부부가 되기 위한 여러 가지 약속을 했다.

또한 그들은 함께 건강과 웰빙 문제를 주의 깊게 살펴봤다. 그들은 여러 해 동안에 과로를 하면 건강에 해를 끼친다는 사실을 잘 알고 있었다. 두 사람 모두 운동 부족으로 체중이 많이 나갔다. 그들은 이것이 삶에 바람직한 변화를 일으키는 데 영향을 미칠 것으로 생각했다. 그래서 두 사람은 건강에 신경을 쓰기로 결심하고 이를 실천에 옮기기로 했다. 우선 동네 체육관에 등록하고 사람들이 무엇을 먹는지를 유심히 살펴봤다. 지미가 일하는 회사에는 암 관련 자선단체를 지원하는 마라톤 프로그램을 운영하고 있었는데, 지미와 제니는 하프 마라톤에 참가하기로 했다.

2021년의 지미: 지미는 뉴욕에서 열리는 마라톤 대회에 참여하는 것으로 쉰번째 생일을 기념했다. 지미는 좋은 시절을 보내고 있었다. 회사는 직원들의 자기계발을 위한 지원을 아끼지 않았고, 지미는 원하는 자기계발 활동을 선택하여 이를 위해 연간 10일을 쓸 수 있었다. 그래서 지난 10년에 걸쳐 해마다 자기계발을 위한 투자를 할 수 있었다. 첫해에는 가상의 팀을 관리하는 능력을 강화했다. 그다음 해에는 증강현실에 대하여 많은 것을 배웠다. 세번째 해에는 고급 로봇

공학에 관하여 배웠다. 이처럼 지속적인 투자는 지미에게 많은 도움이 되었고, 지미가 자기 일을 좋아하는 계기가 되었다.

지미는 2021년을 맞이하여 예전처럼 향후 10년에 대한 계획을 세웠다. 앞날을 내다보면서 폭넓은 포트폴리오를 창출하는 것이 중요하고 이제는 이를 위한 준비를 해야 할 때가 되었다고 생각했다. 지미는 전일제 직장을 떠나지 않고서 몇 가지 투자를 하고 싶었다. 그중 하나가 고급 프로젝트 관리 개발 프로그램에 참여하는 것이었다. 회사는 지미가 이를 위한 코스에 참여할 수 있도록 2주의 시간을 주었다. 또한 지미는 함께 수강하는 프로젝트 관리자들과 함께 연간 10주에 걸쳐 주말마다 출석하는 코스에 참여했다. 지미는 전 세계의 프로젝트 관리자로 이루어진 광범위한 네트워크를 구축하기 시작했다. 지미가 조사한 바에 따르면 이 분야에서는 세 개의 글로벌 커뮤니티가 활발하게 활동하고 있고, 지미는 이들 커뮤니티에 모두 참여하기로 했다. 지미는 글로벌 프로젝트 관리자 자격으로 커뮤니티에 등록하고 관련 기술에 관한 자격증을 따려고 했다.

2036년의 지미: 65세가 되었지만, 지미와 제니는 은퇴를 전혀 생각하지 않고 있다. 지미는 2년 전에 인도 IT 기업에서 퇴직하고 지금은 공인된 프로젝트 관리자로 일하고 있다. 예전에 참여했던 세 개의 글로벌 커뮤니티에서 10년에 걸쳐서 인맥을 형성했는데, 이것이 많은 도움이 되었다. 그리고 지금 지미가 보유한 기술에 대한 수요는 많이 있다. 이제 자녀들은 재정적으로 독립했고, 지미는 아프리카 사하라 이남 지역에서 대규모 IT 프로젝트를 전문적으로 관리하기 시작했다. 제니도 일을 계속하고 있고, 지미가 떠나 있는 동안에도 독립적인 생활을 할 수 있어서 행복했다. 지미는 자기가 원하던 포트폴리오 인생을 살고 있다. 그는 유용하게 쓰이는 기술을 가지고 흥미로운 일을 찾을 수 있고, 심지어 나이가 70대 후반인데도 여전히 지미를 찾는 사람들이 많다.

그러면 4.0 시나리오의 재정 문제를 살펴보자. 지미가 77세까지 일을 할 경우에 포트폴리오에서 발생하는 수입이 마지막 직장에서의 수입과 차이가 없다면, 8.5%의 저축률을 계속 유지하기만 하면 된다. 그는 조기에 생산 자산과 활력 자산에 투자를 했기 때문에 나중에 은퇴할 수 있다. 이러한 균형은 지미의 재정에 변화를 일으킨다. 우리는 앞에서 지미의 3단계 직장 생활의 재정 계산에서 지미가 44년 동안 직장 생활을 하고 20년 동안 퇴직 이후 생활을 하려면 (거의 불가능에 가까운) 17%의 저축률을 유지해야 한다는 사실을 보여주었다. 4.0 시나리오에 따르면, 지미는 56년 동안 일을 하고 8년 동안 퇴직 이후 생활을 하게 된다.

네번째 단계에서 기업가로 변신한다

앞의 시나리오에서는 지미가 생산 자산과 활력 자산에 투자하기로 결심하고 자신의 변형 자산을 크게 신장시켰다. 지미는 60대에 포트폴리오를 형성하여 3단계 삶에서 한 단계를 추가했다. 그러나 지미가 45세에 위험을 감수하고 도약을 결심했다면 어땠을까. 이번 시나리오에서는 지미가 훨씬 더 중대한 결심, 즉 위험을 감수하고 기업가(우리는 나중에 '독립적 생산자'라고 부를 것이다)가 되려는 결심을 한다. 그러면 지미의 삶은 어떻게 펼쳐질까.

2016년의 지미: 지미는 자기 삶을 성찰하고는 답답한 생각이 들었다. SPG에서 일하는 것은 힘들었고, 이는 가족들에게도 엄청난 스트레스를 주었다. 지미는 프리랜서 시절을 아쉬운 듯 다시 생각했다. 그 시절로 되돌아갈 수는 없을까. 문제는 지미에게 가정이 있고 주택담보 대출금을 갚아야 한다는 것이었다. 유형 자산도 70세 이전에 노후 자금을 마련하기에는 충분하지 못했다.

그래서 지미는 포트폴리오 시나리오에서처럼 여가 시간의 일부를 자신을 재창조하는 시간으로 바꾸기로 굳게 결심했다. 그러나 남는 시간을 활용하는 방식은 많이 달랐다. 앞으로 2년 동안은 주말과 휴가를 도약을 위한 준비에 쓰기로 했다. 지미는 다음 세 가지 목표에 에너지를 집중했다. 첫째, IT 시장을 면밀하게 관찰하면서 자기 인식을 강화한다. 지미는 신생 기업들을 중심으로 저비용 IT 지원 서비스에 대한 수요가 있을 것이라는 결론을 내렸다. 그래서 그는 예전에 인도에서 알게 된 동료들과 연락을 취하면서 과거의 네트워크를 재가동했다. 그들 중 일부는 연락처를 파악하는 데 시간이 좀 걸렸지만, 대다수는 다시 만나게 되어 반가워했다. 지미에게서 연락을 받은 사람들은 인도에서 진행하고 있는 개발에 대하여 자세히 말해주었다. 그들 중 몇몇은 이제 클라우드 기술cloud technology● 부문의 선두에 서 있었다. 지미는 이 사람들이 어떤 일을 하는지를 좀 더 구체적으로 살펴보기 위해 회사에 1주일 동안 휴가를 내어 인도로 달려갔다.

지미는 조사할수록 자기 계획에 사업 가치가 있을 것이라는 생각이 들었다. 그래서 행동을 취하기로 결심하고 관련 기술을 공부하기 시작했다. 지미는 자기 미래가 앞으로 어떻게 전개될지 미리 감을 잡으려고 몇 가지 부수적인 프로젝트를 개발했다. 예를 들어, 지역 기업

● 인터넷 서버에서 데이터 저장과 처리, 네트워크, 콘텐츠 사용 등 IT 관련 서비스를 한꺼번에 제공하는 기술.

가 클럽에 매달 참석하여 사람들을 만났다. 또한 회계와 마케팅의 온라인 코스에 수강 신청을 했다. 기업가 클럽에서 새로운 사람들을 많이 만났는데, 그들 중 일부는 이미 자기 사업을 하고 있었다. 지미의 꿈은 점점 구체화되고 있었다. 이제 지미는 새로운 벤처 사업에 희망을 걸고는 중대한 결단을 하기에 이르렀다. 지미는 자신의 고객이 되어줄 신생 기업들의 클러스터를 지원하기에는 자기가 사는 지역이 그다지 크지 않다는 사실을 깨달았다. 그래서 그는 SPG 직속상사에게 소규모 기업들이 클러스터를 이루고 있는 대도시로 보내달라고 설득했다. 지미는 그곳에 도착한 지 몇 주 만에 소규모 기업의 대표들과 네트워크를 형성했다. 그는 그들과 함께 차를 마시면서, 그들이 기업을 경영하면서 갖는 불만, 스트레스에 관한 이야기를 들었다. 지미는 예전에 인도 출장을 갔을 때에 밥Bob이라는 사람을 만난 적이 있었는데, 그는 인도의 아웃소싱 회사 두 군데와 친밀한 관계를 유지하고 있었다. 지미는 자기가 직면한 여러 가지 선택에 대하여 고민하고는 밥이 사업 파트너로서 아주 괜찮은 사람이라고 생각했다. 밥은 이 산업과 입지에 대하여 잘 알고 있었다. 그리고 신생 기업에 대한 교육과 자금 지원과 관련하여 정부의 정책 방향에 대해서도 훤히 꿰고 있었다.

2019년의 지미: 3년이 지나서 지미는 이러한 도약을 할 준비가 되었다. SPG에 있으면서 부수적으로 추진했던 프로젝트는 성과를 거두기 시작했다. 지미는 클라우드 기술에 대하여 충분한 지식을 얻었고, 인도의 공급자들과도 친밀한 관계를 맺었고, 고성장 신생 기업 클러스터의 중심에 자리를 잡았고, 정부 지원을 받는 데도 아무런 문제가 없을 것으로 생각했다. 지미와 제니는 지난 2년 동안의 생활비를 유심히 살펴보았고 생활 습관을 바꾸어서 지출을 줄이기로 결정했다. 두 사람은 앞으로 해외여행을 중단하고, 골프 클럽을 탈퇴하고, 검소하게 살아가기로 했다. 이렇게 하면 가족들이 검소한 삶에 적응하면서 약간의 저축으로 대비책을 마련할 수 있었다.

2020년 초에 지미는 밥과 함께 회사를 설립했다. 그들은 '유어아이티YourIT'라고 회사 이름을 지었고, 다국적 기업까지는 아니더라도 자립할 수 있는 기업으로 키우고 싶었다. 그들은 클러스터 내의 기업 두 곳과 처음으로 계약을 체결하고는 서비스를 저비용에 효율적으로 제공하기 위해 인도의 파트너와도 긴밀하게 협력했다.

이번 시나리오에서 지미의 삶은 어떻게 펼쳐질까. 50세가 넘는 사람들 중에는 지미처럼 창업을 하기로 결정한 사람들이 많았다. 물론 그들 중 일부는 다른 선택을 할 수 없었기 때문에 그런 결정을 했다. 지미에게서 흥미로운 점은 이런 결정이 그가 계획하고 준비한 것이었다는 점이다. 지미는 남들보다 3년을 앞서서 더 나은 유형 자산과 무형 자산을 얻기 위해 관리하기 시작했고, 그동안 추진했던 실험이나 부수적인 프로젝트들이 자기 자신과 시장에 대하여 더 많은 것을 배우는 충분한 계기가 되었다. 물론 직장을 잃고서 지금 자영업에 뛰어든 사람들은 이러한 계획 기간을 거의 활용할 수 없다. 그럼에도 소규모 기업들 중에서 상당수가 파산하고 지미도 파산할 가능성이 상당히 높다. 그러나 지미가 유형 자산과 무형 자산을 개발했고 특히 변형 자산을 강화했기 때문에, 그는 계속 다른 선택을 할 수가 있을 것이다. 비록 지미가 실패하더라도, 그에게는 여전히 앞에서 설명했던 포트폴리오 단계로 되돌아갈 기술이 있다.

이 시나리오와 4단계 포트폴리오 시나리오 모두에서 지미는 현재의 상황에 눈뜨고 미래의 상황을 깊이 고민해야만 했다. 이처럼 그가 자기 인식을 강화하고 새로운 경험에 대하여 개방적인 자세를 취하면, 선택의 결과를 스스로 만들어갈 수 있다. 바로 이런 이유로 지미는 새로운 기술에 투자해야 한다는 사실을 깨닫는다. 이 두 가지 시나리오에서 지미는 변화와 재창조에 전념할 용기를 갖고 있다. 우리는 이것이 쉽다고 생각하지 않는다. 우리는 이 두 가지 시나리오를 설명하면서 이들이 비교적 쉬운 것처럼 보이도록 했고, 둘 다 성공적이었다. 물론 포트폴리오를 창출하거나 늦은 나이에 창업을 하는 사람들 모두가 성공하는 것은 아니다. 운이 따르지 않는 사람도 있을 것이고, 기술이나 인맥을 제대로 갖추지 못한 사람도 있을 것이고, 시간과 에너지를 투입할 여건이 안 되는 사람도 있을 것이다. 성공한 사람조차도 변화를 추구하는 일이 스트레스를 받으며 도전하는 것임을 깨달을 것이다. 바로 이 지점에서 변형 자산이 매우 중요해진다. 자기 인식을 강화하고 새롭고 역동적인 네트워크를 형성하고 새로운 경험에 대한 개방적인 태도를 지니는 것은 이 두 가지 시나리오가 성공하는 데 아주 중요하다.

이 두 가지 시나리오가 요구하는 노력과 집중력을 감안했을 때, 4.0 시나리오의 장점은 무엇인가. 이들 시나리오는 무형 자산과 유형 자산을 형성하고 강화한다. 이 시나리오들에 따르면, 고소득 기간이 길어져서 연금이 많아진다. 또한 생산 자산과 활력 자산이 늘어난다. 물론 우리가 설정한 이 두 가지 시나리오에는 중요한 차이가 있다. 네 번째 단계에서 창업을 하는 데는 금전적 자산과 무형 자산의 측면에서 위험과 스트레스가 많이 따른다. 포트폴리오를 형성하면 지미와 제니가 함께 보내는 시간이 많아진다. 지미가 어느 것을 선택할 것인 가는 그의 선호와 출발점에 달려 있다.

▌ 제인의 시나리오

당신이 지미보다 나이가 어리다면, 당연히 미래에 대한 제약을 덜 받으면서 더 많은 선택을 할 수 있을 것이다. 지미의 시나리오에 따르면, 그는 이미 삶의 중간 지점에 있어서 40대 중반이라는 출발점 자체가 그에게 많은 제약을 가할 것이다. 그와 대조적으로 이제 막 성인이 된 제인의 경우에는 이런 제약이 없다. 1998년에 태어난 제인은 앞날이 창창하다. 이러한 사실은 제인의 시나리오를 설정할 때 어떤 의미를 갖는가.

지미에게 불편해 보였던 3.0 시나리오는 제인에게는 전혀 적용되지 않는다. 제인이 퇴직 이후의 노후 자금을 마련하기 위해 직장 생활을 오랫동안 계속하다보면 무형 자산을 개발하기가 어렵다. 우리는 지미를 위해 3.5 시나리오를 자세히 설명했다(지역의 커뮤니티 칼리지에서 학생들을 가르치거나 SPG의 컨설턴트로 일을 하거나 친구 가게에서 일하는 것을 말한다). 이 시나리오는 이전 세대보다 오래 살아야 하는 지미에게 금전적 자산을 제공하면서 약간의 집중적인 재투자를 통해 무형 자산을 유지하는 것이었다. 제인이 이와 비슷한 3.5 시나리오를 따르는 것도 가능하지만, 제인의 수명을 생각하면 성공하지 못할 것이라는 느낌을 지울 수가 없다. 3.5 시나리오의 문제는 유형 자산과 무형 자산 모두에서 발견된다. 금전적인 문제를 살펴보면, 3.5 시나리오는 장기간에 걸쳐 얼마 안 되는 수입으로 살 것을 요구하기 때문에 제인이 충분한 연금을 마련할 수가 없다. 무형 자산을 살펴보면, 지미에게조차 이러한 접근 방식은 생산 자산의 사용 기간을 늘리기 때문에(교사가 되거나 컨설턴트가 되거나 상관없이) 지미의 지식과 경험은 점점 시대에 뒤떨어지게 되었다.

제인의 경우 당연히 4.0 시나리오를 따르거나 심지어는 5.0 시나리오를 따라야 한다. 제인은 일하는 기간이 길어졌으므로, 무형 자산에 상당한 재투자를 해야 하고 재창조와 변화를 위해 엄청난 노력을 기울여야 한다. 지미가 3.5 시나리오에서 투자와 변화를 위해 조금 노력하는 것으로는 충분하지 않다.

▌ 제인의 4.0 시나리오

지미보다 오래 사는 제인이 지미처럼 4단계의 삶을 산다면, 그 결과는 어떨까. 제인은 직장 생활을 계속하다가 마지막 수십 년 동안에는 포트폴리오를 형성할 수 있을까. 표 2-7 에서 알 수 있듯이, 제인이 소득의 14%를 저축하고 퇴직 전 소득의 50%를 연금으로 받고 싶다면, 80세까지 일해야 한다. 일하는 기간이 60년이라면 4.0 포트폴리오 모델을 전제로 하는 시나리오(교육/일/포트폴리오/퇴직)는 실행 가능할까.

제인은 2019년을 전후로 노동시장에 진입한다. 이후로 수십 년 동안에는 숙련직과 비숙련 기술직의 상당수가 사라질 것이다. 그 결과, 제인은 새로운 기술을 개발하고 시장의 변화를 예상하는 데 엄청나게 많은 시간을 보내야 할 것이다. 제인은 현장 실무 교육과 재교육에 시간을 내어 훈련하는 것을 통해 자신의 생산 자산을 보존할 수 있다. 제인이 널리 적용되는 새로운 기술을 직장에서 개발하기 원한다면, 이를 지원해주는 회사를 찾아야 할 것이다. 지미가 경험으로 확인했듯이 회사마다 직원들의 자기계발을 지원하기 위한 능력과 열정이다르다. 그러나 회사가 지원을 하더라도 직장을 다니면서 급변하는기술을 따라갈 수 있을까. 아마도 쉽지 않을 것이다. 우리는 제인이임의로 쓸 수 있는 시간을 여가가 아닌 재창조를 목적으로 다시 할당해야 할 때가 올 것으로 생각한다. 다시 말하자면, 제인은 4.0 시나리오의 지미처럼 주말과 휴가를 자기계발에 전념할 것이다. 제인이 자신의 생산 자산에 대하여 끊임없이 투자할 준비가 되어 있지 않으면,자기 기술을 기업이 원하는 수준으로 유지할 수가 없을 것이다.

제인이 이처럼 오랜 기간 일을 하면서 활력 자산을 계속 유지할수 있을까. 60년 동안 쉬지 않고 일을 하면 활력 자산은 확실히 고갈될 것이다. 그녀가 오전 9시부터 오후 6시까지 근무하고 1년에 3~4주 휴가를 주는 회사에서 일한다면, 당연히 그렇게 될 것이다. 그래서제인이 1주일에 5일보다 적게 일하는 회사를 찾을 수도 있지 않을까. 제인이 정기적으로 적게 일하면 그토록 원하던 자기계발을 하거나 편하게 쉬면서 활력을 다시 불어넣을 수 있는 기회가 생길 것이다. 이는분명 현재 대부분의 기업에서 일반적인 것이 아니지만, 제인이 30대가 될 때는 분위기가 많이 바뀔 것이다. 8장에서 여가 문제를 다룰 때다시 말하겠지만, 직업 활동 기간이 길어진 세상에서 활력을 유지하는 데 도움이 되도록 3일짜리 주말이나 주 4일 근무제가 새로운 대안으로 등장할 것이다.

▎5.0 시나리오

제인이 활력 자산과 생산 자산에 지속적으로 재투자를 하고 충전할 수 있다면, 4단계의 삶을 사는 것도 가능하다. 그러나 제인은 지미보다 선택권이 더 많아서 더 폭넓은 시나리오를 구성할 수 있다. 제인이 변화를 제대로 다룰 수 있다면, 4단계의 삶을 뛰어넘어 5단계의 삶을 만들어갈 수 있다.

2019년의 제인: 제인은 20대가 되어 자신이 100세까지 살 가능성이 높고 이를 토대로 인생을 설계해야 한다는 사실을 인식했다. 제인은 당장 어딘가에 얽매이는 생활을 뒤로 미루고 다양한 선택을 탐색해보기로 했다. 그래서 현대사로 학위를 딴 후에 여행을 떠나기로 결심했다. 제인은 인생의 이번 단계에 생산 자산이 많지 않으니 기꺼이 임시직으로 일했다. 지금은 탐색의 단계에 있다. 제인은 여러 대륙을 여행하면서 다양한 부류의 사람들을 만나고, 변형 자산의 강력한 기반이 되어줄 광범위한 네트워크를 구축하기 시작한다(1단계). 아르헨티나와 칠레를 여행한다고 생각해보자. 제인은 이 두 나라를 여행하면서 라틴아메리카 문화를 배웠다. 또 언어 능력을 키우려고 부에노스아이레스에 정착하여 3개월 동안 집중적으로 강의를 듣고는 자격시험을 통과했다. 요리를 좋아하는 제인은 라틴아메리카의 도시를 돌아다니면서 길거리 음식의 조리법에 깊은 관심을 가졌다. '팝업 pop-up' 부스가 잘되는 것을 보고, 그 아이디어를 '팝업 축제'로 활용할 수 있을 것이란 생각에 신이 났다. 제인은 유창한 스페인어 실력을 바탕으로 몇몇 도시에서 축제 기획자들을 만나서 축제를 준비하는 일을 제대로 배우기 시작했다. 돈을 많이 벌지는 못했지만, 여행 경비는 충분히 충당할 수 있었다. 제인은 이처럼 인생의 초기에 자기 일을 즐기면서 축제 기획과 예산에 관한 기본 지식을 배우고, 라틴아메리카의 축제 기획자들과 네트워크를 구축했다. 제인은 자기 나라로 돌아와서도 그들과의 교류를 계속 이어나가면서 친구들의 생일 파티를 위한 축제를 기획하여 축제 용품을 수입하기 시작했다.

2026년의 제인: 이제 제인은 20대 후반이 되었다. 제인은 자기가 하는 일이 너무 좋았다. 그래서 몇몇 친구들을 설득하여 함께 회사를 차리기로 했다. 이제 제인은 독립적 생산자가 되어 2단계의 삶을 살고 있다. 첫번째 대형 벤처 사업은 몇 개의 거리 축제를 기획하는 것이었다. 그러나 제인도 자기 회사를 경영하는 다른 많은 사람들처럼 재정적으로 자리를 잡는 데는 어려움이 많았다. 제인은 바로 이 시점에 샘Sam을 만났다. 샘은 수익성 있는 행사를 개최해본 경험이 있었다. 샘은 제인에게 팝업 축제에 관심이 많은 사람들을 소개하면서 재정에 관한 생각을 넓히도록 설득했다. 2026년에는 크라우드소싱 crowd-sourcing● 시장이 활성화되었고, 제인은 자신의 벤처 사업을 지원해줄 사람들을 찾기 위해 이 시장으로 뛰어들었다. 제인은 평판을 적극적으로 쌓을 필요가 있었으므로, 그것은 향후 2년 동안 그녀의 가장 큰 관심사가 되었다. 샘은 제인에게 활기차고 흥미로운 온라인 활동 방법을 보여주었고, 제인은 자기 블로그를 통해 열성팬들을 꾸준히 끌어들였다. 시간이 지나면서 수천 명의 사람들이 제인이 기획한 축제의 팔로워가 되었고, 제인의 온라인 커뮤니티는 번성하기 시

● 크라우드소싱이란 대중crowd과 외부발주outsourcing를 합친 말로, 생산이나 서비스 과정에 일반인을 적극적으로 참여시키는 것을 말한다.

작했다. 이처럼 팝업 축제를 운영하는 사람들의 공동체는 다른 도시, 다른 나라로도 퍼져갔다. 제인은 핀란드와 한국에서도 자기를 따르는 팔로워가 많은 것을 알고는 이 두 나라를 방문하여 열성팬들과 이야기를 나누면서 아주 행복한 시간을 가졌다.

이때가 제인에게 자기 인식과 발견의 시기였다. 제인은 자신에 대하여 더 많은 것을 알게 되었고, 특히 자기가 하고 싶은 일이 무엇인지를 알게 되었다. 선택을 잘못하면 몇 년 동안 후회할 수도 있기 때문에 이제 선택을 할 때는 신중해졌다. 그래서 세상을 보는 눈을 넓히기 위해 다양한 경험을 쌓으려고 했다. 제인은 이 시기에 유형 자산에 투자하지는 않을 것이다. 지금은 무형 자산에 투자를 많이 해야 하는 시기다. 선택의 범위를 넓히고, 기술을 익히고, 네트워크를 형성하고, 평판과 신용을 쌓아가면서 제인은 앞으로 오랫동안 길을 찾아갈 것이다. 이번 단계에서 제인은 자신의 초보적인 기술을 활용하여 검소하게 살면서 빚을 지지 않을 정도의 돈만 벌면 된다.

이렇게 살아가는 방식이 단순히 아무런 고민 없이 살아가는 방식과 다른 점은 제인이 무형 자산을 형성하고 선택의 범위를 넓히는 데 대단히 집중하고 있다는 것이다. 지금 제인은 일과 관련된 기본적인 업무 기술과 온라인에서 평판을 쌓는 방법을 배우면서 생산 자산을 형성하고 있다. 잭과는 다르게, 제인은 폭넓게 그리고 목적을 가지고 여행을 하면서 다양한 사람들을 만나 변형 자산, 특히 자신의 정체성을 정립하는 데 중요한 역할을 하는 다양한 네트워크를 형성하기 시작했다. 제인은 기존 조직의 불가피한 원칙이나 절차에 지배받지 않고 자신이 통제하는 여건에서 혁신을 시도하여, 새로운 실험을 하고 기술과 지식을 배우며 자신이 무엇을 잘하는지, 무엇을 하고 싶어하는지를 알려고 했다.

제인은 이 시기에 자신의 활력 자산을 형성하고 있었다. 제인은 세상을 돌아다니면서 극도로 열심히 일했지만, 특별히 균형 잡힌 삶을 살지는 못했다. 그러나 여행 도중에 제인은 함께 일하면서 잘 알게 된 좋은 친구들이 생겼다. 이러한 재생적 친구 관계는 제인의 인생 후반기에 중요한 투자였음이 밝혀질 것이다.

제인은 직업 생활의 초기 단계에서 과학 기술을 활용해 자신의 경험과 평판을 관리했다. 온라인에서의 자기 캐릭터, 제인이 형성했던 광범위한 네트워크, 제인이 추진했던 혁신의 성과는 모두 자신을 널리 알리는 계기가 되었고, 이는 미래의 직업 활동을 위한 발판이 될 것이다. 제인과 그녀의 친구에게는 온라인에서의 존재감, 네트워크가 앞으로 학교 졸업장만큼이나 중요하게 작용할 것이다. 이 시기에 제인은 남자친구를 몇 명 사귀었지만 이들 중 어느 누구와도 결혼 약속을 하지는 않았다. 제인은 확실히 옳은 선택을 하고 싶었다.

2033년의 제인: 이제 제인은 30대 중반이 되었다. 제인이 할 수 있는 선택은 무엇이 있을까. 한 가지는 사업을 계속 확장하면서 지속가능성을 높이는 것이다. 제인이 기업가의 길을 오래가고 싶다면, 이것은 좋은 선택이 될 것이다. 제인이 이것은 자기가 원하는 길이 아니라는 결정을 했다고 생각해보자. 그러면 제인이 가지고 있는 대안은 무엇인가.

제인은 앞으로 수십 년에 걸쳐 재정적으로 안정을 추구해야 한다고 생각했다. 지금까지는 무형 자산을 형성하고 인생을 즐기는 데만 몰두했지만, 이제부터는 이전 세대보다 오래 살아야 하는 자신을 위해 재정적인 준비를 해야 한다고 생각했다. 제인은 탐색의 단계와 독립적 생산자의 단계를 거치면서 많은 것을 즐겁게 배웠다. 제인은 이 두 단계를 통해 자기가 무엇을 잘하는지를 알았고, 혁신과 변화에서 성과를 거두었다. 대기업 임원들은 제인의 평판과 온라인에서의 존재감에 관심을 보였다. 그들 중에는 제인을 자기 회사로 영입하려는 사람들도 있었다. 그들은 제인을 식품과 엔터테인먼트 업계에서 경험이 풍부하고, 폭넓은 네트워크를 갖추고, 혁신을 하고, 고객의 니즈를 읽는 능력이 뛰어난 사람으로 판단했다. 그래서 사람들에게 널리 알려진 식품 회사 '이트웰EatWell'이 제인에게 접촉해왔다. 이 회사의 마케팅 담당 임원들은 제인의 웹사이트를 보고는 음식에 재미를 불어넣는 방식에 매료되었다. 그들에게는 온라인 사업을 확장하고 전 세계의 음식 이벤트를 기획하는 것이 우선적인 목표였는데, 제인이 이 두 가지 일에 적임이라고 생각했다.

혁신 경험과 업계 고객에 대한 지식을 바탕으로 제인은 대학교를 졸업하자마자 취업한 잭과는 다르게 월급을 많이 받고 비교적 높은 직위를 보장받을 수 있었다. 제인이 이런 선택을 할 수 있는 세상이 되려면, 우선 기업들이 변해야 한다. 기업들은 그들의 생태계에 누가 있는지를 능숙하게 파악하고, 가장 뛰어난 사람에게 다가가려고 해야 한다. 앞으로는 많은 기업들이 사내에서 빨리 승진하는 사람에게 의존하기보다는 사외의 폭넓은 네트워크에서 능력이 뛰어나고 창의적인 인재를 찾으려고 할 것이다.

이제 30대 중반인 제인은 기업 문화에 적응하려고 애쓰고 있다. 신생 기업에서 일하다가 대기업으로 옮겨간 많은 사람들처럼, 제인도 의사 결정이 늦고 관료주의적으로 접근하는 것에 짜증이 났다. 그러나 제인은 일을 해낼 준비가 되어 있었고, 몇 가지 해외 업무를 처리하여 연봉이 크게 올랐다.

이때가 바로 제인이 생산 자산을 계속 늘려야 하는 시기다. 명망 있는 신생 기업가라는 제인의 직업적 정체성이 대기업에서 일할 수 있는 사람으로 변하기 시작했다. 이 시기에 제인은 대기업에서 일하면서 지식과 전문성을 확충하고 있었다. 제인은 라틴아메리카에서의 경험이 지속가능한 공급 체인을 만드는 데 진정한 통찰을 준다는 사실을 깨달았다. 그래서 3일 동안 시간을 내어 이 주제에 관한 세미나에 참석했다. 여기서 제인은 다른 대기업과 NGO 사람들처럼 완전히 새로운 사람들을 만났다. 그리고 이트웰에서의 2년차에 새로운 사업을 제안할 수 있었다. 제인은 팀원들과 함께 아마존 유역과 르완다 산림 지대에서 새로운 음식 맛의 원천을 찾으려고 했다. 이 시절에 제인은 현장에서 실제로 일어나는 일을 경험하면서 아주 바쁜 나날을 보냈다. 제인은 지속가능성과 수송 문제에 관하여 농민들과 협력 사업을 벌이는 지역 NGO와의 유대를 강화했다. 제인은 꾸준하게 자신의 전문적인 평판을 쌓았는데 블로그 활동도 열심히 하고, 지속가능한 공급 체인에 관한 글도 쓰고, 컨퍼런스에 참여하여 강연도 했다.

이 시기는 제인이 활력 자산을 형성하는 때이기도 했다. 제인은 함께 여행을 다니던 어린 시절 친구와의 관계도 계속 유지했다. 제인은 또래의 다른 여성들과 마찬가지로, 결혼과 아이 갖기를 늦추었다. 그러나 이제 30대 중반에 이른 제인은 생물학적 시계가 똑딱거리는 소리를 느낄 수 있었다. 이전에 설명했듯이, 비록 수명은 길어졌지만, 가임 시기도 늦추어진 것은 아니었다. 제인의 친구들 중에는 20대 중반에 난자를 냉동 보관한 사람도 있었다. 제인은 그렇게까지는 하지 않았고, 이제 사생활에서 중요한 문제를 고민해야 했다. 제인은 예전

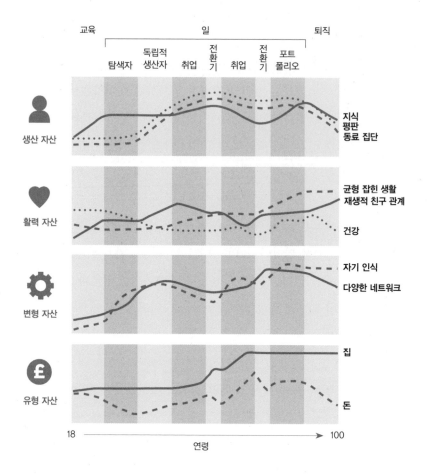

독립적
탐색자　생산자　취업　전환기　취업　전환기　포트폴리오

생산 자산 — 지식 / 평판 / 동료 집단

활력 자산 — 균형 잡힌 생활 / 재생적 친구 관계 / 건강

변형 자산 — 자기 인식 / 다양한 네트워크

유형 자산 — 집 / 돈

18 ———————————————→ 100
연령

표 5-2 5.0 시나리오에서의 자산 흐름

에 브라질 출장을 갔을 때 지역 NGO에서 일하는 조르지Jorge라는 남자를 만났다. 그는 지속가능성에 관심이 많았는데, 이내 두 사람의 사랑이 꽃피기 시작했다. 제인은 37세에 딸 릴리Lily를 낳았고, 2년 뒤에 아들 카를로스Carlos를 낳았다. 제인과 조르지는 젊은 브라질 출신 유모의 도움을 받으면서 가사를 분담했다.

2041년의 제인: 제인은 지난 15년 동안 열심히 일을 하여 성공한 삶을 살았지만, 회사에 불만을 느끼기 시작했다. 제인은 이미 높은 자리에 올라서 임원이 되었다. 그러나 새로운 CEO와 새로운 팀이 들어오고 나서는 더 이상 승진할 수 없다는 것을 깨달았다. 그래서 새로운 길을 모색했다. 세계 음식 분야에서 20년 동안 일을 해왔던 제인은 다른 일을 찾기 시작했다.

제인은 45세에 회사를 그만두었다. 어려운 결정이었다. 제인은 실업자 신세가 되었고, 이는 가정의 수입이 뚝 끊어지는 것을 의미했다. 남편 조르지가 아직 수입이 있었기에, 빠듯한 살림이지만 그럭저럭 버틸 수는 있었다. 제인은 이 시기에 자녀들의 공부를 봐주었고 많은 시간을 보내면서, 나이 든 부모와 이전에 하지 못했던 것을 하는 데 시간을 보냈다. 그러나 제인이 앞으로 몇 년 뒤에는 다시 일을 해야 한다는 사실을 깨닫기까지는 6개월밖에 걸리지 않았다. 제인은 일이 그리웠고 돈도 필요했다. 그러나 자신의 가능 자아에 관해 생각하고는 자신이 변화를 원한다는 사실도 깨달았다. 그렇게 제인은 첫번째 전환기에 접어들었다. 초기의 탐색 단계가 자신의 정체성을 알아가는 시기였다면, 이 단계는 자신이 어떤 사람인지를 재평가하고 자신의 미래에 관하여 생각해보는 시기였다. 제인은 친구들, 지인들과 만나 자기가 할 수 있는 일은 무엇인지를 생각하면서 다양한 선택들을 살펴보는 시간을 가졌다. 이때가 바로 제인이 자신의 변형 자산을 강화하는 시기였다.

이 시기는 제인이 여러 갈래 길 앞에 선, 다시 찾아온 결정의 순간이었다. 제인은 옛날처럼 회사를 설립할 수도 있었고, 포트폴리오를 형성할 수도 있었고, 대기업에 취업할 수도 있었다. 제인은 어떤 결정을 할까. 40대 중반에 접어든 제인은 돈을 벌 수 있는 중요한 기간이 다가왔다고 생각해서 시간을 투자해 저축을 하고, 주택담보 대출금을 갚을 수도 있다. 제인이 일을 다시 시작하면 제인처럼 휴식기를 갖기 위해 직장을 떠나게 될 남편 조르지를 부양하겠다고 결심할지도 모른다. 제인은 수입을 최대로 늘리기 위해 서치 컨설턴트search consultant●가 되기로 했다. 제인은 이 분야에서 일하는 사람들을 만나고 나서, 자신이 기업에서 일한 경험은 있지만 인간의 본성에 관한 통찰이 부족하다는 것을 깨달았다. 그래서 재교육을 받아 생산 자산을 강화하기로 결심했다. 제인은 2년 동안 온라인 코스를 수강하고 다른 대학교의 직업심리학 학위를 취득했다. 헤드헌팅 회사에서 일할 준비를 마친 제인은 호텔, 여행, 식품 분야의 인재를 찾아주는 탤런트파인드TalentFind라는 회사에 취업한다.

2046년의 제인: 48세가 된 제인은 서치 컨설턴트의 길을 가기 시작했고(5단계), 성공하기 위해 열심히 일했다. 이제 제인은 유형 자산을 축적하는 데 집중했다. 제인은 15년 동안 이 분야에서 직장을 여러 번 옮겼고, 60세가 되어서는 주요 헤드헌팅 회사로부터 임원 제의를 받았다. 지금까지 주로 생산 자산에만 집중하던 제인이 이때부터는 다른 자산에 집중하기 시작했다. 제인은 다른 사람들에게 조언과 지도를 해주면서 그들의 전문적인 네트워크에서 자기 역할을 강화했다. 그러나 제인은 활력 자산이 감소하고 있지만 이를 보충하기 위해 노력하지 않은 것을 깨달았다. 일은 고되고 힘들었다. 출장을 많이 다녀야 했고, 가족들과 함께 있을 시간이 별로 없었다.

● 인재를 발굴하여 기업에 추천하는 인재 전문가이다. 기업의 인재채용 정책 전반에 걸쳐 자문하며, 그 실행 방법에 대한 서비스를 제공한다.

2068년의 제인: 이제 금전적으로 성공해서 자산을 축적한 제인은 새로운 선택에 직면했다. 지금도 유형 자산을 계속 축적할 수 있었다. 그러나 지난 20년 동안 힘들게 일하면서 친구도 많이 못 만났고, 남편과의 관계도 소원해졌고, 건강도 나빠지기 시작했다. 이제부터는 쉬면서 자신을 위한 시간을 갖는 것이 좋겠다는 생각이 들었다. 제인은 활력 자산을 보충하는 데 집중하기로 했다. 이제는 아이들도 다 자라서 그들만의 탐색 단계에 접어들었으니, 조르지와 함께 지내기에 가장 좋은 때가 온 것이다. 그래서 두 사람은 70세가 되어 다시 여행을 떠나기로 했다.

2070년의 제인: 제인은 활력을 재충전하고 즐거운 마음으로 직업 생활의 다음 단계에 진입할 준비가 되어 있었다. 제인도 주변 친구들과 마찬가지로 일을 하고 싶었지만, 장시간의 격무와 무거운 책임감에 시달리고 싶지는 않았다. 이때부터 제인이 쌓아왔던 변형 자산이 전면에 부각되었다. 제인이 친구와 지인 들의 다양한 네트워크를 통해 네 가지 종류의 프로젝트를 찾는 데는 시간이 얼마 걸리지 않았다. 제인은 이러한 일을 하면서 가족의 생활 방식을 유지할 만큼 충분히 돈을 벌고 자신이 원하던 재미와 즐거움을 얻을 수 있었다. 또한 이때는 자신의 생산 자산을 공동체와 더 넓은 세상을 위해 집중할 시기였다. 제인은 몇 가지 요소를 가지고 포트폴리오를 개발했다. 1주일에 하루(그러나 1년에 30주)는 라틴아메리카의 거리의 아이들을 돕는 국제 자선단체에서 일하기로 했고, 또 하루는 중간 규모의 지역 소매 회사에서 비상임이사로 일하기로 했다. 그리고 2주마다 하루는 지역의 치안 판사로 봉사하기로 했다.

시간이 지나면서 제인의 포트폴리오는 변했다. 때로는 신경을 많이 써야 하는 일도 있었고, 그렇지 않은 일도 있었다. 그러나 일은 항상 자선 단체, 기업, 지역 사회 사이에서 균형을 이루었다. 제인은 85세가 되면서 이제는 정말 은퇴해야 할 때가 되었다는 생각이 들었다. 이 시기에는 손자, 증손자와 함께 시간을 보내고, 매년 그 아이들을 아마존 유역으로 데리고 가서 자기에게 중요한 추억이 되었던 장소를 보여주었다.

제인은 이처럼 오랜 기간 일을 하면서 돈을 많이 모았을까. 한 가지 궁금한 것은 제인이 평생 일을 하는 동안에 저축률이 얼마나 되어야 하는가이다. 이번 시나리오에서는 제인의 저축률을 계산하기가 좀 더 복잡하다. 제인은 85세까지 일을 계속했기 때문에 연금 생활 기간이 더 짧다. 그러나 생활비를 융통해야 할 전환기가 두 차례 있었고, 초기에 오랜 탐색기가 있었는데, 이 기간 동안에는 저축을 하지 못했다. 실제로 제인은 30대 중반까지는 수익을 얻는 일을 시작하지 않았다. 제인은 연금을 마련하기 위해서뿐만 아니라 이러한 기간의 생활비를 충당하기 위해서도 저축을 해야 했다. 따라서 우리는 여러 가지 가정을 해야 한다. 첫번째 가정은 제인이 20대와 30대 초반까지 여행을 하고 탐색을 하는 동안에 저축을 하지 않는 것이다. 그러나 이 시기에 제인은 생활비를 충분히 벌 수 있었기 때문에 이처럼 소득이 얼마 되지 않는 기간에도 빚을 지지 않았다. 이러한 가정을 토대로, 우리는 제인이 노후에 퇴직 전 소득의 50%를 연금으로 받고 전환기의 생활비를 충당하기 위해서는 일하는 동안(이트웰, 헤드헌팅 회사, 마지막 포트폴리오 단계)에 매년 10.9%의 저축률을 유지해야 하는 것으로 계산했다.[1]

이번 시나리오에서 우리는 제인의 직업 활동을 완만한 곡선에 가깝게 묘사했다. 물론 그밖에도 다양한 경로가 있을 수 있다. 제인은 다양한 업종 혹은 기업 내에서의 다양한 직위를 넘나들며 지그재그 모양으로 움직일 수도 있었다. 다섯번째 단계에서는 포트폴리오를 형성하기보다는 음식에 대한 애정 어린 관심을 기반으로 결정을 내릴 수도 있었다. 예를 들어, 남편 조르지와 함께 레스토랑을 차릴 수도 있었다. 혹은 요식 업종 내에서 예전의 경력으로 되돌아갈 수도 있었다. 그러나 이번에는 책임을 덜 지고 스트레스를 덜 받는 자리에서 일하려고 할 것이다.

이 모든 변화들이 또 다른 전환기들을 요구할 것이다. 그리고 저마다의 문제와 쟁점을 제기할 것이다. 그것은 지금까지 쌓아온 평판을 다른 업종에서도 유지하는 것일 수도 있고, 창업과 관련된 것일 수도 있다. 그러나 여러모로 볼 때, 가장 관심을 끄는 것은 최종적인 가능성이다. 기업 경력은 사람들이 나이가 들면서 올라가는 '사다리'와도 같다. 제인이 요식 업종 내에서 더 낮은 지위로 되돌아간다면, 기업의 규범을 깨뜨리게 될 것이다. 물론 이것은 제인이 생각하는 자신의 정체성과 고용주의 의식에 관하여 흥미로운 문제를 제기한다. 제인이 낮은 자리에 있으면서도 할 수 있는 일들은 많다. 제인은 자기보다 어린 사람들과 함께 지내면서 그들에게 코치 역할도 하고 롤모델이 되어줄 수도 있다. 제인도 그들에게서 많은 것을 배울 수 있다. 실제로 제인은 다시 젊어진 덕분에 활력 자산을 끌어올리고 즐거운 마음으로 오랫동안 젊게 살아갈 수 있다. 그러나 그의 직장상사는 이를 복잡하게 받아들일 수 있다. 자기보다 나이가 많고 경험도 많은 제인을 부하직원으로 두면 도움이 되기도 하지만, 때로는 불신과 우려를 낳기도 한다. 우리는 지금까지 많은 사람들이 기업의 사다리를 올라가려고 했지만, 앞으로는 내려가려고 하는 사람들도 많을 것이라고 생각한다. 100세 인생에서는 많은 사람들이 다양한 변화를 일으키면서, 앞으로 이러한 현상이 주요 화두가 될 것이다.

▌ 제인의 삶은 왜 다른가

우리는 지미의 삶과 마찬가지로 제인의 삶에 대해서도 시나리오를 그려보았다. 물론 제인이 추구하는 삶에는 분명한 위험도 있다. 예를 들어, 여행을 다녀오고 나서 독립적 생산자의 길을 가던 제인이 회사 생활에 정말 잘 적응할 수 있을까. 제인이 여행을 다니면서 즐거움을 느끼는 것뿐만 아니라 자기 회사를 설립하기 위해 기술을 배워나가는 데도 동기부여를 할 수 있을까.

우리는 학생들을 가르칠 때, 한 걸음 물러서서 자신의 가능 자아와 시나리오가 갖는 위험을 생각해보라고 한다. 그들에게 위험을 평가해보고 좌절을 극복하는 방법을 생각해볼 것을 주문한다. 우리는 지미와 제인을 위해 긍정적인 시나리오를 작성했다. 직장을 잃거나 이혼을 하거나 건강을 잃는 것처럼 좋지 않은 일에 대해서는 생각하지 않았다. 이처럼 부정적인 시나리오를 실험해 보는 것도 인생 설계의 중요한 부분이다.

그러나 한 가지 분명한 차이는 제인이 5.0 시나리오에서 성공하여 시련을 겪지 않더라도 여전히 많은 전환기와 변화를 경험할 것이라는 사실이다. 지미는 40대 중반에 변형 자산의 중요성을 깨달았는데, 그것이야말로 그가 자신의 출발점이라 생각했던 3.0 시나리오에서 벗어나는 진정한 전환이다. 이에 반해 제인은 처음부터 변형이라는 개념에 기반을 두고 미래를 설계했다.

또 한 가지 분명한 차이는 제인의 5.0 시나리오는 이처럼 오랜 세월을 살면서 활력을 유지해야 하는 과제를 부과한다는 것이다. 우리는 바로 이런 이유 때문에 제인이 현재의 생활에서 벗어나서 재충전을 하고 변화를 준비할 수 있도록 전환기를 두 개씩이나 두었다. 제인은 이러한 전환기에 자신의 네트워크를 확충하면서 변형 자산을 쌓고 자신의 정체성에 대하여 더 많이 생각해볼 수 있다. 우리는 수명이 길어지면서 자신을 재창조하는 시간을 갖는 것이 무형 자산을 보충하고 필요한 전환기의 기준을 달성하는 일반적인 방식이 될 것으로 생각한다. 제인은 여가 시간 중에서 많은 부분을 소비가 아닌 투자를 위해 사용해야 하고 전환기에 소요되는 생활비를 충당하기 위해 평소에 저축을 더 많이 해야 할 것이다.

이번 시나리오에서 우리가 강조하려는 또 다른 특징은 바로 정체성이다. 이제는 단계가 더 많아지고 경력도 다채로워지면서, 다양한 활동을 하나로 묶어주고 그 시나리오를 '당신의 시나리오'로 바꿔줄 튼튼한 실이 있어야 한다. 제인이 초기에 탐색기를 갖고 여행을 하는 것이 중요한 이유가 바로 여기에 있다. 제인은 자신이 누구인지, 어디에 가치를 두는지를 확실히 알았기 때문에, 여러 전환기를 거치면서도 연속성을 유지할 수 있었다. 제인은 자신의 과거와 미래에 대한 이야기의 연속성을 유지함에 따라 다음 단계로 넘어가는 과정에서 위험을 줄일 수 있었다.

4.0 시나리오와 5.0 시나리오에서 비롯되는 또 다른 쟁점은 늘어나는 단계와 전환기를 지탱하는 데 필요한 가족 관계다. 3단계 삶의

전형적인 고정관념 속에서, 잭은 직장에서 일을 했고 그의 아내 질은 가정과 가족을 돌보았다. 특히 잭의 관점에서 볼 때, 이것은 무형 자산과 유형 자산이 균형을 이루는 방식이었다. 이제 수명이 길어지면서, 퇴직 이후의 삶을 준비하고 전환기와 재창조 기간에 필요한 저축을 하기 위해서는 맞벌이 가정이 더 나은 선택이 되었다. 잭과 질은 각자가 전통적인 역할을 맡는 것이 훨씬 더 쉬웠기 때문에 두 사람의 인생 계획을 조정할 필요가 없었다. 맞벌이 가정에서는 무형 자산의 형성, 각 단계와 전환기의 배열을 면밀하게 조정해야 해야 하기 때문에 문제가 훨씬 더 복잡하고 어려워진다. 부부가 그들 삶의 부침을 계획하고 균형을 맞추게 되므로, 가정에서 변화와 전환기를 관리하려면 서로의 지원과 헌신이 요구된다.

마지막으로 잭과 비교하면 제인의 재정 상태는 변화의 폭이 상당히 크다. 3.0 시나리오에서는 잭의 재산이 처음에는 서서히 감소하다가 점차 증가하여 퇴직할 때 최고조에 이르렀다. 그러다가 퇴직 이후에는 다시 서서히 감소했다. 하나의 골짜기와 하나의 꼭대기가 있었던 셈이다. 그래서 잭의 경우에는 퇴직할 무렵에 소득이 가장 높다. 이에 반해 제인의 소득은 골짜기와 꼭대기가 여러 번 나타나는 산맥처럼 보인다. 그리고 각 단계마다 경사도가 크게 다르다. 그래서 제인의 경우에는 소득이 가장 높을 때가 퇴직하기 훨씬 전이다. 이 같은 사실은 제인이 연금을 마련하고 주택담보 대출금을 갚을 뿐만 아니라 소득이 없는 전환기에 대비하여 저축을 해야 한다는 것을 의미한다. 결과적으로 제인의 소득, 저축, 재산은 여러 번에 걸쳐 증가와 감소를 거듭하는 모습을 보여준다.

제인의 재무 설계가 복잡한 것은 자산이 변동적이기 때문만은 아니다. 제인의 삶에는 내려야 할 결정도, 찾아내야 할 변수도 많다. 제인은 고용되어 일하는 세 단계마다 각각의 상대적인 수입을 예상해야 하고, 전환기가 얼마나 지속될 것인지도 계산해야 한다. 그다음에는 50%의 연금을 받아야 하는 문제가 있다. 물론 이것은 퇴직 전 소득의 50%를 말한다. 그러나 이것이 합당한 가정일까. 실제로는 제인이 소득이 가장 높을 때 받는 월급의 50%가 되어야 하지는 않을까.

표 2-7 에서 알 수 있듯이, 연금이 퇴직 전 소득의 몇 %가 되어야 하는가는 재무 설계에서 커다란 차이를 일으킨다. 우리는 여기 나오는 시나리오에 따라 계산을 하면서 최대한 간단하게 시뮬레이션을 하려고 했다. 그러나 제인이 살아야 하는 다단계 삶에서는 가장 간단한 시나리오에서조차 가능한 선택이 많다. 이는 재무 설계를 실천하거나 검토하는 것을 더욱 복잡하게 만들었다. 우리는 바로 이런 이유 때문에 7장에서 100세 인생의 재정 문제로 되돌아갈 것이다.

우리는 여기 나오는 시나리오들을 규범적으로 설계하지는 않았다. 당신이 이 시나리오들을 반드시 따라야 하는 것은 아니다. 이 시나리오들에서 모든 것을 망라하려고 한 것도 아니다. 다단계 삶을 배열하는 방식에는 여러 가지가 있을 수 있다. 5.0 시나리오에는 선택을 기다리는 단계가 더 많이 있고, 이들을 배열하는 방식 또한 더 많다. 그리고 물론 각 단계에는 당신의 삶을 다른 길로 이끄는 위험이나 결과가 있을 것이다.

우리는 우리가 선택할 수 있는 삶을 더욱 자세히 살펴보면서 3단계 삶에 대한 분석에서 드러나는 비극적인 결말을 떨쳐버리고 싶었다. 삶이 길어지면서 3단계 삶은 확실하게 유지되지 못할 것이다. 그러나 그 자리에는 많은 기회가 있다. 우리는 여러 가지 시나리오들을 그려보면서 무형 자산과 유형 자산의 균형을 달성할 수 있음을 보여주고 싶었다. 물론 이러한 시나리오들은 그저 예에 불과하다. 우리 각자가 가능하고도 바람직한 삶이 무엇인지, 이러한 삶이 시나리오의 세부 내용에서 어떻게 전개되는지를 성찰해보아야 한다. 결국 우리의 상상력이 어떻게 전개될 것인지, 창의성이 어떻게 발휘될 것인지는 우리 각자에게 달려 있다. 우리는 다음 장에서 지미와 제인에 대하여 우리가 그려봤던 새로운 단계들을 더욱 자세히 살펴보려고 한다.

6장

단계
새로운 삶의 구성 요소

장수라는 선물은 궁극적으로는 시간이 주는 선물이다. 오랜 세월을 살다보면, 목적이 뚜렷하고 의미 있는 삶을 가꾸기 위한 기회가 있을 것이다. 바이올린 연주자 스티븐 내크머노비치Stephen Nachmanovitch는 이러한 생각을 창의성에 관하여 말하면서 다음과 같이 멋지게 표현했다.

당신이 오래 살 것이라는 믿음을 가지고 살아가면, 대성당을 건설할 것이다. 당신이 회계 분기별로 생각하면서 살아가면, 보기 흉한 쇼핑몰을 건설할 것이다.[1]

우리가 3단계 삶이라는 구속복을 벗어던지면, 유형 자산과 무형 자산, 가치의 하락과 축적이 균형을 이루는 삶을 가꾸어나갈 기회인 새로운 단계가 이미 부상하고 있는 것이 보인다. 100세 인생을 맞이하여 우리는 쇼핑몰이 아니라 대성당을 건설할 잠재력을 갖고 있다.

우리는 런던 경영대학원에서 경영학 석사 과정 학생들과 함께 새로운 단계에 관하여 논의할 때마다 이러한 잠재력을 경험한다. 이곳은 전 세계에서 학부를 갓 졸업한 젊은 학생들이 1년 동안 경영학의 기초를 배우기 위해 모이는 곳이다. 우리는 그들의 통찰력에 깊은 감명을 받곤 한다. 그들은 암묵적으로 새로운 단계를 알고 있으며, 이미 그 단계에 들어가고 있거나 들어갈 준비를 하고 있다. 실제로 그들 중에는 부모가 이 책을 읽고서 자신들이 무엇을 하고 있는지, 그것이 왜 의미가 있는지 이해하기를 바라는 이들도 있을 것이다. 그들은 자신이 하고 싶어하는 일에 대한 열정을 부모가 불온한 것으로 여긴다고 느꼈다. 실제로 그들 모두가 3단계 삶이라는 전통적인 모델을 뒤집을 계획을 가지고 있다.

우리가 지미와 제인에게 가능한 삶의 밑그림을 그려보았을 때, 수명이 길어지면서 삶이 재구성됨에 따라 인기 있는 선택으로 강력하게 등장한 단계들을 두 사람 모두 활용한 것으로 설정했다. 이번 장에서는 이 새로운 단계(탐색자, 독립적 생산자, 포트폴리오)의 목적과 특징을 더욱 자세히 설명할 것이다. 또한 우리는 다단계 삶에서 등장하는 다양한 형태의 전환기에 대해서도 살펴볼 것이다.

새로운 단계의 삶에 관한 이야기가 중요하게 들릴 수도 있지만, 이런 이야기는 예전에도 있었고, 대체로 수명과 관련되어 언급되었다. 인류 역사의 대부분은 아이와 어른이라는 두 가지 단계로 설정되었다. 그러다가 시간이 지나면서 아이와 어른의 경계가 변했다.[2] 그리고 20세기가 되어서 틴에이저[3]와 퇴직자[4]라는 새로운 두 가지 단계가 등장했다. 이제는 표준이 되어버린 이 두 가지 단계는 19세기가 끝날 무렵에 발생했고, 2차 대전 이후에 베이비붐 세대라는 잭의 코호트 집단에서 완전히 자리를 잡았다. 이 두 가지 단계의 등장으로 엄청난 규모의 사회적 실험이 뒤따랐고 정부 규제, 기업 정책, 사회적 행동에서 커다란 변화가 일어났다. 이제 우리는 21세기에도 이 새로운 단계가 전통적인 3단계 삶에 포함되기 전에 나타났던 것과 비슷한 규모의 사회적 실험과 변화가 나타날 것으로 예상한다.

이것이 바로 우리 모두가 대규모의 사회적 실험에 참여하는 이유다. 우리는 때로는 개인으로서, 때로는 가정, 친구들의 커뮤니티와 같은 집단의 구성원이 되어 새로운 방식의 삶을 가꾸고 다양한 길을 선택할 것이다. 이러한 다양성은 실험의 특징이라기보다는 100세 인생의 본질이다. 일단 사람들이 3단계 삶에서 다단계 삶으로 옮겨가면, 다양한 배열이 나올 것이고, 가능한 모든 단계를 전부 선택하는 사람은 없을 것이다. 앞에서 우리는 지미와 제인이 선택할 수 있는 시나리오의 일부를 그려보았다. 물론 그밖에도 다양한 선택이 있을 수 있고, 어떤 단계는 더욱 매력적으로 보일 수도 있다. 그리고 이들의 조합과 배열에서도 다양한 선택이 나올 것이다.

3단계 삶이라는 틀에서 보면, 실험은 위험하다. 관습에 얽매이지 않는 길을 가는 것은 기업의 입장에서 항상 의심스럽게 비쳐질 것이고, 당신의 경력에 지속적으로 영향을 미칠 것이다. 이제 100세 인생이 낳은 실험의 필요성을 고려하면 밀집 대형이 붕괴하더라도, 기업의 비판적인 반응은 덜할 것이다. 미국의 소설가 윌리엄 포크너William Faulkner는 『야성의 종려The Wild Palms』에서 '익명의 밀집 대형anonymous lockstep'에서 빠져나온 사람은 밟혀 죽을 위험이 있다고 했다. 이제 우리는 3단계 삶이 종식되고 밀집 대형이 붕괴되어 구조와 배열에서 새로운 실험을 하게 되면서 세상을 더욱 넓게 바라보게 될 것이다.

새로운 실험을 하고 다양한 배열을 추구하는 사람들이 등장하면서 나이와 단계를 동일시하는 태도는 사라질 것이다. 20세기에 틴에이저와 퇴직자라는 단계가 등장했는데 이는 나이에 따른 단계였다. 당신이 틴에이저가 되기 위해서는 젊어야 하고, 퇴직자가 되기 위해서는 나이가 들어야 한다. 새롭게 등장하는 단계는 나이와는 상관없는 다양한 특징을 지닌다는 점에서 상당히 매력적이다.

비록 우리가 여기서 집중하는 것은 새로운 단계의 등장이지만, 새로운 단계가 과거의 3단계를 대체하지는 않을 것이다. 과거의 3단계(교육, 일, 퇴직)가 불필요한 단계는 아니라서 개인의 선택 집합에서 사라지지도 않을 것이다. 열심히 일을 해서 금전적 자산을 형성하는 데 몰두하는 것이 중요한 시기는 여전히 있을 것이다. 실제로 긴 삶에서 돈을 덜 버는 단계가 있다면, 돈을 많이 버는 단계에서는 훨씬 더 열심히 일을 해야 할 것이다. 오늘날 대부분의 사람들이 두번째 단계에서 중단 없이 일을 하는 동안에도 휴식, 건강, 가정, 친구와 같은 소중한 무형 자산에 계속 집중한다. 아마도 다단계 삶에서는 이러한 무형 자산이 덜 중요하게 여겨지고, 초점은 훨씬 더 집중적으로 금전적 자산을 축적하는 단계에 맞춰질 것이다.

우리는 새로운 단계들을 추상적으로 설계하지 않았다. 오히려 이러한 단계들은 우리 주변에서 일어나는 일들과 새롭게 생겨나는 트렌드를 관찰한 결과로 추론한 것들이다. 우리가 새로운 단계들의 밑그림을 그려내면서, 개인과 사회가 더 늘어난 수명에 반응하는 방식들을 모두 포착해내지는 못했을 것이다. 그러나 우리는 새로운 단계가 전통적인 3단계 삶이라는 개념에서 부각되는 주요 결함에 대처하고,

장수라는 선물을 움켜쥘 수 있는 기회를 더 많이 창출하기 때문에 대단히 유용할 것으로 생각한다.

▌젊어짐

새로운 단계의 출현에서 가장 흥미로운 일 중 하나가 이러한 단계들이 나이와는 상관없는 특징을 지닌다는 것이다. 3단계 삶에서는 나이가 각 단계를 나타내는 분명한 지표이며, 나이와 단계가 통합되면 삶이 단순한 직선 형태로 진행된다. 스핑크스의 수수께끼가 말해주듯이, 우리는 아침에 네 발로 기고, 정오에는 두 발로 걷고, 저녁이 되어서는 세 발로 걷는다. 다단계 삶과 활동을 준비하는 다양한 방식으로, 나이와 단계는 더 이상 통합되지 않는다. 따라서 우리가 이번 장에서 설명하는 탐색자, 독립적 생산자, 포트폴리오 단계는 다양한 연령대의 사람들이 살아가는 다양한 방식의 삶과 관련이 있다.

나이와 단계가 분리되면서, 우리는 예전에 특정 나이와 관련된 특징이 널리 확산되는 모습을 볼 것이다. 특히, 다단계 삶은 모든 연령대의 사람들에게 젊음과 관련된 특징을 유지할 것을 요구한다. 그것은 젊은이다움과 적응성, 유희성과 즉흥성, 새로운 일을 감행할 능력을 의미한다.

젊은이다움과 적응성

수명이 길어지면서 고령화 현상이 나타난다. 이는 사람들이 오래 살면서 노인들이 많아지는 것을 말한다. 하지만 우리는 더욱 젊게 더욱 오래 사는 비결이 있다고 생각한다. 로버트 포그 해리슨Robert Pogue Harrison[5]은 이를 두고 젊어짐juvenescence 혹은 젊은이다움을 유지하거나 다시 젊어지는 상태라고 표현했다.

이러한 젊음은 어느 정도는 청소년기가 길어지는 것을 반영한다. 인간은 사회적으로나 경제적으로 타인에게 의존하는 기간이 길다. 청소년 단계가 길어지면서 나타나는 진화론적 장점은 교육 기간이 길어져서 성인들이 단순한 본능이 아니라 과거 세대에게서 배운 것을 기반으로 활동한다는 데 있다. 삶이 길어지면 이러한 교육 투자를 늘리는 것이 타당하다. 청소년 단계는 유연성을 갖는 시기다. 자신이 선택할 수 있는 것을 찾고, 어느 한 가지 선택에만 몰두하기보다는 다양한 가능성을 열어두는 시기다. 수명이 길어지면서 이러한 선택권은 더욱 가치를 지닐 것이고, 우리가 선택할 수 있는 것을 탐색하거나 창출하는 기간도 길어질 것이다.

당신의 할아버지 세대가 16~17세였을 때의 사진을 한번 보라. 사진 속의 사람들은 마치 인생 경험이 풍부한 사람처럼 심각한 얼굴을 하고 그들의 부모와 구분이 안 되는 옷을 입고 있을 것이다. 다음으로 1950년대 중반 청소년들의 사진을 보라. 얼굴도 옷도 훨씬 젊어 보일 것이다. 그들의 모습은 그 당시 새로운 사회 현상인 틴에이저 세대의 등장을 나타낸다. 이제 현재의 20대와 30대의 사진을 보라. 1950년대와 비슷한 현상이 일어나고 있지만, 연령대가 다르다. 우리는 이들에게서 1950년대 틴에이저 세대와 똑같은 젊음의 경험, 책임으로부터 자유로운 모습을 읽을 수 있다.

그러나 젊어진다는 것은 청소년기의 연장 이상의 의미가 있다. 모든 연령대의 사람들이 더 젊게 행동할 수 있고, 여기서 말하는 새로운 단계들이 이를 위한 수단이 되어줄 것이다. 다단계와 여러 개의 전환기를 살아야 하는 100세 인생에는 유연성과 적응성이 요구된다. 따라서 성인이 되어서도 청소년기의 특징을 유지하면 여러모로 도움이 될 것이다. 진화생물학에서는 성인이 되어서도 청소년기의 특징을 유지하는 것을 두고 니오터니라고 부른다. 진화론적 관점에서 보면, 청소년은 성인에 비해 적응이 빠르고 더 유연하다. 청소년들은 아직은 보수적인 시각, 고정된 습관을 지니지 않았고 어른들처럼 판에 박힌 행동을 하지 않는다. 대신에 그들은 적응성과 유연성을 지녔다. 강직한 태도, 고정된 습관은 변화에 대한 요구나 기회가 제한된 직선 형태의 3단계 삶에서 효력을 발휘한다. 다단계 삶을 살아야 하는 100세 인생에서 강직한 태도는 비생산적인 결과를 낳을 것이고, 젊게 사는 것이 더 가치 있는 특성이 될 것이다. 실제로 더 젊은이다움을 보여주는 것은 20대의 사진만이 아니다. 50대나 60대의 사진 또한 외모뿐 아니라 복장, 행동하는 방식에서도 당신의 할아버지, 할머니가 같은 나이였을 때보다 젊은이다울 것이다.

100세 인생은 또 다른 측면에서 더 큰 적응성을 요구한다. 나이와 단계가 분리되는 현상이 지속되면서, 다양한 연령대가 섞일 수 있는 엄청난 기회를 창출할 것이다. 지난 역사를 돌이켜보면, 나이와 단계는 동등하게 여겨졌고, 그래서 같은 연령대의 사람들은 비슷한 경험과 일상을 거치는 경향이 있었다. 더구나 3단계 삶이 명확해지면서 나이에 따른 경계는 더욱 뚜렷해졌다. 실제로 사회학자 군힐 하게스타Gunhild Hagestad와 페터 울렌베르크Peter Uhlenberg는 현대 서구 사회는 3단계 삶이라는 메커니즘에 따라 젊은이, 성인, 노인을 제도적으로 분리한다고 주장했다.[6] 이에 따라 현대 서구 사회는 나이와 단계를 강력하게 연결시키고는 그 연결 고리를 교육 제도, 작업 환경, 퇴직 제도에서 차례로 강화했는데, 이 모든 것이 각 연령 집단의 요구에 부응했다.

하게스타와 울렌베르크는 이러한 연령 분리 현상을 비난하면서, 그것은 노인에 대한 존경심을 떨어뜨리고 노인의 멘토 역할을 부정하며 젊은이가 사회에 기반을 잡는 데 어려움을 초래할 것이라고 주장했다. 따라서 다단계 삶의 가장 흥미진진한 효과는 나이와 단계의 연결이 끊어지면서 이러한 제도적인 연령 분리 현상을 대대적으로 개혁하는 것이라고 말할 수 있다. 다양한 연령대의 사람들이 함께 활동하면서 편안하게 섞일 수 있다면, 나이에 따른 고정관념도 사라질 것이다. 그러면 모든 사람이 젊은 사람들의 유연성과 호기심, 나이 든 사람들의 지혜와 통찰력을 가질 기회가 발생할 것이다.

유희성과 즉흥성

인간을 로봇이나 머신 러닝과 구분하는 것은 혁신성과 창의성, 유희성과 즉흥성에 있다. 오랜 시간 일에만 몰두하다보면, 직장상사에게 칭찬을 들을지는 몰라도 놀 시간은 거의 없다. 게다가 일이 창의성을 발휘할 시간을 대체하도록 설계되는 상황을 많은 사람들이 걱정한다. 우리는 이제 새로운 단계가 일에 대한 제도적인 관념에서 벗어나 유희성과 즉흥성을 발휘할 계기가 될 수 있는지를 살펴보기로 하자.

우리는 지미와 제인의 삶에서 이러한 계기의 일부를 보았다. 지미의 포트폴리오 시나리오의 특징은 그가 정말 흥미를 가질 만한 일을 하기 위해 즐거운 마음으로 전환기를 갖는 것이다. 지미는 자기에게 의미가 있는 일로 직업 생활을 채웠다. 또한 젊은 제인이 아르헨티나와 칠레를 여행하고 부에노스아이레스에서 거리의 시장을 배회하는 모습을 생각해보라. 제인은 샘과 함께 자기가 정말 하고 싶어하는 사업을 구상했고, 45세에는 자녀와 부모와의 관계를 돈독히 하기 위해 잠깐 동안의 전환기를 가졌고, 70세에는 자신의 젊은 자아와 나이 든 자아를 조화롭게 결합하여 흥미로운 아이디어와 일로 포트폴리오를 구성했다.

이때가 바로 우리 인간이 유희성과 즉흥성을 추구하는 순간들이다. 지미와 제인은 하루 종일 일만 하던 곳으로부터 해방되어 사기를 드높이고 싶었다.[7] 그들은 유희란 무엇을 하는가가 아니라 어떻게 하는가라는 사실을 깨달았다. 그들이 보내는 시간의 일부는 인류학자들이 사용하는 멋진 용어, 걸럼핑galumphing(언뜻 보기에는 쓸데없이 공을 들이면서 행동을 치장하는 것)을 위한 시간이었다.[8] 스티븐 내크머노비치는 이를 다음과 같이 표현했다.

우리는 걷는 대신 깡충깡충 뛰어다닐 때, 효율적인 길 대신 경치가 좋은 길을 걸을 때, 목적보다 수단에 관심이 있을 때, 걸럼핑을 한다. 이것은 낭비, 지나침, 과장, 경제적이지 못함을 의미한다.

제인은 자기 삶의 일부를 걸럼핑을 위해 보냈다. 온갖 종류의 조합을 실험하고, 행위의 즐거움에 빠져들었다. 제인이 가장 즐거운 시간을 보낼 때는 '왜'라는 질문 혹은 당장 무엇을 얻을 것인가 하는 질문을 하지 않았다. 제인이 이 시간에 값을 매긴다면, 이것은 더 이상 유희가 아니다. 제인은 여행을 가거나 여러 행위를 하는 데서 자신의 진정한 목소리를 찾고 있었고, 자신의 직관에 귀를 기울일 공간을 만들었고, 그다음에 이러한 직관을 즉흥적인 행위로 옮기고 있었다.

새로운 일을 감행할 능력

새로운 단계는 새로운 일을 감행할 기회를 창출한다. 그렇게 새로운 일을 감행하면 경험을 통해 배울 기회가 생긴다. 우리는 기본적으로 행위를 통해 배우는데, 이러한 새로운 단계는 우리가 어떤 행위를 하고 나서 그것이 어떤 느낌을 주는지를 곰곰이 생각할 수 있는 멋진 기회가 된다. 제인이 리우데자네이루의 거리를 걸을 때 어떤 느낌을 가졌을까. 두려움을 느꼈을까, 호기심을 느꼈을까. 제인이 지금 이 순간에 대한 인식을 계속 간직할 수 있다면, 심리치료 전문가 저넷 레인워터Janette Rainwater가 말하는 '자기 관찰에 대한 일상적인 기술routine art of self-observation'을 발휘할 수 있다.[9] 이는 한 개인이 평생의 시간을 어떻게 다스리는지에 대해 자신에게 질문을 하는 과정이다. 또한 시간이 소멸되고 마는 한정된 것이 아니라 삶을 살아가게 해주는 것이라고 긍정적으로 생각하는 방식이다. 이번 주제와 관련하여 사회학자 앤서니 기든스는 다음과 같이 말했다.

자기 삶을 책임지는 것은 위험을 수반한다. 왜냐하면 그것은 열려 있는 다양한 가능성에 직면하는 것을 의미하기 때문이다. 사람들은 필요한 경우에 과거와 완전히 단절하고 기존의 관습이 알려주지 않는 새로운 행위와 흐름을 고려할 준비가 되어 있어야 한다.[10]

이처럼 새로운 단계는 새로운 행위를 하고, 그 속에서 경험을 통해 배울 수 있는 기회를 제공한다. 기존의 관습과 판에 박힌 일들에 의문을 품고, 고정관념에 문제를 제기하고, 인생의 다양한 부분을 통합하기 위한 새로운 모델을 실험할 기회를 말이다.

▌탐색자가 되라

우리는 탐색 단계를 생각할 때면 흥분, 호기심, 모험, 탐사, 두려움을 떠올린다. 어느 한곳에 정착하지 않고 민첩하고 가벼운 상태를 유지하며, 쉽게 이동하기 위해 재정적으로 최소한의 생활을 유지한다. 이는 세상을 알기 위해 여행을 하고 자기 자신에 대해서도 알아가는 발견의 시기이다.

지금까지 항상 탐색자는 있었다. 탐색자란 탐사와 여행을 하고 새로운 경험을 얻고 3단계 삶에서 벗어나기로 한 사람들이다. 일부 국가에서는 고등학교 졸업 후 대학 입학 전까지의 1년을 의미하는 갭이어gap year라는 것이 이미 삶의 단계로서 자리를 잡았고, 이는 탐색자의 행동 양식에 꼭 들어맞을 수 있다. 그러나 우리가 말하는 탐색자는 이보다는 더 급진적인 삶을 사는 사람을 의미한다.

이러한 탐색은 미리 정해진 갭이어가 아니라, 새로운 단계를 연장한 것이다. 탐색자는 세상을 관찰하면서 거기에는 무엇이 있는지, 그것이 어떻게 움직이는지, 자기가 좋아하는 것은 무엇인지, 자기가 잘하는 것은 무엇인지를 알고자 한다. 탐색 단계는 일상적인 삶과 경험에서 벗어나는 것으로 시작된다. 그것은 새로운 도시로 가서 새로운 사람을 만나거나 어떻게 살아갈 것인가를 탐색하기 위해 새로운 나라를 여행하는 것이다. 효과적인 탐색은 여행자가 새로운 도시를 둘러보는 것과 같은 단순한 관찰이 아니다. 탐색은 제인이 라틴아메리카 지역을 돌아다니면서 거리의 음식 상인들과 관계를 맺고 그들이 일하는 방식을 적극적으로 알아내는 것과 같은 참여의 과정이어야 한다. 그리고 모든 탐색자들이 같은 목적을 갖는 것은 아니다.

일부는 질문에 대한 명쾌한 답을 얻기 위해 여행을 떠나는 조사자가 될 수도 있다. 그들은 목적지가 어디에 있는지를 알아내려고 한다. 비유를 하자면, 스탠리Stanley는 나일 강의 근원을 찾으려고 했다. 그와 그의 동료들은 어느 길로 가야 하는지는 몰랐지만, 목적지가 어디인지는 알고 있었다. 탐색자는 다음과 같은 질문을 하고서 길을 떠난다. 나에게 정말 중요한 것은 무엇인가, 나는 어디에 관심을 가지고 있는가, 나는 누구인가. 그들은 이런 질문에 대한 답을 얻기 위해 길을 떠난다.

이런 질문을 전혀 하지 않고 길을 떠나는 탐색자도 있다. 그들은 발견의 기쁨을 맛보는 것 외에 다른 목표는 없는 사람들로서, 모험가라 할 수 있다. 그들은 걸럼핑을 하고 있는 것이다. 그들은 이러한 모험을 통해 자신의 미래의 삶에 관한 이야기를 만들어갈 것이다(나는 무엇을 보았는가, 누구를 만났는가, 무엇을 배웠는가). 어떤 의미로는 이러한 모험이 인간의 진정한 본질(세상을 발견하기 위해 멀리 떠날 수 있는 놀라운 자유)이라 할 수 있다. 우리는 앞으로 100년 이내에 많은 사람들이 자기만의 모험을 떠나기 원할 것이라고 상상해볼 수 있다.

탐색은 다양하고도 진정한 실험을 추구할 때 효과가 있다. 제인은 라틴아메리카 지역을 돌아다니면서 다른 사람의 삶을 마주하고는 자신의 가치와 우선순위에 대하여 골똘히 생각했다. 또한 이러한 탐색의 시기에 자신의 네트워크를 다양하게 넓혀나갈 의지와 시간이 있었다. 제인은 자신의 네트워크에 더 많은 다양한 사람들을 받아들이면서, 미래의 가능 자아에 관하여 다양한 생각을 해볼 수 있었다.

탐색 단계에 있는 사람들의 심리는 흥미롭다. 탐색자는 자기 존재의 경계를 허물고 규범에서 빠져나와서 다른 사람들을 마주한다. 그들은 MIT 교수 오토 샤르머Otto Scharmer가 말하는 '시스템의 가장자리the edge of the system'에 서 있다.[11] 그리고 그렇게 함으로써 그들은 자신이 생각하는 가치에 불을 밝히고 있다.

단련의 장

가장 좋은 탐색의 기간은 단련의 장을 내포하고 있다. 리더십 연구자 워런 베니스Warren Bennis와 R. 토머스Thomas는 지도자들을 만나서 그들의 삶에 관한 인터뷰를 했을 때, 자의식이 강하고 도덕적으로도 존경받는 지도자들은 모두가 하나같이 단련의 장을 체험한 사실을 확인했다.[12] 그들이 다른 사람의 삶을 통해 고통과 고뇌, 기쁨과 환희를 온몸으로 느끼는 순간, 이런 체험은 그들 삶의 한 부분이 되었다. 어떤 의미에서 그들은 '다른 사람의 신발을 신고 걷고' 있었다. 이러한 단련의 장은 단순히 다른 도시에서 살아보는 것부터 난민촌과 같은 완전히 다른 환경에서 살아보는 것에 이르기까지 다양한 형태를 지닌다. 필립 머비스는 이러한 단련의 장이 미치는 영향을 유심히 살펴보고는, 이런 체험 자체가 대단히 중요하며, 세상을 바라보는 방식을 전환한 다음 개인적인 이야기를 공유할 기회를 만들기 위해서는 내적인 질문이 필요하다고 생각했다. 이 말은 질문을 하고 유심히 관찰하고 열심히 듣는 것을 의미한다. 이러한 체험은 사람들이 이처럼 심도 있는 질문을 통해 그들 자신의 가치관을 마주하고 정체성, 역할에 대하여 더욱 깊이 고민하게 만드는 계기가 된다. 또한 이러한 체험은 다른 사람의 이야기에 자기 자신의 이야기를 투영하는 계기이기도 하다.

장수는 변화와 변형을 의미한다. 바로 이런 이유 때문에 변형 자산이라는 중요하고 새로운 자산 범주가 등장한 것이다. 변형 자산은 단련의 장을 수반하는 상황에서 전면에 등장한다. 여기서 중요한 것은 단순히 책을 읽거나 웹사이트를 방문하는 것이 아니라 실제로 직접 대면하여 온몸으로 느끼는 것이다. 사람들은 이럴 때 인간이라는 존재의 전체적인 면을 볼 수 있다. 그것은 그들이 바로 그곳에 오게 만든 삶, 그들이 받고 있는 압박, 그들이 직면한 기회를 말한다.

언제라도 탐색자가 될 수 있다

누구든지, 나이와 상관없이, 언제라도 탐색자가 될 수 있다. 그러나 많은 사람들에게 탐색자가 되기에 가장 적합한 시기는 세 개의 연령대(18~30세, 40대 중반, 70세 혹은 80세 전후)가 될 것이다. 이러한 시기에는 인생의 전환기가 자연스럽게 나타날 것이고, 이때 그런 탐색의 시기가 더욱 주도면밀한 역할을 할 것이다. 삶을 자세히 살펴보고, 선택을 더욱 치밀하게 이해하고, 믿음과 가치에 대하여 더 많이 성찰하는 시간이 된다.

우리는 인생의 후반부에 탐색자가 되어서 믿기 힘들 정도로 다시 활력을 되찾는 경험을 할 수가 있다. 70대의 경우, 장수에 따르는 위협 요인은 틀에 박힌 생활을 하게 되는 것이다. 따라서 일상을 벗어던지고 모험가가 되는 것은 새로운 활력을 얻기 위한 좋은 방법일 수 있다. 사람들은 현재의 생활 방식에 의문을 품고 저 먼 곳에서 다른 선택을 찾으려고 하기 때문이다. 이것은 우리가 제인의 삶에서 보았던 모습이다.

40대 중반의 지미는 탐색의 시기에 더 집중해야 했다. 이 시기에 지미는 무형 자산이 점점 고갈되어가는 상태에서 현재 계획으로는 노후의 삶을 꾸려가기가 힘들다는 사실을 깨달았다. 그래서 지미는 시간을 내어 새로운 삶의 방식을 탐색하고는 많은 사람들이 다니는 길에서 빠져나오기 시작했다. 지미는 40대에 자신이 아주 긴 3단계 삶에 직면한 현실을 인식하고 탐색의 시간을 가졌다. 이 시기에 지미는 자신이 원하지 않는 일을 하고 있었고 자신이 원하는 일이 무엇인지에 대해서는 잘 모르고 있었다. 지미는 실험과 성찰을 하고 기존의 역할에서 빠져나오기 위한 시간이 필요했다. 그래서 지미(그리고 어쩌면 탐색의 시간을 가지려는 비슷한 연령대의 사람)에게는 이때가 바로 재교육이 필요한 시기가 될 것이다.

가장 확실한 탐색 기간은 사람들이 정규 교육을 마치고 30대 초반에 이를 때까지이다. 그들은 종종 조사자가 되어 자신에 대하여 더 많은 것을 알아가면서 자신이 누구인지, 자신이 무엇을 좋아하는지, 무엇을 잘하는지를 생각한다. 그리고 탐색은 발견을 위한 내적인 과정이라기보다는 외적인 과정이기 때문에, 자신을 시험하는 환경, 즉 자신에게 분노를 자극하거나 기쁨을 주는 환경에 직면하여 자신이 누구인지를 알아간다.

선택, 조사, 결혼

1단계를 마치자마자 회사 생활에 곧장 뛰어든 잭과 같은 사람들을 보면, 고용 여건이 변하거나 자신의 소질 혹은 열정과 무관한 일을 할 때도 인생의 초기에 결정한 전공 분야가 최종 선택이 되어버리고 마는 경우가 허다하다. 잭에게는 이런 사실이 그다지 중요하지 않았다. 그는 많은 선택에 직면하지도 않았고, 그의 삶에는 전환기도 별로 없었기 때문에 40년 동안 계속 일을 하기만 하면 되었다. 장수라는 선물을 받는 사람들에게는 잭보다 훨씬 더 많은 선택과 다양성이 주어질 것이고, 그들은 훨씬 더 많은 결정을 해야 할 것이다. 그리고 그들에게는 시간을 두고서 올바른 선택을 하는 것이 아주 중요하다. 그들은 미래를 내다보고 자신의 관심과 열정을 반영하는 교육 과정을 선택해야 한다. 또한 그들에게 가치있고 유의미한, 자신의 기술과 관심 분야를 반영하면서도 막다른 길로 이끌지는 않는 일을 찾아야 한다. 또한 그들의 가치를 믿고서 그들이 지식과 기술을 개발할 수 있는 여건을 제공하는 회사를 선택해야 한다. 자신에게 잘 어울리면서 자신과 함께 오랜 세월을 지낼 수 있는 배우자를 만나야 한다. 또한 가능하다면 자신과 잘 어울리고 자신의 기술이나 일하는 방법을 보완해줄 사업 파트너를 만나서 함께 일하는 것이 좋다.

100세 인생에서 훌륭한 배우자를 만나는 것은 아주 중요하다. 이는 배우자와의 관계가 오랫동안 지속되기 때문이다. 또한 배우자와의 만남이 앤서니 기든스가 말하는 탈전통사회post-traditional society에서 이루어지기 때문이기도 하다. 이러한 사회에서는 옛날의 결혼 중매 관습이 점점 사라지고 있다.

선택 중에는 나중에 훌륭한 선택으로 판명되는 것도 있고, 그렇지 않은 것도 있을 것이다. 그리고 삶이 길어지면서 좋지 않은 선택과 실수에 따르는 비용이 더욱 커질 것이다. 바로 이런 이유 때문에 제인이 자신의 선택을 탐색하기 위해 시간을 보내는 것은 전혀 놀라운 일이 아니다. 길어진 삶에서는 자기에게 맞는 파트너를 찾는 일이 더욱 중요해졌다(생활 방식이든 직업 활동이든 결혼이든 상관없이 말이다). 그리고 물론 잘못된 파트너를 만나는 데 따르는 비용은 더욱 커졌다. 100세 인생에서는 "결정을 서둘러서 하면 두고두고 후회한다"는 옛날 속담이 강력한 좌우명으로 자리 잡을 것이다.

제인과 제인 세대의 사람들에게는 자신에게 맞는 파트너를 찾고 자신의 정체성을 가꾸어가는 일이 아주 중요해졌다. 그들은 이를 위해 선택을 신중하게 할 것이다. 제인이 속한 코호트 집단에 관한 이야기가 많은데, 이들은 '밀레니얼 세대'라고도 하고 'Y세대'라고도 일컬어진다. 이런 이야기 중에서 상당 부분은 상투적인 것이거나 Y세대의 욕구를 지나치게 일반화한 것이다.[14] 우리에게 제인 세대를 실제로 구분 짓는 것은 그들이 태어난 시대의 특별한 환경이 아니라 그들이 100세 인생을 실제로 인식하고 이에 따라 계획을 수립하는 첫번째 세대라는 점이다. 이 세대에게 선택, 배우자 찾기, 개인의 정체성은 잭의 세대와는 다른 쟁점이고, 그들이 보여주는 반응은 그들 세대만의 반응이라기보다는 다음 세대가 그들의 행동을 따른다는 점에서 사회적 개척자의 반응이다.

우리는 탐색의 시기가 선택을 이해하고 가장 적합한 배우자를 찾는 데 중요한 시기라고 보았다. 그러나 탐색에는 실패의 위험이 따른다는 사실을 부정할 수는 없다. 존 프랭클린John Franklin과 그의 선원들은 북서항로 개척에 실패했고, 스콧Scott의 탐험대는 남극에 이르지 못했다. 이러한 이유 때문에 우리는 모든 사람이 탐색의 시기를 거쳐야 한다고 생각하지는 않는다. 자신의 정체성을 잘 알고 자신의 강점과 선호를 정확하게 인식하는 사람이 있을 수도 있다. 이들에게는 자신의 목표를 추구하기 위한 열정을 쏟는 것이 최선의 선택일 수 있으며, 탐색 기간은 오히려 혼란만을 부추길 것이다. 아마 다른 사람들은 위험을 기피하고, 금전적인 목표를 갈망하며 학교를 졸업하자마자 평범한 직장인으로 살아가려고 할 것이다. 그럼에도 또 다른 사람들에게는 여전히 이 기간이 삶을 변화시키는 단계가 되기도 할 것이다. 그러나 탐색의 단계가 실천과 발견의 시기가 되어야만 그것이 가능할 것이다. 탐색의 단계는 가만히 앉아서 아무것도 하지 않는 시기가 아니며, 학생의 갭이어를 연장시킨 버전도 아니다. 탐색의 단계는 성찰과 계획으로부터 진정으로 무엇인가를 얻는 시기이며, 이러한 추진력이 없이는 투자와 갱신이 아니라 자산의 가치 하락과 쇠퇴의 위험이 있다.

▍독립적 생산자가 되라

전에 없던 형태의 기업가 정신을 창출하고 새로운 패턴의 파트너십과 기업을 구축하는 경제 활동의 새로운 단계가 등장하고 있다. 이러한 단계는 사람들이 평범한 직장 생활을 그만두고 자기 사업을 시작할 때 나타난다. 이는 탐색의 단계와 마찬가지로 특정한 연령 집단에서만 한정되지 않는다. 사람들은 인생의 여러 시점에서 독립적 생산자가 될 수 있다. 그들은 직장을 찾는 사람이 아니라 직장을 창조하는 사람이다.

팝업과 시제품화
물론 기업가는 예로부터 항상 있었다. 우리가 기업가가 아니라 독립적 생산자라고 말하는 것은 이것이 규모와 포부를 반영하기 때문이다. 대체로 독립적 생산자들은 성장과 번영의 단계를 거치다가 매각되는 지속적인 기업을 설립하는 데 목표를 두지는 않는다. 그들은 일시적으로 존재하는 사업체를 설립하려고 한다. 그들 중에는 순간을 포착하여 팝업형으로 아주 짧은 기간 동안만 문을 열었다 닫으려고 하는 사람도 있을 것이다. 팝업형의 경우에는 결과보다는 행동 그 자체가 강조된다. 즉 매각보다는 시작 자체가 중요하다. 거기에는 앞서 젊음에 대해 언급한 것처럼, 유희성이 있고 경험적인 특징이 있다. 따라서 그들은 법인을 설립하여 금전적 자산을 축적하기보다는 제품 생산, 서비스 창출, 아이디어 개발 등 독립적이고 생산적인 일을 하는 데 시간을 기꺼이 투자하려고 한다. 그리고 이런 일은 직업 생활의 어떠한 단계에서도 할 수 있다. 지미와 제인의 삶에서는 이러한 독립적 생산자의 시기가 중요한 역할을 한다. 그리고 이러한 시기에는 유형 자산이 부족하더라도 무형 자산을 개발하는 측면에서 풍요로운 삶을 누릴 수 있다.

많은 독립적 생산자에게 이때는 효과가 있는 것은 무엇이며, 효과가 없는 것은 무엇인지를 배워가면서 신속하게 실험하는 시기다. 오토 샤르머는 이러한 활동을 표현하기 위해 시제품화prototyping라는 용어를 사용했다.[15] 그의 관찰에 따르면, 이러한 활동은 더욱 깊이 배우기 위하여 집중력이 고조된 상태에서 시제품화의 신속한 순환 과정을 경험할 때 효과가 가장 크다. 대체로 독립적 생산자 단계는 아직은 완전한 생산 활동이 아닌 시제품 활동으로 시작된다. 직업 활동을 이미 하고 있는 사람들은 이러한 시제품 활동이 직업 활동과 병행하는 경우가 많다. 자신이 먼저 무슨 일을 해야 할지를 완전히 알아내야 했던 때보다 훨씬 더 신속하게 그 일을 향해 옮겨갈 수 있기 때문이다. 시제품화의 순환 과정이 진행되는 동안에는 직관이 중요하고, 독립적 생산자는 가능성을 보는 안목이 넓어진다. 이러한 시제품화의 신속한 순환 과정은 꾸준히 피드백을 일으키는데, 이것은 자신의 프로젝트를 성공적으로 추진하기 위한 아이디어를 발전시키려는 사람에게 도움을 준다.

생산을 통해 배운다

독립적 생산자 단계는 전문성을 쌓고 배우고 생산하는 기간이다. 이러한 단계를 살아가는 데 필요한 돈을 버는 것은 중요하고도 타당하지만, 이 단계에서 금전적 자산을 많이 축적하는 일은 드물다. 이 시기에는 생산을 통해 배우는 것이 우선이다.

비판적으로 보면, 이 단계는 실패가 벌어지는 플랫폼을 제공할 수도 있다. 비교적 책임이 덜한 시기이기 때문에, 심각한 결과에 대하여 걱정하지 않고 실패를 경험하기에 아주 좋은 시기다. 또한 독립적 생산자 단계가 내포하는 기업가적 특성 때문에 직접 해보면서 유용한 것을 많이 배울 수 있다. 당신은 생산 활동에 필요한 자금과 자원을 동원할 수 있는가, 당신 주변에는 자금을 빌려주고 당신이 첫발을 뗄수 있도록 지원과 조언을 아끼지 않는 사람들이 많이 있는가. 이 모든 것들이 일의 관점에서 투자해야 할 훌륭한 무형 자산들이다. 대체로 이러한 무형 자산은 다양한 업종과 미래의 일자리에 널리 적용되는 실용적이고 일반적인 기술이 될 수 있다. 따라서 이러한 무형 자산이 학습을 통해 얻는 학문적인 지식에 기반을 둘 수도 있지만, 때로는 이것이 경험을 통해 얻어지는 자산이기 때문에 깊은 통찰력을 전해줄 수도 있다.

누군가가 직업 생활의 초기에 독립적 생산자가 되었다면, 이 상황은 양면성을 띨 수가 있다. 즉 로마 신화에 등장하는 야누스처럼 앞과 뒤를 동시에 보는 것이다. 여전히 교육과 실용적인 학습의 한 가지 형태라는 점에서 뒤를 보는 것이고, 기존 분야의 일자리를 찾아나서기 전에 업적을 쌓는 중요한 시기가 될 수 있다는 점에서 앞을 보는 것이다. 이 경우에는 업적을 쌓고 좋은 평판을 얻는 것을 크게 강조한다. 이것은 어느 학교를 다녔고 어떤 자격증을 땄는지를 기록하는 예전의 직선 형태의 이력 이상의 것이다. 다시 말하자면, 이 상황은 다양한 형태로 이루어진 평판을 관리하는 시기다. 무엇을 성취했는가, 무엇을 경험했는가, 어떠한 네트워크를 구축했는가, 다른 사람과 공동으로 창조하고 협력한 것은 무엇인가.[16]

독립적 생산자가 되는 것은 생활 방식에 대한 선택 혹은 노후에 금전적 자산을 보존하는 수단이 될 수도 있다. 예를 들어, 55세 이상에서 기업가의 길을 가는 사람들이 크게 증가했다. 2014년 현재 전체 기업가 중에서 이러한 연령 집단이 26%를 차지한다. 1996년의 15%에 비하면 엄청나게 늘어난 수치다.[17] 우리는 70대나 80대에 기업가가 된 사람도 많을 것으로 생각한다. 일부는 전일제로 일을 할 것이고, 또 다른 일부는 포트폴리오를 구성할 것이다. 어떤 사람들은 흥미와 관심을 가질 만하고 다른 사람들에게 유산이 될 수 있는 것을 만드는 데 자신의 시간과 에너지를 쏟을 것이다. 자기 자신을 관리하며 적극적으로 일하는 것은 자신의 생활 방식을 유지하기 위한 훌륭한 선택이며 이는 자신의 활력 자산과 생산 자산을 뒷받침해준다. 독립적 생산자들은 이 길을 가는 동안에 유형 자산을 최소화하려 할 것이고,

그들의 수입(순지출)은 먹고살 만큼은 될 것이다.

창조적인 클러스터

독립적 생산자는 이미 18~30세 연령 집단에서 삶의 단계로 부상하고 있다. 여기서 한 가지 흥미로운 사실은 그들 중 많은 사람들이 서로에게 배우기 위해서 대체로 스마트 시티 주변에 모여 클러스터를 이루고 살아간다는 것이다. 틴에이저들이 독립된 코호트 집단으로 등장했을 때, 그들은 마케터에 의해 처음으로 포착되었다. 그들은 독특한 소비 형태를 지닌 집단이었다. 이 연령 집단의 경우에는 중요한 한 가지가 더해졌는데 그들끼리의 교류가 소비뿐만 아니라 생산을 중심으로 이루어졌다는 점이다. 그리고 그들은 도시와 마을에서 클러스터를 이루면서, 일과 삶이 조화를 이루는 그들만의 독특한 생활 방식을 정의하기 시작했다.

과거의 기업가들은 자신의 지적 재산권을 빈틈없이 지키려고 했지만, 독립적 생산자들 사이에는 이 생산 단계에서 자신의 아이디어를 공유하는 것이 훨씬 강조되고 있다. 복사와 복제는 찬사의 의미로 자리를 잡았고, 저작자에 대한 평판을 드높이는 것이 되었다. 복사와 복제는 콘셉트를 검증하기도 하지만, 하나의 아이디어, 제품, 기업의 콘셉트를 모호하게 만들기도 한다. "모두가 참여한다"는 정신은 바로 협력을 기반으로 하는 고부가가치 네트워크의 본질이다. 이러한 네트워크의 중심에 있으면서 그 구성원들과 잘 접속되어 있거나 새로운 아이디어의 창시자로 인정받는 것은 평판을 드높이고 다음 단계에서 금전적 혜택을 얻을 수 있는 훌륭한 무형 자산이다.

성공을 위한 투입과 성공의 척도로서 접속 가능성에 집중하는 이러한 현상은 스마트 시티가 성장하고 독립적 생산자들의 클러스터를 끌어들이는 이유를 설명한다.[18] 비록 사람들은 캘리포니아 주의 실리콘밸리, 런던의 실리콘 라운드어바웃, 인도의 방갈로르, 중국의 청두와 같은 과학기술 클러스터의 독립적 생산자에게만 관심을 기울이지만, 이제는 독립적 생산자 단계가 훨씬 더 광범위하게 영향을 미치고, 앞으로는 클러스터가 훨씬 더 많이 형성될 것임이 분명하다. 독립적 생산자 단계가 반드시 필요한 실험 단계가 될 것이기 때문에, 이러한 클러스터는 더욱 중요해지고 널리 보급될 것이다. 독립적 생산자는 원격이나 디지털 방식으로 생활하는 것으로는 쉽게 성과를 낼 수 없다. 도시 집중 현상이 중요한데, 저소득 단계이기 때문에 싸지만 중심지에 있는 장소를 찾는 데 집중할 것이다. 물론 결과적으로 이러한 도시 지역에서 독립적 생산자들의 남다른 생활 방식이 하나의 추세로 자리를 잡을 것이다. 독립적 생산자들답게 일과 놀이의 구분이 모호해지고, 가정, 사무실, 사회 활동 공간이 같은 지역에 위치할 것이다. 또한 자산 형성에 몰두하는 단계가 아니기 때문에 자동차보다는 자전거가, 사무실보다는 커피숍이 더 많이 눈에 띌 것이다.

독립적 생산자들의 이러한 물리적 클러스터는 체험 학습, 실험 공간, 결혼과 사업의 파트너를 찾으려는 사람들, 실험에 초점을 두고 무형 자산에 투자하려는 사람들을 끌어들일 것이다. 그들은 공식적 형태보다는 비공식적 형태의 경제 활동을 원할 것이고, 신속한 시제품화와 아이디어 개발을 위해 급속하게 발전하는 기술을 활용할 것이다. 그들의 작업은 간결성이 특징이다. 그런 만큼 일시적이고 오래가지 못한다.

평판과 평판 관리

독립적 생산자는 일을 벌이면서 이를 통해 실행 능력이 있고 장애물을 뛰어넘을 수 있는 사람이라는 평판을 얻는 데 힘써야 한다. 이 시기에 얻은 평판은 인생의 다음 단계에서 중요한 무형 자산이 될 수 있다. 그들이 했던 일을 설명하는 웹사이트, 그들이 승리했던 해커톤 hackathon*, 트위터나 유튜브 활동은 모두가 그들의 아이디어와 능력을 세상에 알리는 역할을 한다. 아이디어를 얻기 위해 그들의 생태계를 들여다보는 기업들의 눈길을 끌 수 있는 것이 바로 평판이다.

독립적 생산자에게는 능력을 쌓고 관리하고 이를 널리 알리는 것이 무척 중요하다. 정규 교육을 통해 배우는 지식과 기술도 많지만, 동년배나 멘토를 통해 경험적으로 배우는 것도 많다. 독립적 생산자의 길을 가는 사람들은 이 두 가지 종류의 기술과 지식의 조합을 창출하면서도 미래의 고용주 혹은 지인에게 자신이 배운 것을 어떻게 알릴 것인지를 고민해야 한다. 물론 그들이 관여했던 소셜 미디어가 그들의 경제 활동의 발자취를 뚜렷하게 남길 것이지만, 업적을 좀 더 공식적으로 알리는 방법을 찾기 위한 실험이 틀림없이 있을 것이다. 우리가 이 글을 쓰고 있는 시점에, 링크드인LinkedIn이 방송 기술 플랫폼의 역할을 하고 있는데, 우리는 이것이 다른 혁신과 결합할 것으로 생각한다.

또한 앞으로 교육 기관들이 지금은 특정한 과정에서 다루지 않는 지식과 기술에 대한 자격을 부여하기 위하여 평가 방식을 개발할 것이다. 따라서 독립적 생산자들은 기업가적인 활동을 시작하고 강좌에

● 마라톤을 하는 것처럼 정해진 시간 동안 해킹을 하는 프로그램 마라톤.

참석하거나 대규모 온라인 공개강좌massive open online course, MOOC 에 등록해서 특정 분야에 대한 능력을 인정받는 자격을 취득하기 위해 시험을 치를 수도 있다. 이는 필수적이다. 체험 학습은 상당히 효과적이지만, 정확하게 말해서 체험을 기반으로 하기 때문에 기록으로 남기기가 어렵다. 독립적 생산자에게는 사업을 하면서 금전적으로 성공하는 것만이 성공의 지표가 되어서는 안 될 것이다. 따라서 무형 자산의 획득을 입증하기 위한 방법을 찾는 것은 반드시 필요할 것이다.

또한 이것은 대기업을 상대로 평판을 쌓는 데도 중요하게 작용할 것이다. 앞으로 기업은 유능한 독립적 생산자들을 찾아서 전일제 직원이나 파트타임 직원으로 활용하는 것을 포함하여 그들과 다양한 관계를 맺고 때로는 그들의 지적 재산 혹은 기업 자체를 사들이기 위하여 기민하게 움직일 것이다.

가벼운 마음으로 여행한다

탐색자와 독립적 생산자 단계에서는 주로 무형 자산에 대한 투자(특히 변형 자산)가 이루어진다. 그래서 이 시기에는 금전적으로 늘 힘들 것이다. 바로 이런 이유 때문에 공유 경제를 위한 기술 개발이 관심을 끌고 있다.[19] 공유 경제는 사람들이 자산이 별로 없어도 버틸 수 있게 해주거나 자산을 축적하기 위해 소득을 발생시키는 훌륭한 방법이다. 에어비앤비, 심플리스트Simplest, 리프트Lyft, 도그베이케이 Dogvacay와 같은 공유 플랫폼은 모두가 사람들이 형성해놓은 자산을 공유하는 경제의 등장을 보여주는 예다. 따라서 사람들은 재정적으로 중요한 결정을 뒤로 미룰 수 있고, 이러한 결정을 아예 하지 않을 수도 있다. 집이나 자동차를 사려면 돈이 많이 들기 때문에 주식을 사고 재정적인 노력을 기울여야 한다. 신용을 확보하거나 현금으로 구매하기 위해서는 믿을 만한 급여를 증명해야 한다. 선택이 중요한 삶의 단계에서 이러한 지출은 바람직하지 않다. 더욱 나쁘게 보자면, 이러한 자본 상품을 구매하는 것은 돈이 많이 들 뿐만 아니라 그들의 능력치에도 문제를 일으킨다. 당신이 자동차를 구매하더라도 그것을 항상 사용하지는 않을 것이다. 따라서 돈을 신생 기업에 투자하지 않고 놀려두는 꼴이다. 당신이 집을 구매하고시 탐색의 단계에 여행을 떠나면, 집에 들어간 돈으로는 아무것도 하지 못한다. 공유 경제는 사람들이 이미 구매한 집이나 자동차로부터 소득이 발생하도록 하여 이러한 능력치의 문제를 해결하고, 직장에 매달리거나 돈을 모으지 않고도 그 자산이 주는 혜택을 누릴 수 있도록 한다.

▎포트폴리오를 형성한다

사람들이 한 가지 일에만 집중하는 때가 있을 것이다. 예를 들어, 회사에서 중요한 역할을 하거나 회사를 설립하거나 탐색을 하거나 정규 교육을 다시 받는 일을 말한다. 또한 여러 가지 일들을 동시에 추진하는 때도 있을 것이다. 이러한 때에는 다양한 유형의 포트폴리오를 형성하여 이들을 동시에 추진하게 된다. 이러한 때는 다른 새로운 단계와 마찬가지로 나이와는 상관이 없다. 생산 활동을 하는 동안에 언제라도 포트폴리오를 형성할 수 있다. 어떤 사람에게는 이러한 때가 탐색과 실험을 적극적으로 추진할 것을 선택하는 시기일 수도 있고, 다른 사람에게는 의미 있는 일자리를 구하기가 어려워서 이러한 상황으로 내몰리는 시기일 수도 있다. 그러나 이론적으로는 포트폴리오를 형성하는 것이 나이와는 무관하게 가능하다고는 하지만, 우리는 이것이 이미 기반을 잡은 사람에게 특히 매력적인 선택일 것으로 생각한다. 우리가 기업의 간부들에게 100세 인생에 관하여 이야기하고 나서 각자의 미래의 삶을 떠올려보라고 하면, 그들 중 대다수가 장기 전략의 핵심으로 포트폴리오를 형성할 것이라고 말한다. 그들은 다양한 일들의 균형을 적극적으로 꾀하려고 하는데, 일부는 돈을 버는 데 중점을 두었고, 또 다른 일부는 가족들을 돕거나 취미 생활을 즐기면서 공동체와의 관계를 형성하는 데 중점을 두었다.

기술과 네트워크를 잘 갖춘 사람에게는 이처럼 고부가가치의 포트폴리오가 훌륭한 선택이 된다. 그 중심에는 돈을 버는 일이 있다. 아마도 그들은 1주일에 하루나 이틀을 과거에 했던 일과 관련된 일을 할 것이다. 예를 들어, CEO 출신이라면 이사회 임원을 맡을 것이다. 회사의 간부 출신이라면 예전의 경험과 기술을 활용하여 회사에서 일정한 역할을 맡으면서 과거에 했던 일을 이어갈 것이다. 그러나 평범한 직장에서 일을 열심히 하고 나면, 인생을 즐기거나 사회에 봉사하거나 친구들과 더 많은 시간을 보내고 싶은 마음이 생기게 마련이다. 따라서 포트폴리오는 다음 세 가지 측면에서 균형을 이루게 된다. 첫째, 지출을 맞추거나 저축하기 위해 돈을 번다. 둘째, 과거의 경력을 활용하여 파트타임 일자리를 가지면서 평판, 기술, 정신적 자극을 유지한다. 셋째, 배움을 넓혀서 목적 의식을 가질 수 있도록 새로운 역할을 개발한다. 따라서 포트폴리오 단계에서는 필연적으로 다양한 동기가 생기는데, 금전적 자산을 형성하고 탐색을 하고 활력과 자극을 유지하려는 것뿐 아니라, 계속 배우면서 사회에 기여하려고 한다.

과거를 지렛대로 삼는다

포트폴리오 인생은 아주 신나는 삶이 될 수 있다. 우리가 장수하게 되면서, 과거를 계속 반복하는 따분한 삶을 살 가능성이 많아졌다. 그래서 우리는 다양성을 추구하려고 한다. 이는 대단히 매력적인 제안이지만, 몇 가지 짚고 넘어가야 할 것들도 있다. 이 단계를 설정하는 것이 얼마나 쉬운 일인가. 이 단계를 통과하는 것이 얼마나 어려운 일인가. 그러면 포트폴리오 단계를 그려보는 사람들 중에서 얼마나 많은 사람들이 이를 실천에 옮길 것인가.

문제는 우리가 오래 살면서 습관도 그만큼 깊이 뿌리를 내린다는 것이다. 어떤 사람이 포트폴리오 단계로 성공적으로 이동했다면, 그 사람은 여러 직책을 축적하는 것이 아니라 자세를 바꾸고 핵심역량을 개발하는 것이 자신의 경력이라고 보았기 때문에 그렇게 된 것이다. 전일제 직원으로 일하는 단계에서 포트폴리오 단계로 넘어가려면, 일하는 방식뿐만 아니라 정신적으로도 유연성과 민첩성을 지녀야 한다. 왜냐하면 전통적인 3단계 삶에서 두번째 단계는 이러한 준비를 항상 잘할 수 있는 시기가 아니기 때문이다.

포트폴리오 단계로 넘어가는 데 성공한 사람들은 전일제 직원으로 일하는 동안에 미리 준비를 하고 소규모 프로젝트를 통해 실험을 한 덕분이다. 그들은 관심이 가는 프로젝트를 가지고 실험을 시작하고 자신이 그리는 포트폴리오 인생을 사는 사람들을 롤모델로 삼아 따라하면서 회사 내부의 네트워크에서 외부의 다양한 네트워크로 중심을 옮겨갔다. 이 지점에서 그들의 변형 자산이 아주 중요하다. 이러한 네트워크가 확장되면서 그들은 다양한 영역의 사람들과 관계를 맺기 시작하고, 여러 분야에 걸쳐 널리 적용되는 평판과 기술을 확보한다. 이처럼 더욱 폭넓은 스펙트럼에 걸쳐서 통용되는 기술과 업적은 포트폴리오 단계를 준비하는 데 아주 중요하다. 그것 없이 전일제 직원에서 포트폴리오 단계로 넘어가면 크게 실망할 수가 있다.

비효율성을 없앤다

포트폴리오 단계의 문제점 중 하나는 그 속에 비효율성이 있다는 것이다. 포트폴리오가 다양하면 흥미와 관심이 생기지만, 이 단계에 뛰어든 사람들이 수확체증의 법칙에 따른 수익을 얻지 못하는 단점이 있다. 포트폴리오 단계의 전형적인 1주일을 생각해보자. 아마도 이틀은 돈을 버는 일을 할 것이다. 하루는 공동체를 위한 일을 할 것이고, 또 하루는 취미 활동을 할 것이고, 또 다른 하루는 자선단체에서 일을 할 것이다. 이때 어떤 활동에서 다른 활동으로 넘어가면서 전환비용 switching cost이 많이 발생한다. 당신은 하루는 자선단체 일을 하다가 그다음 날에는 공동체 일을 하고, 그다음에는 기업 이사회 일을 한다. 이 모든 활동은 정신적으로 다른 자세를 필요로 하고, 또 한 장소에서 다른 장소로 이동하니 신체적으로도 전환을 해야 한다. 우리는 이러한 전환비용이 포트폴리오 단계에서 주요한 문제가 될 것으로 생각한다.

그러나 이러한 전환비용을 줄일 수도 있다. 가장 확실한 방법은 포트폴리오를 구성하는 활동 간의 시너지를 발생시키는 것이다. 이러한 시너지는 이 모든 활동에 공통적으로 적용되는 능력이나 지식이 있기 때문에 발생한다. 예를 들어, 수준 높은 프로젝트 관리 기술은 수많은 이질적인 활동을 묶어주는 토대가 될 수 있다. 여기서는 기술이나 능력이 독립적이기보다 서로 연관되게 하는 것이 관건이다. 이렇게 묶어주는 능력은 다양한 주제 또는 핵심적인 역량들에 대한 관심일 수 있다. 전환비용을 줄이는 또 다른 방법은 시간을 쪼개지 말고 모으는 것이다. 이는 예를 들어, 5일 동안 반일씩 일하는 것보다는 3일 동안 하루 종일 일하는 것이 더 낫다는 의미다. 과거의 성공이 선택과 집중을 기반으로 했다면, 포트폴리오 활동은 스트레스를 일으킬 수도 있다. 많은 사람들이 포트폴리오 단계를 원하는 것처럼 보이지만, 이 단계가 모든 사람에게 효과가 있는 것은 아니다. 특히 포트폴리오를 구성하는 다양한 활동 간의 조화를 이루지 못한다면 더욱 그렇다.

야후 세대의 등장

모든 연령대의 사람들이 이처럼 새로운 단계를 경험하게 될 것이지만, 지금 당장 이 단계를 제대로 받아들일 만한 연령대는 18~30세에 해당한다. 이는 전혀 놀라운 사실이 아니다. 결국 제인 세대는 늘어난 수명에 적응할 필요성이 가장 크고, 또한 그렇게 하기 위한 유연성도 가장 크다. 따라서 새로운 단계를 받아들이고 실험하는 데 앞장서야 할 사람들은 바로 그들이다. (이 연령대 집단은 긱 이코노미를 활용하여) 탐색자나 독립적 생산자가 되고 포트폴리오를 창출하는 것을 적극적으로 이용하고 개발할 것이다. 그들은 다른 연령대의 집단보다 더욱 선택의 가치를 인식하고 있으므로 이를 탐구하고 창출하기 위해 많은 노력을 기울일 준비가 되어 있다. 금융 이론에 따르면, 옵션은 자산을 미리 정해진 가격에 구매할 수 있는 권리다. 이 권리가 효력을 발휘하는 기간이 길수록 그 가치가 커진다. 또한 자산에 대한 불확실성이 클수록 옵션의 가치가 커진다. 수명이 길어지고 불확실성이 커지면서, 그들 세대에게 이 권리는 엄청난 가치를 지닐 수가 있다. 그들은 결혼을 미루고 자녀를 나중에 갖고 집과 자동차도 나중에 구매하려고 했다. 다시 말하자면 얽매이는 상황을 뒤로 미루어왔다.

물론 그들이 이러한 행동을 하게 만드는 부정적인 요인도 있다. 많은 선진국에서 그들 연령 집단은 기성세대에게 배신감을 갖는다. 그들은 학자금으로 많은 빚을 지고, 치열한 경쟁을 뚫고 첫 직장을 얻고, 집값이 감당할 수 있는 범위를 넘어선 도시에서 거주한다. 결과적으로 그들은 자산이 별로 없는 상태에서 경제적으로 자급자족하는 문제를 가지고 고민을 할 수밖에 없다.

그들은 옵션을 창출하고 결혼을 뒤로 미루고 유연성을 발휘하면서, 과거의 청소년기를 연상시킬 만한 특징을 보여준다. 다시 말하자면, 그들은 우리가 앞에서 설명했던 젊어짐과 니오터니의 사례에 해당된다. 전통적인 3단계 삶의 관점에서 보자면, 이러한 젊은이다운 행동은 잘못된 것처럼 보이고 때로는 책임감이 부족하다는 점에서 부정적으로 여겨진다. 그러나 다단계 삶의 관점에서 보자면, 이러한 행동은 책임감이 부족한 모습이 아니라 무형 자산에 끈질기게 투자하는 모습, 특히 옵션을 창출하는 모습으로 여겨진다. 전통적인 인생 경로를 따르는 사람이 이러한 사실을 인식하지 못하면, 세대 간의 불신을 일으키고, 궁극적으로는 '밀레니얼 세대' 혹은 'Y세대'를 지칭하는 고정관념에 빠져들고 만다.

수명이 길어지면, 길어진 시간의 일부를 성인이 되어 자기계발을 위해 쓰는 것이 현명해 보인다. 따라서 포스트 청소년기 또는 포스트 틴에이저라는 단계가 등장하게 된다. 틴에이저 시절은 실험의 시기이자 경험과 통과의례를 통해 가치관을 정립하는 시기다. 그러나 경제학의 관점에서 보자면, 이때는 주로 소비를 하는 시기다. 때로는 여가와 상품이 새로운 정체성을 정의하는 수단이 되는데, 여기서 틴에이저들은 부모에게서 용돈을 받거나 파트타임으로 일하면서 돈을 버는 독립적 소비자 집단으로 인식된다. 18~30세 집단이 처한 경제 여건에서는 생산과 함께 교육 기관 밖에서 생산적인 기술과 지식을 습득하는 일이 더욱 중요해지고 있다. 따라서 이들에게는 탐색자, 독립적 생산자 혹은 포트폴리오 단계가 좋은 선택으로 부상한다.

지난 20세기에 걸쳐 청소년기에 발달하는 점점 표준화된 행동을 묘사하는 말을 사회가 만들어내기까지는 시간이 걸렸다. 결국 '틴에이저'라는 단어가 자리를 잡게 되었다. 우리는 사회가 18~30세 집단을 표현하기 위해 이에 해당하는 신조어를 찾을 것이라고 생각한다. 조너선 스위프트Jonathan Swift에게는 미안한 이야기이지만•, 우리는 이들 집단을 '야후Yahoos, Young Adults Holding OptiOnS'라고 부르려고 한다.

▌ 전환기의 특징

3단계 삶에는 교육에서 고용, 고용에서 퇴직에 이르는 두 차례의 전환기가 있었다. 다단계 삶에는 이보다 더 많은 전환기가 있다. 바로 이런 이유 때문에, 우리는 변형 자산을 바탕으로 한 새로운 무형 자산이 중요할 것이라고 생각했다. 그러나 이런 자산을 제대로 갖춘 사람은 거의 없었을 것이다.

•   조너선 스위프트는 『걸리버 여행기』에서 걸리버가 여행한 나라들에 빗대어 인간의 위선과 사회의 모순을 비판한다. 특히 말의 나라에서는 인간의 모습을 한 추악한 동물 야후와 품격과 예의를 갖춘 말 모양의 동물 후이늠을 만난다.

우리는 전환기를 구별되는 단계로 생각하지는 않았다. 전환기는 때로는 두 단계 사이의 흐릿한 경계를 드러내고, 삶이라는 연속체 continuum의 한 부분을 구성한다. 또한 전환기는 이것이 일어나는 순간에 인식되기보다는 지난 일을 돌이켜보았을 때 인식되는 경우가 많다. 수학자들은 연속체를 다음과 같이 생각한다. 겨울이 가고 여름이 오면, 봄은 반드시 온 것이다. 전환기도 마찬가지다. 당신이 직장 생활을 하는 단계에서 포트폴리오 단계 혹은 탐색자 단계에서 포트폴리오 단계로 넘어갔다면, 전환기를 반드시 거친 것이다. 많은 경우, 이러한 전환기는 일정한 단계와 겹쳐질 것이고, 그 밖의 경우에는 재충전을 통해 활력 자산을 늘리거나 재창조를 통해 생산 자산을 늘리는 식으로 무형 자산에 투자하는 별개의 준비 활동이 될 것이다.

전환기가 공통적으로 갖는 특징은 한 번에 한 걸음씩 나아가는 경향이 있다는 것이다. 허미니아 아이바라 교수가 말했듯이 전환기는 무언가 맞지 않는 듯한 느낌으로, 즉 우리가 만들어가는 가능 자아가 현재의 자아보다 더 낫다는 사실을 깨달으며 시작된다. 이는 행동을 하게 만들고, 그다음에는 아이디어를 검증하고 일련의 학습을 하는 탐색의 시간이 이어진다. 바로 이 순간에 다양한 네트워크가 기회를 인식하는 데 아주 중요하게 작용한다. 그래서 우리는 실험과 부수적 프로젝트를 통해 더 많이 배우고 무엇이 가능한지에 대하여 더 잘 인식한다. 그리고 대체로 이때 사람들과의 관계가 변하기도 한다. 마침내 전환기가 끝나면, 새로운 일에 몰입하고 미래를 위한 계획이 만들어지는 확정의 시기가 온다.[20]

재충전과 재창조를 위한 전환기

우리는 앞에서 두 가지 전환기의 등장에 관하여 살펴보았다. 이는 모두 무형 자산에 대한 투자가 이루어지는 시기로서 제인의 시나리오에 적용되었다.

그중 하나는 재충전이라는 단순한 동기를 기반으로 한다. 우리가 일정 기간 집중적으로 일을 한 후 금전적 자산을 모으고 나면, 활력 자산과 같은 무형 자산이 고갈되게 마련이다. 건강이 나빠지고 가족 관계, 친구 관계도 소원해진다. 그리고 정신적으로는 새로운 자극이 필요해진다. 삶의 다음 단계로 넘어가기 전, 이러한 무형 자산에 투자하기 위해 시간을 할애하는 것은 전환기의 매력적인 형태이다. 재충전을 위한 전환기는 필요하지만, 이것의 범위와 장기적으로 미치는 영향은 제한적이다. 재충전을 위한 전환기가 끝날 무렵에는 활력 자산은 증가하지만, 기술, 지식, 네트워크와 같은 생산 자산은 사용 부족으로 감소할 수 있다. 따라서 사람들은 이러한 전환기를 보내고 나면 어쩔 수 없이 예전 분야로 되돌아가서 같은 종류의 역할을 할 것이다.

그 대안은 재창조를 기반으로 하는 전환기이다. 이때에는 고갈된 무형 자산에 투자하기보다는 새로운 기술과 지식의 조합, 새로운 네트워크, 새로운 비전과 같은 생산 자산에 적극적으로 투자한다. 이는 단순히 대학교에 가서 강의를 듣는 것이 될 수도 있고, 파트타임으로 일을 하는 것이 될 수도 있고, 새로운 곳에 가서 일을 찾거나 생활 방식을 크게 바꾸는 것처럼 전면적인 변화를 추구하는 것이 될 수도 있다. 이러한 전환기는 새로운 단계로 넘어가기 위해 네트워크나 기술을 변화시키는 데 핵심적인 역할을 한다.

전환기의 재정 문제

전환기는 생산 자산과 활력 자산처럼 가치 있는 무형 자산에 재투자하는 중요한 시기가 될 수 있다. 그러나 전환기는 금전적 자산이 고갈될 수밖에 없는 시기이기도 하다. 결과적으로 이러한 고갈을 염두에 두고 계획을 수립해야 한다. 우리는 제인의 시나리오에서 이러한 고갈 문제의 두 가지 측면을 다루었다. 첫째, 저축의 목적이라는 측면에서 보면, 제인은 퇴직 이후뿐만 아니라 이런 전환기를 대비하여 저축했다. 제인이 전환기에 자금을 조달한 두번째 방법은 그녀의 남편 조르지도 일하고 저축하는 것이었다. 그래서 제인과 조르지는 전환기의 타이밍을 서로 조정할 수 있었다. 그 결과 둘 중에서 어느 한 사람이 금전적 자산에 기여하는 동안, 다른 사람은 자신의 무형 자산을 형성하는 데 집중할 수 있었다.

사회적 실험이 급증하면서 새로운 단계(탐색자, 독립적 생산자, 포트폴리오 단계)와 전환기(재충전, 재창조)를 거쳐가는 사람이 더욱 많아질 것이다. 과거에 '틴에이저'와 '퇴직자'라는 단어가 그랬듯이, 이러한 단계와 전환기는 더 이상 독특하거나 드문 것으로 보이기보다는 보편적인 삶의 방식으로 자리를 잡을 것이다. 그것들은 사람들이 저마다의 삶에서 적절한 시기에 활용할 수 있는 공통적인 단계로 여겨질 것이다. 그리고 사회적 실험이 더 많아지고 더 다양한 길이 발견되면서, 이러한 단계와 전환기는 또 다른 새로운 단계와도 연결될 것이다.

7장

돈 문제
길어진 삶을 위한 재정 관리

많은 사람들이 100세 인생을 위한 자금 조달을 일종의 저주라고 생각한다. 이는 전혀 놀라운 현상이 아니다. 장기적인 재무 설계를 하는 것은 별로 유쾌한 일도 아니고 보람찬 일도 아닌데, 여기에는 여러 가지 이유가 있다. 우선 이 작업은 매우 복잡하고, 자기 인식을 요구하며, 어려운 문제를 다루고, 미래의 요구와 열망에 대한 통찰을 필요로 한다. 당신이 무엇을 원하는지를 잘 모르고 평생 계획을 가지고 있지 않다면, 장기적인 재무 설계를 하기가 어렵다. 뿐만 아니라 재무 설계에 나오는 등비수열이나 복리와 같은 용어 자체도 이해하기가 쉽지 않다.

또한 보상의 문제도 있다. 미래를 대비하는 것은 현재의 자금을 미래의 자금으로 옮겨놓는 것을 말하는데, 많은 사람들이 현재의 자신과 미래의 자신 간의 긴밀한 관계를 형성하는 데 어려움을 느낀다.

재무 설계가 커다란 불안을 일으킬 만도 하다. 그러나 이 문제를 피해갈 수는 없는 일이다. 미래의 삶을 생각하지 않는 사람은 복잡한 계산을 할 수가 없고, 기술적인 용어를 이해할 수도 없고, 자신의 미래의 자아가 노후 자금이 별로 없는 상태에서 노년에 접어들 위험을 제대로 인식할 수도 없다. 이런 사람은 중년에 재교육을 위해 경력을 단절시킬 필요가 있을 때 저축이 없는 자신의 현실을 발견한다. 최근 퇴직자들을 상대로 한 연구 결과에 따르면, 그들 중 70%가 저축을 더 많이 하지 않은 것을 후회한다고 대답한 것도 놀라운 일이 아니다.[1]

100세 인생을 가장 잘 살아가려면, 우선 3단계 삶에서 벗어나고 무형 자산을 관리하는 방법을 변경하여 삶을 재구성해야 한다. 그러나 이러한 변화가 중요하지만, 그 자체가 우리가 2장에서 확인했던 재정 문제, 즉 오래 사는 만큼 모두가 일을 더 오랫동안 해야 하고 저축을 더 많이 해야 하는 문제를 저절로 해결해주지는 않는다.

따라서 우리는 재정 문제로 다시 되돌아와서 경제학과 심리학 문헌을 통해 100세 인생을 위한 자금 조달과 관련하여 이성과 행동의 측면들에 집중하기로 한다. 이제 변형 자산과 관련된 두 가지 개념을 다시 한번 살펴보자. 그것은 자기 효능과 행위 주체성의 중요성이었다.

재무 설계가 적절하려면 다음의 두 가지 모두를 충족시켜야 한다. 재무 설계를 할 때 현실적인 관점에서 자기 효능을 아는 것, 그리고 저축에 대한 일반적인 성향과 같은 측면을 이해할 때 자기 인식을 하는 것. 자기 효능을 알려면 다음 질문에 대답할 수 있어야 한다. 생활비는 얼마나 드는가, 몇 살까지 일을 할 계획인가, 자신의 재정 상황에 대하여 얼마만큼 이해하는가, 금융 지식은 얼마만큼 갖추었는가. 재무 설계는 행위 주체성에 의해 결정되는 실천 능력에도 달려 있다. 여기서 행위 주체성이란 이러한 지식을 실천에 옮길 수 있는 자기 통제력을 갖추고, 이를 통해 현재의 요구와 미래의 요구 간의 균형을 유지하는 능력을 말한다. 여기서 이런 질문이 나올 수 있다. 70대 혹은

80대의 내가 오늘날 나의 결정을 승인할 것인가.

▌숫자를 모두 살펴보자

우리는 지미의 재정 분석에서 지미가 65세에 퇴직해서 퇴직 전 소득의 50%를 연금으로 받으려면 일하는 동안에는 매년 소득의 17%를 저축해야 한다는 사실을 확인했다. 제인의 경우에는 같은 조건을 충족시키려면 25%를 저축해야 한다. 이는 불가능하지는 않더라도 상당히 어려운 과제다. 지미의 4.0 시나리오에 따르면, 77세까지 일을 할 경우에 매년 소득의 8.5%만 저축하면 된다. 제인의 5.0 시나리오에 따르면, 85세까지 일을 할 경우에 매년 소득의 11%만을 저축하면 된다. 많은 사람들에게 이는 여전히 달성하기 어려운 수치다. 그리고 우리는 이러한 수치를 계산하면서 지미와 제인이 학자금 혹은 주택담보 대출금을 얼마나 갚아야 하는지, 의료와 노후 비용을 얼마나 지출해야 하는지는 고려하지 않았다.

이처럼 힘들고도 고통스러운 문제를 감안하면, 많은 사람들이 표면적으로 간단하게 보이는 해법을 받아들이려고 하는 것도 놀라운 일이 아니다. 이러한 계산에서 우리가 산술적인 논리를 거부하는 이유로는 대체로 다음 세 가지가 있다. 첫째, 우리는 퇴직 전 소득의 50% 미만의 연금을 받고도 생활할 수 있을 것이라고 상상한다. 둘째, 우리는 집을 팔아서 퇴직 이후의 생활비를 충당할 수 있을 것이라고 상정한다. 셋째, 우리가 공격적인 투자를 하면 수익률이 높아질 것으로 믿는다. 그러나 이러한 추론 중에서 그 어느 것도 길어진 삶의 재정 문제를 해결해주지는 않을 것이다.

얼마나 필요한가

우리가 과연 퇴직 전 소득의 50% 미만인 연금으로 생활할 수 있을까. 그래서 즐거운 마음으로 퇴직을 맞이할 수 있을까. 우리는 표2-4 와 표2-7 에서 연금 대체율에 따른 저축률을 살펴보았다. 당신이라면 퇴직 전 소득보다 더 직은 금액으로 생활할 수 있을까. 그렇다면 얼마나 적은 금액으로? 이 문제는 간단하지가 않다. 당신은 얼마나 오래 살지, 퇴직 이후에 생활비가 얼마나 드는지도 잘 모른다.

당신이 현재 생활비가 얼마나 드는지, 어디에 드는지를 생각해보라. 퇴직 이후 시간은 많고 일은 없는 상태에서 생활비가 얼마나 필요할까. 처음에는 이 문제가 간단해 보인다. 지금 휴일에 무엇을 하는지를 생각하면 될 것 같다. 그러나 이는 훌륭한 지표가 아니다. 휴일은 당신이 일시적으로 쉬는 것이지 생활 방식이 영구적으로 바뀌는 것은 아니다. 그러면 당신이 퇴직 이후로 무엇을 하고 싶은지, 무엇을 즐기고 싶은지를 정말 알 수 있을까.

아마도 당신은 이 문제를 고민하면서 100%보다 낮은 연금 대체율을 가정하는 것은 합리적이라고 생각했을 것이다. 퇴직하고 나면 일과 관련된 지출(교통비, 의류비)이 줄어들고 예전에 다른 사람에게 의뢰했던 활동(요리, 집 안 물건 수리)을 할 시간은 많아진다. 또한 쇼핑을 하거나 인터넷을 검색해 쿠폰이나 각종 혜택을 찾는 일도 좀 더 효율적으로 할 수 있다. 실제로 지금 나이가 60대 후반에 이른 사람들은 이미 이렇게 하고 있다. 그들은 소매업체와 제조업체의 할인

쿠폰을 사용하여 40대 후반 사람보다 4%를 덜 내고서 제품을 구매한다.[2] 이는 얼마 되지 않는 것처럼 들리지만, 연금 대체율이 50%라는 관점에서 보면 의미 있는 차이다.

퇴직하면 여가 활동에서 주요한 변화가 있을 것이라고 상상할 수도 있다. 시간이 많아지면 여가 활동에 돈이 많이 들지 않는다. 사람들은 돈으로 살 수 없는 것들에 투자하면서 시간을 더 잘 활용하려고 한다. 그들은 친구, 가족들과 더 많은 시간을 보내고 여행 일정도 길고 여유 있게 잡는다. 해가 지는 모습도 바라보면서 말이다. 어쩌면 당신은 『뉴욕 타임스』에 글을 싣는 행복한 퇴직자의 모습을 떠올릴 것이다. "당신은 퇴직하면 아주 적은 돈으로도 그럭저럭 잘 지낼 수 있다. 소중한 것을 빼앗기지 않고도 말이다… '부유함'이 이처럼 소박한 즐거움에서 나온다는 사실을 내가 진즉 알았더라면, 나는 훨씬 더 일찍 퇴직했을 것이다."[3]

당신이 퇴직할 때, 자녀들은 성인이 되어 가정을 떠날 것이다. 실제로 16세 이상의 자녀 둘이 가정을 떠나면, 과거 지출의 60%만을 가지고도 예전의 생활 수준을 유지할 수 있다.

그러나 이러한 주장들이 설득력이 있어 보이지만, 조정이 필요하다. 첫째, 의료비가 많아지는 문제가 있다. 물론 대다수의 사람들은 장수하면서 병에 걸려 있는 기간이 짧아질 것이다. 그러나 경제학자 조너선 스키너Jonathan Skinner가 말했듯이, 퇴직 이후를 대비한 저축은 궁극적으로는 힐튼 헤드 섬의 골프 콘도를 위한 것이 아니라 휠체어 승강기, 간병인, 고급 요양원을 위한 것이다.[4] 퇴직하고 나서도 다른 사람을 책임져야 하는 경우도 생길 수 있다. 자녀 혹은 손자를 위해 대학 학자금이나 결혼 비용을 마련해야 하고, 집이나 자동차를 장

만하는 데도 일정한 비용을 보태야 한다.

앞에서 우리는 연금 대체율 50%를 기준점으로 잡았다. 특히 중산층에게는 이 수치가 적당히 보수적이라고 생각한다. 어떤 설문 조사에서는 미국과 네덜란드 사람들에게 "당신이 퇴직하고 나면 매달 최소한 어느 정도는 지출해야 한다고 생각하십니까"라고 직접 물었다. 응답자 중에서 가장 가난한 집단은 연금 대체율이 100%는 넘어야 한다고 대답한 반면, 가장 부유한 집단은 54%였고 네덜란드에서는 63%였다.[5] 2004년 영국 연금위원회도 고소득자(연간 4만 파운드 이상 소득자)를 대상으로 연금 대체율 50%를 기준점으로 잡았다.

우리는 이러한 연금 대체율이 합당하다고는 생각하지만, 이것이 보수적인 가정이라는 사실을 명심해야 한다. 최근 퇴직자 1만6천 명을 상대로 실제 연금 대체율을 조사한 바에 따르면, 이들 중 3분의 1정도가 100%를 넘었으며, 4분의 1은 75~100%, 또 다른 4분의 1은 50~75%인 것으로 나타났다. 21%만이 50%이하의 연금 대체율을 보였다.[6] 다시 말해 당신이 지미와 제인에게 필요한 저축률이 불편해 보일 만큼 높다는 사실을 확인했다면, 퇴직 이후로는 많은 돈이 필요하지 않으니 일을 잠깐 쉬겠다는 생각은 들지 않을 것이다. 실제로 당신이 대부분의 퇴직자와 같다면, 퇴직 이후의 생활에 대비하여 저축을 더 많이 하려고 할 것이다.

우리는 미래의 연금과 소비뿐만 아니라 현재의 소비 습관도 고려해야 한다. 삶의 어떤 단계에서도 높은 수준의 소비를 하던 사람이라면, 퇴직 이후로 낮은 수준의 소비에 적응하기가 어려울 것이다. 소비를 통해 얻는 만족은 현재의 소비 수준만이 아닌 과거의 소비 수준에도 달려 있다는 증거는 아주 많다. 따라서 지금 지출을 줄이는 것은 저축을 늘리는 데 도움이 될뿐더러 소비를 절제하여 퇴직 이후로 소득이 줄어들었을 때도 생활에 만족할 수 있도록 해준다.

우리가 연금 대체율 50%를 가정한 것에 대하여 경고하고 싶은 말이 하나 더 있다. 우리는 당신이 집을 소유하고 있다는 가정을 하고 계산을 했다. 만약 당신이 집을 소유하고 있지 않다면 월세를 내야 하므로, 이러한 경우에는 연금 대체율을 70~80%로 잡아야 한다.

부동산에 돈을 건다

유형 자산에는 연금, 저축, 주택이 있다. 우리의 계산에서 주택은 어떤 기능을 하는가. 주택의 중요성은 국가마다 많이 다르다. 그러나 대부분의 국가에서 주택은 국민들이 지닌 재산에서 중요한 부분을 차지한다. 예를 들어, 영국에서는 주택이 상위 50% 국민들이 보유한 부의 총액에서 25~30%를 차지한다. 바로 이러한 이유 때문에 많은 사람들이 집을 팔아서 노후 자금을 충당할 수 있을 것으로 믿는다.

그러나 주택은 은행 예금이나 주식과는 다르게 매우 독특한 성격을 지닌 유형 자산이다. 집은 가치 저장의 수단일 뿐만 아니라 사용에 따르는 혜택을 제공한다. 우리는 이러한 혜택을 '귀속임대료imputed rent'로 나타낼 수 있는데, 이것은 집에서 거주하기 위해 지급하는 임대료와 같은 것이다.

퇴직자들은 주식을 팔거나 은행 예금을 인출하면 예전의 생활 수준을 낮추지 않아도 된다. 이에 반해 노후 자금을 마련하기 위해 살던 집을 팔고서 작은 집으로 이사를 가면 주택 서비스의 측면에서 당장 생활 수준이 낮아진다. 이런 사실과 집에 대한 주택 소유자의 감정적인 애착 때문에, 실제로는 많은 사람들이 주택을 노후 자금을 마련하기 위한 수단으로 활용하지 않는다. 실제로 어느 연구 결과에 따르면, 70세 이하 사람들의 70%가 노후 자금을 충당하기 위해 집을 팔 생각은 별로 없다고 응답했다.[7] 또 다른 연구 결과에 따르면, 퇴직 이후 작은 집으로 옮겨가려는 사람만큼이나 큰 집으로 옮겨가려는 사람도 많은 것으로 나타났다.[8] 대체로 사람들은 나이가 들면서 병에 걸렸거나 파트너가 죽었을 때처럼 엄청나게 큰 사건을 맞고 나서야 비로소 집을 팔려고 한다.

주택 소유가 귀속임대료를 제공하는 반면 주택 매도는 생활 수준의 하락을 의미한다는 사실을 감안하면, 주택연금 제도가 주택을 소유한 노인들에게 점점 인기를 끄는 것도 당연하다. 주택연금 제도는 노인들이 귀속임대료를 잃지 않고서 노후 자금을 확보하도록 해준다. 하지만 이 제도가 이 문제를 근본적으로 해결해주지는 않는다. 노인들이 이 제도를 활용하려면 주택에 대한 자기 지분이 있어야 한다. 우리가 앞에서 저축률을 계산할 때는 연금 마련과 전환기에만 집중했고, 주택담보 대출금을 갚기 위한 저축은 변수에 넣지 않았다. 주택연금 제도는 노후 자금을 확보하는 데 일정한 기여를 하지만, 당신이 집을 소유해야 하므로 우리가 계산했던 저축률이 높아지게 된다.

당신이 재무 설계를 할 때에는 주택 자산을 질병 치료를 위한 예비비 정도로 생각하는 것이 현명하다. 이런 예비비 지출이 발생하지 않는다면, 주택을 자녀에게 물려주면 된다.[9] 당신에게는 예전의 생활 수준을 유지하기 위해 주택연금 제도를 활용할 선택권이 있지만, 100세 인생의 재정 문제를 해결하기 위해 주택에 의존하는 것은 현명하지 못하다.

버핏처럼 투자하기

앞에서 우리는 지미와 제인의 재정 문제를 생각하면서 이 두 사람의 투자수익률이 물가상승률보다 3%가 더 높은 것으로 가정했다. 그리고 왜 3%를 가정하는지에 대해서도 설명했다. 그런데 투자수익률이 높을수록 저축을 덜 해도 된다.

투자수익률에 대한 가정이 얼마나 중요한지를 살펴보기 위해 '70의 법칙'을 생각해보자. 70을 투자수익률로 나누면 자산을 두 배로 증식하는 데 걸리는 햇수가 나온다. 예를 들어, 투자수익률이 1%라고 하면 70년이 걸리고, 2%라고 하면 35년이 걸린다. 그리고 투자수익률의 작은 차이는 시간이 지나면서 저축률 조건에서 큰 차이를 발생시킨다.

그러나 투자자들 중에는 장기적으로 3% 이상의 투자수익률을 올리는 사람들이 있다.[10] 바로 오마하의 현인Sage of Omaha, 워런 버핏Warren Buffett과 같은 사람이다. 1965년 당신이 워런 버핏의 버크셔 해서웨이Berkshire Hathaway 펀드에 1만 달러를 투자했다면, 2005년에 30만 달러를 돌려받을 수 있었다. 이는 주식 시장의 평균 수익률보다 60배 더 많은 투자수익률이었다. 물론 투자 실적이 이 정도라면, 연금 계획은 훨씬 더 쉬워진다.

표7-1 에서는 평균 투자수익률이 변함에 따라 지미의 저축률이 어떻게 변하는지를 보여준다. 투자수익률이 2%라면 지미는 퇴직 전 소득의 50%를 연금으로 받기 위해서 현재 소득의 23%를 저축해야 한다. 투자수익률이 10%라면 2%만을 저축하면 된다.

그러나 당신이 높은 투자수익률을 얻기 위해 증권 중개인에게 공격적인 투자를 주문하고 싶다면, 먼저 금융의 가장 기본적인 원칙을

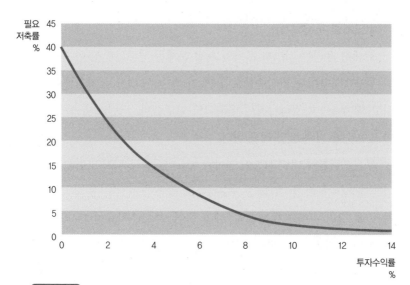

필요
저축률
%

투자수익률
%

표 7-1 다양한 투자수익률에 대한 필요 저축률

명심해야 한다. 그것은 위험이 커질수록 수익률이 높아진다는 것이다. 워런 버핏은 투자할 때마다 성공을 거둔 투자의 귀재로 일컬어지는 사람이다. 그러나 일반적으로 투자수익률이 높은 것은 고위험 자산에 투자한 것에 대한 보상 때문이다. 따라서 당신은 10%의 투자수익률을 올리려다가 실제로는 원금을 잃을 수도 있다. 2007년 주식 시장이 무너지면서, 투자자들은 주식 가격이 상승할 뿐만 아니라 하락할 수도 있다는 사실을 깨달았다. 예를 들어, 2007년 10월 S&P 지수가 1550이었지만, 2009년 3월에는 680으로 곤두박질쳤다. 재무 설계를 할 때 최선의 투자수익률을 얻는 것이 중요한 일이기는 하지만, 물가상승률+3%를 크게 상회하는 투자수익률만을 고집하는 것이 현명하지 않을 수도 있다.

따라서 우리가 전하는 충고는 다음과 같다. 운 좋게도 워런 버핏과도 같은 사람이 나타나서 당신의 자금을 관리해줄 수도 있다. 그러나 이것이 당신이 반드시 선택해야 할 전략은 아니다. 당신이 퇴직과 동시에 집을 팔아치울 수도 있다. 이것은 당신에게 생활 수준이 떨어지고 건강 문제나 요양원을 위한 예비비가 사라지는 것을 의미한다. 당신은 연금 대체율이 훨씬 더 낮더라도 그럭저럭 살아갈 수 있다고 말할지도 모른다. 그러나 우리의 계산도 보수적인데, 이보다 더 낮게 잡는다면 당신은 퇴직자 중에서 연금 소득이 별로 없는 소수파에 속하게 된다. 이제 당신이 100세 인생을 맞이하여 저축을 더 많이 하는 방식으로 재정 문제를 해결하려면, 자기 효능과 행위 주체성이라는 두 가지 문제를 고민해야 한다.

▌재정에 관한 자기 효능

자기 효능은 일반 지식뿐만 아니라 자기 인식과도 연관된다. 우리는 다양한 시나리오를 통해 당신에게 길어진 삶을 어떻게 설계하고 싶은지를 깊이 고민하도록 자극했다. 당신이 재정 측면에서 삶을 설계하려면, 금융 지식을 갖추기 위한 노력은 반드시 필요하다.

당신은 금융에 관하여 얼마나 많이 알고 있는가, 투자 결정을 하고 금융 회사의 영업 자료를 읽는 데 어려움은 없는가. 당신은 일과 관련된 지식을 습득하는 것처럼 금융 지식을 쌓아야 한다. 실제로 해박한 금융 지식을 가진 투자자들을 연구한 결과에 따르면, 그들은 그렇지 않은 사람보다 똑같은 수준의 위험을 수용하면서 연간 1.3%를 더 버는 것으로 나타났다.[11] 이는 아주 큰 차이다. 10만 달러를 10년 동안 투자할 경우, 금융 지식이 많은 투자자들은 1만6천 달러를 더 번다. 20년 동안 투자할 경우에는 4만2천 달러를 더 벌고, 30년 동안 투자할 경우에는 8만4천 달러를 더 번다. 그리고 40년 동안 투자할 경우에는 14만5천 달러를 더 번다.

이제 다음 '빅 5' 문제를 통해 당신의 금융 지식을 테스트해보자 (답은 이번 장의 맨 마지막 페이지에 나온다).

(1) 당신의 저축 계좌에 100달러가 있다. 연 이자율은 2%다. 당신이 이 계좌의 자금이 증식되도록 내버려둘 경우, 5년이 지나면 이 계좌에는 얼마가 있을까.

(2) 저축 계좌의 연 이자율이 1%이고, 연 물가상승률이 2%라고 하자. 1년이 지났을 때 당신은 이 계좌의 자금으로 오늘보다 더 많이 구매할 수 있을까, 더 적게 구매할 수 있을까. 아니면 아무런 변화가 없을까.

(3) 다음 진술이 참인가 거짓인가. '한 회사의 주식만을 구매하는 것이 뮤추얼 펀드*를 구매하는 것보다 더 안전한 수익을 얻을 수 있다.'

(4) 다음 진술이 참인가 거짓인가. '15년 만기 주택담보 대출의 매월 납부금이 30년 만기 주택담보 대출의 매월 납부금보다 더 많지만, 납부해야 할 이자 총액은 더 적다.'

(5) 이자율이 오르면 채권 가격이 오르는가 떨어지는가.

● 소액 투자자들의 자금을 모아 투자회사를 설립해 채권, 주식 등에 투자하고 그 수익을 나누어주는 미국형 투자신탁 회사.

당신이 다섯 문제를 모두 다 맞혔다면, 당신의 금융 지식은 상위 25% 이내에 있다. 미국인 중 15%만이 다섯 문제를 다 맞혔다고 한다. 처음 세 문제는 다른 두 문제보다 정답률이 더 높았다. 독일인 중에서 절반 정도가 이 세 문제를 다 맞혔고, 일본인 중에서는 25%가 다 맞혔다고 한다.[12] 결과적으로 사람들이 처음 세 문제를 마지막 두 문제보다 더 많이 맞혔다.

그러면 당신은 금융 지식을 쌓기 위해 무엇을 해야 하는가. 금융에 관한 책이나 온라인 강좌도 많고 세미나도 많이 열린다. 이들을 한번 살펴보는 것이 좋다. 설문 조사에 따르면, 금융 세미나에 참석했던 사람들이 그곳에서 다루는 내용을 실제로 행동으로 옮겨서 투자 실적도 좋고 재무 설계도 잘한다는 사실을 알 수 있다.[13] 금융 세미나에서 제공하는 정보가 실제로 행동을 하게 만드는가에 대해서는 논란의 여지가 있다. 그 이유는 금융 세미나에 참석한 사람들이 이미 재정 문제에 관해 무엇인가를 할 마음이 있기 때문이다. 그러나 금융 지식 자체는 너무나도 중요하므로 이를 습득하는 데 투자하지 않으면 안 된다. 또한 설문 조사 결과는 경험이 금융 지식을 늘리는 데 최선의 방법이라는 사실을 보여준다. 따라서 금융 지식의 수준은 나이가 들면서 더욱 높아진다. 이는 저축과 투자를 일찍부터 시작해야 하는 이유이다.

자산 포트폴리오를 관리하라

사람들은 금융 지식이 쌓이면서, 투자를 통해 돈을 쉽게 버는 방법은 없다는 사실을 깨닫는다. 우리가 런던 경영대학원에서 금융을 가르치는 교수들을 포함하여 전 세계의 전문가들과 이야기를 나눌 때, 그들이 특정 주식이나 특정 거래와 관련하여 투자 자문을 하는 경우는 좀처럼 없었다. 대신에 그들은 일반적인 원칙에 집중하려고 했다. 최근에는 가정의 재정 문제를 다루는 논문도 많이 나오고 있는데, 하버드대학교 존 캠벨John Campbell 교수는 미국금융학회 회장단 연설에서, 다음과 같은 몇 가지 잘못을 가정에서 공통적으로 저지르고 있다고 지적했다.[14]

첫째, 가정에서는 주식 시장에 투자하지 않는 경향이 있다. 부유한 가정조차 20%는 주식 시장에 투자하지 않는다. 주식 시장에 투자하는 사람이라도 투자를 충분히 다변화하지 않는다. 다시 말하자면, 그들은 소수의 특정 회사에만 투자를 하고 있었다. 둘째, 가정에서는 주식 투자를 할 때 지역적으로 편향된 모습을 보였다. 그들은 익숙하거나 가까운 회사의 주식에 투자하고 있었다. 셋째, 가정에서는 자산 포트폴리오를 구성할 때 자기가 속한 회사의 주식을 집중적으로 보유하고 있었다. 리먼 브라더스Lehman Brothers 사태에서 알 수 있듯이, 그들은 이렇게 함으로써 직업을 잃고 재산도 잃는 상황을 맞았다. 넷째, 가정에서는 자산을 매각할 상황이 닥치면 가격이 오르는 자산을 팔아치우고 가격이 떨어지는 자산은 붙들고 있었다. 마지막으로, 타성에 젖어드는 문제가 있었다. 가정에서는 '현상유지편향status quo bias'에 빠져들고 자산 포트폴리오를 재검토하지 않는 경향이 있었다. 예를 들어, 미국 교직원퇴직연금기금에는 85만 명이 가입되어 있는데, 가입자들은 해마다 자산을 다양한 포트폴리오로 재배분할 수 있고, 이렇게 하는 데 비용도 들지 않는다. 현실을 보면 12년 동안에 자산 수익률 변동이 심했지만 가입자의 72%가 자산을 재배분하지 않았고, 겨우 8%만이 두 번 이상 재배분한 것으로 나타났다.[15]

이러한 문제를 극복한 사람들은 다음 세 가지 방식으로 행동한다.

그들은 포트폴리오 투자자뿐만 아니라 연금 가입자로서도 위험을 분산했다. 그들은 나이가 들면서 재정적인 실패를 만회할 시간이 없다는 사실을 깨닫고는 퇴직이 가까워지면서 자산 포트폴리오의 위험을 줄이려고 했다. 그리고 재무 설계를 할 때는 자산의 시장 가치를 극대화하기보다는 퇴직 후에 안정적인 소득이 발생하도록 했다.[16]

지금까지 3단계의 모델이 삶의 형태를 지배했기 때문에 지금의 장기 재무 설계는 주로 연금에 치중하게 된다. 다단계의 모델에서는 재무 설계가 퇴직 후의 소득 감소와 여러 단계에서의 소득 변동, 특히 전환기에서의 급격한 소득 감소에 대비한 저축을 필요로 한다. 시계 time horizon가 길어지고 소득 변동 시기가 잦아지면서 금융 산업과 금융 상품에서도 커다란 변화가 나타날 것이다. 예를 들어, 주택담보 대출 상품을 생각해보자. 일하는 기간이 길어지면, 담보 대출 분할 상환금의 납부 기간도 길어질 것이다. 그러나 더 길어진 삶에서 나타나는 이러한 변화에 따라 납부 방식이 유연하게 적용될 필요가 있다. 삶이 길어지면 위험을 감수할 만한 시간이 생기고 일이 잘못되었을 경우에도 회복할 시간이 생긴다. 이는 수명이 늘어나면서 자산 포트폴리오의 분산과 위험 감수에서 변화가 발생하는 것을 의미하고, 이러한 변화는 필연적으로 금융 산업에서 구조적 변화를 초래할 것이다.

비용에 집중한다

소비자들이 생산자에 비해 상품에 대하여 잘 모르는 다른 산업과 마찬가지로, 금융 산업에서도 소비자들이 금융 결정을 하고는 나중에 후회하는 경우가 많다. 이런 모습은 특히 금융 기관들이 수익금의 일부 또는 추가 지불을 요구하는 저축 상품에서 두드러지게 나타난다.

따라서 우리는 이러한 수수료에서 눈을 떼지 말아야 한다.

예를 들어, 40년 뒤에 원금과 연 이자 7%를 받기로 하고 1만 달러를 투자한다고 하자. 투자자는 수수료와 세금이 없으면 40년 뒤에 149,744달러를 받는다. 이제 선취 수수료가 5%(500달러)이고, 연간 2%의 보수를 내야 한다고 하자. 이런 경우에는 40년 뒤에 63,877달러를 받는다. 따라서 이러한 수수료가 없을 때보다 약 85,000달러를 적게 받는다. 아마 당신은 이런 사실에 깜짝 놀라서 선취 수수료가 1%이고 연간 2%의 보수를 부과하는 다른 펀드를 찾았다고 하자. 하지만 이런 경우에도 당신은 40년 뒤에 겨우 66,567달러만을 받는다. 선취 수수료도 중요하지만, 연간 보수가 결정적이다. 선취 수수료가 1%이고, 연간 보수가 0.5%이면, 당신은 121,369달러를 받는다. 그리고 선취 수수료가 1%이고, 연간 보수가 0.1%이면, 142,434달러를 받는다. 상품 안내서 속 작은 글씨와 수수료의 확인 여부에 따라 큰 차이가 생긴다.

▌재정에 관한 행위 주체성

금융 지식을 갖는 것은 출발점에 해당한다. 그러나 행위 주체성은 어떤가. 퇴직자들을 상대로 설문 조사한 결과에 따르면 대다수가 저축을 더 많이 하지 않은 것을 두고 후회한다고 대답했다. 그러면 왜 그들은 하지 않았을까.

이 시점에서 우리는 아우구스티누스가 했던 유명한 말을 인용하지 않을 수 없다. 그는 젊은 시절에 "주님, 저를 순결한 인간으로 만들어주십시오. 그러나 아직은 아닙니다"라는 말을 했다고 한다. 우리는 도덕적인 인간이 되고 싶어하지만, 어떤 이유에서든 그렇게 되는 것을 뒤로 미루려고 한다. 우리는 운동을 해서 살을 빼고 싶어하지만, 실제로는 그렇게 하지 않는다. 누구나 자기 통제력 부족에 맞서 싸우고 있다. 결론은 이렇다. 기대 여명이 길어지면 자기 통제력을 잃어버리는 데 따르는 대가도 커진다. 우리 모두는 더 길어진 미래를 맞이해야 하고, 따라서 현재의 행동과 미래의 요구 간의 균형을 유지하는 것이 아주 중요해진다. 자기 통제력을 발휘하고 현재의 자신과 미래의 자신 간의 관련성을 인식하는 것은 단지 재정 문제에 한해서만 중요한 것은 아니다. 이는 생산적이고도 유익한 100세 인생을 관통하는 특징이다.

현재 사회과학에서는 이러한 자기 통제력 부족 상태를 이해하기 위한 연구가 신경학, 심리학, 경제학의 통찰들을 통합하는 방식으로 활발하게 진행되고 있다. 우선 뇌의 서로 다른 부분이 싸움을 벌이는 장면을 상상해보자. 인간의 전두엽은 비교적 최근(15만 년 전)에 발달하여 인간과 동물을 구별해준다. 이 전두엽은 합리적으로 판단하고 장기 계획을 수립하는 데 중요한 역할을 한다. 그러나 이처럼 비교적 최근에 발달하여 인간이 합리적으로 생각하게 해주는 전두엽은 대뇌변연계라는 더욱 오래된 부위를 포함한 다른 부위에 의해 영향을 받는다. 대뇌변연계는 인간에게 감정적, 본능적 반응을 일으키게 만든다. 간단히 말하자면 다음과 같은 일이 발생한다. 전두엽은 당신에게 당신 자신의 장기적인 이해관계에 따라 행동할 것을 요구하지만, 대뇌변연계는 즉각적인 결정을 하고서 즉각적인 만족을 얻을 것을 요구한다. 이런 싸움을 코끼리와 코끼리 등에 탄 사람에 비유하는 이들도 있다. 작은 사람이 거대한 코끼리 등에 올라타서 코끼리의 행동을 통제하는 모습을 생각해보라. 코끼리와 사람이 같은 방향으로 움직이려고 할 때도 있다. 그러나 코끼리가 다른 방향을 선택하면 결국에는 코끼리 의지대로 가게 된다.[17]

인간은 주로 대뇌변연계에 따라 움직이며 즉각적인 만족에 굴복하는 경우가 많다. 삶이 험악하고 야만스럽고 짧은 경우에는 즉각적인 만족에 굴복하는 것이 타당하다. 그러나 기대 여명이 길어졌을 때 장기적으로 더 나은 결정을 하기 위해서는 합리적인 전두엽에 힘을 실어주는 것이 좀 더 현명하지 않을까.

심리학자들은 이 문제를 뇌의 관점에서 즉각적인 욕망의 문제로 바라본다. 경제학자들은 이 문제를 기간 간 선택intertemporal choice과 선호의 현재지향편향present-bias의 관점에서 바라본다.[18] 현재지향편향의 대표적인 형태로는 심리학자 리처드 헌스틴Richard Herrnstein과 경제학자 데이비드 레이브슨David Laibson이 제시한 '과도한 가치폄하 효과hyperbolic discounting'가 있다.[19]

과도한 가치폄하 효과는 사람들이 단기적으로는 성급하게 행동하지만, 장기적으로는 인내심을 가지고 행동하려는 경향을 말한다. 이제 과도한 가치폄하 효과의 전형적인 사례를 살펴보자. 당신은 오늘 100달러를 선택할 것인가 혹은 다음주 105달러를 선택할 것인가. 당신은 1년 뒤의 100달러를 선택할 것인가 혹은 1년 1주일 뒤의 105달러를 선택할 것인가. 많은 사람들이 다음 주 105달러보다는 오늘 100달러를 선택한다. 그러나 거의 모든 사람들이 1년 뒤의 100달러보다는 1년 1주일 뒤의 105달러를 선택한다. 다시 말하자면, 우리는 단기적으로는 성급함을 보이지만, 장기적으로 인내심을 가질 계획을 한다.

그러나 오랜 시간이 지나서 계획을 실천해야 할 때가 오면, 이러한 선택은 단기적인 문제가 되고 우리는 또다시 성급하게 행동하는 모습을 보인다. 계획은 수정되고, 고결한 행동은 연기된다. 따라서 1년이 지나서 오늘 100달러와 1주일 뒤의 105달러 중에서 선택하라고 할 때, 당신은 예전의 계획을 수정하고 오늘 100달러를 선택한다.

이것은 사람들이 노후를 대비하여 저축을 제대로 하지 않는 이유를 설명한다. 저축은 소비를 연기하는 것을 의미한다. 오늘의 돈을 내일로 넘기는 것이다. 과도한 가치폄하 효과는 사람들이 돈을 내일이 아니라 오늘 쓰려고 하는 것을 말한다. 그러나 사람들은 앞으로 저축을 더 많이 하려는 의지는 있다. 하지만 시간이 지나면서 그들의 현재지향편향이 또다시 고개를 들고서 저축보다는 현재의 소비를 선호하게 만든다. 다시 말하자면 우리 모두가 나중에 저축을 더 많이 하겠다고 말하는 천성이 있다. 절대로 그렇게 하지 않을 뿐이다.

우리가 살을 빼려고 할 때도 똑같은 문제가 발생한다. 살을 빼는 것은 인내력을 요구한다. 그러나 자제력을 발휘하여 성과를 얻기까지는 시간이 걸린다. 결과적으로 우리 눈앞에 디저트 메뉴판이 들어오면, 우리는 초콜릿 케이크의 유혹에 굴복하고는 내일부터 이러한 쾌락을 뿌리치고 운동을 하고 과일만 먹을 것이라고 다짐한다. 물론 이러한 과정은 그다음 날에도 계속된다. 결국 단기적인 결정은 대뇌변연계가 하지만, 장기적인 결정은 전두엽이 한다.

과도한 가치폄하 효과가 사람들이 저축을 하지 않는 근본적인 이유라면, 이를 개선하여 행동에 변화를 일으킬 수도 있지 않은가. 과도한 가치폄하 효과의 중심에는 다음 세 가지 문제가 있다. 첫째, 미래의 자신을 제대로 설명하지 못한다. 둘째, 미래의 결정을 통해 계획을 변경한다. 셋째, 단기적으로 성급하게 행동하고 장기적으로는 인내력을 발휘한다. 이러한 문제들은 모두가 진지하게 고민해볼 만한 것들이다.

미래의 자아를 제대로 설명하라

디저트 메뉴판 문제를 다시 힌번 생각해보자. 현재의 자신은 거기에 나오는 먹음직스럽게 생긴 케이크를 보며 먹고 싶다는 생각을 한다. 음식이 입에 들어가는 순간, 당신은 미래의 자신이 이러한 잘못을 바로잡기 위해 필요한 조치를 취할 것으로 기대한다.[20] 그러나 미래의 자신은 디저트 메뉴판을 보고 결정을 해야 하는 순간이 오면, 또다시 똑같은 결정을 하고서 이러한 잘못을 바로잡는 문제를 이후의 자신에게 떠넘겨버린다. 그리고 이런 일은 계속 반복된다.

최적의 계획을 수립하려면, 우리는 이처럼 다수의 자신을 조정하는 작업을 해야 한다. 100세 인생에서 자신의 정체성을 수립하려면 현재의 자신과 미래의 자신 간의 상호 작용을 인식해야 하는데, 이는 성공적인 100세 인생을 살아가기 위한 매우 중요한 요소다. 이러한 인식을 위한 한 가지 방법으로는 '넛지 효과behavioural nudge'라는 것이 있다. 당신이 자리에 앉아서 재무 설계를 할 때, 이것이 당신 자신의 계획이 아니라 다른 사람(미래의 자신)의 계획이라고 생각해보라. 혹은 당신의 80세가 된 자신이 당신 옆에 앉아 있다고 생각해보라. 그들은 당신이 무슨 생각을 하기를 바라는가.

한 가지 재미있는 연구에 따르면, 여기서 한 걸음 더 나아가서 노화 알고리즘 소프트웨어를 사용하여 당신이 나이가 들 때의 모습을 예상한다.[21] 표 7-2 는 연구자들 중 한 사람의 노화 과정을 보여준다. 당신은 나이 들어가는 이 사람의 디지털 아바타를 볼 수 있다. 연구자들은 설문에 참여한 사람들에게 우연히 1천 달러가 생겼을 때 그 돈으로 다음 네 가지 중에서 무엇을 하고 싶은지를 물었다. 첫째, 특별한 사람을 위해 멋진 선물을 산다. 둘째, 노후 자금을 위해 투자한다. 셋째, 즐거운 일에 사치스럽게 쓴다. 넷째, 은행에 예금한다. 설문 조사 결과에 따르면, 자신의 나이 든 디지털 아바타를 본 사람들은 이러한 넛지를 가하지 않은 사람들보다 저축을 두 배나 더 많이 하는 것으로 나타났다(172달러 대 80달러). 그러나 이러한 넛지를 가하더라도 현재지향편향은 여전히 남아 있었다.

계획을 고수하라

미래에 대비하려면 때로는 장기적인 계획을 위해 단기적인 즐거움을 뒤로 미루어야 한다. 그러나 사람들은 수시로 자신의 결정을 번복하거나 계획을 변경한다. 재무적인 결정을 자동화하면, 예를 들어, 자금이 일반 계좌에서 저축예금 계좌로 자동적으로 옮겨가도록 하면, 사람들이 자신의 결정을 번복할 가능성이 크게 줄어든다. 흥미롭게도 이러한 자동화 작업이 효력을 갖도록 하는 것은 앞에서 우리가 자산 포트폴리오가 갖는 문제를 다루면서 설명했던 타성에 빠져드는 습관이다. 그러나 여기서는 이러한 타성이 긍정적으로 작용한다. 일단 저지르면, 저축 계획은 변하지 않는다.

저축과 관련된 심리를 더욱 깊이 이해하면 저축 결정의 자동화를 지원하는 혁신적인 금융 상품이 시장에 대거 등장할 것으로 보인다. 예를 들어, 미국의 핀테크 기업 에이콘스Acorns는 신용카드나 직불카

A: 첫번째 저자의 실제 사진

B: 나이가 들지 않은 디지털 아바타

C: 나이 든 디지털 아바타

표 7-2 미래의 자신의 노화 과정

드로 물건을 구입한 후에 발생하는 잔돈을 자동적으로 투자하는 서비스를 제공한다. 물론 이렇게 투자하여 노후 자금을 전부 마련할 수는 없다. 그러나 과소저축편향을 줄이는 데는 도움이 된다.[22]

경제학자 리처드 세일러Richard Thaler와 슐로모 베나치Shlomo Benartzi는 과도한 가치폄하 효과를 활용하여 현상유지편향이 긍정적으로 작용하게 만드는 금융 상품을 고안했다. 이것은 세이브 모어 투모로우Save More Tomorrow, SMarT라는 이름의, 직원들을 위한 저축 상품이다.[23] 이 상품은 과도한 가치폄하 효과를 포함하여 일련의 행동 편향을 극복하기 위한 네 가지 특징을 갖고 있다. 첫째, 직원들에게 임금으로 저축 상품의 납부금을 높일 것을 요구한다. 그러나 미래에만 그렇게 할 것을 요구한다. 과도한 가치폄하 효과에 따르면, 미래에 계획된 저축이 증가할수록 이 저축 상품이 효과를 지닐 가능성이 높다. 둘째, 예정된 임금 인상이 있은 다음에 저축이 증가한다. 사람들은 대체로 현재 소득이 하락하는 것은 싫어한다. 그러나 임금이 올라서 가처분소득과 저축이 오를 수 있다면 이를 받아들인다. 셋째, 임금이 매번 오르면 저축률은 미리 정해진 최댓값에 도달할 때까지 매번 단계적으로 오른다. 이것이 바로 앞에서 설명했던 자동화에 해당한다. 마지막으로, 직원들은 언제라도 이 저축 상품을 해지할 권한이 있다. 어느 제조업 공장에서 이 프로그램을 시험 삼아 도입한 적이 있었는데, 종업원들의 저축은 소득의 3.5%에서 13.6%로 증가한 것으로 나타났다. 결과적으로 이 프로그램은 현상유지편향을 긍정적으로 활용하여 저축이 증가하도록 한 것이다.

우리는 이러한 특징을 가진 저축 상품이 시장에 더 많이 나올 것으로 예상한다. 물론 당신이 이러한 저축 상품에 가입하지 않고도 스스로 이 프로그램을 실천할 수 있다. 당신이 은행과 함께 이러한 특징을 반영하여 계약을 하면 된다. 그러나 이것이 성공하기 위한 열쇠는 바로 우리 인간의 타성에 빠져드는 습관, 즉 앞으로 계약을 변경하는 데 따르는 번거로움이다.

나이 든 자신을 보호하라

재무 설계는 우리에게 자신의 나이 든 모습을 생각하게 만들기 때문에 매력적으로 다가오지 않는다. 당신은 늙고 허약한 자신의 모습을 상상하는 것 자체가 아주 싫을 수가 있다. 기대 여명이 길어지고 병에 걸리는 기간은 짧아지면서, 당신은 신체적으로나 정신적으로 오랫동안 건강하게 지낼 수 있을 것이다. 그러나 이것은 노년이 연기되는 것이지 없어지는 것을 의미하지는 않는다.

'과도한 가치폄하 효과'의 개념은 우리가 미래의 자신을 위해 헌신하도록 (예를 들어, 신체적으로 더욱 건강하거나 재정적으로 더욱 건전하도록) 이끈다. 또한 현재의 행동을 통해 미래의 자신을 보호하기 위한 또 다른 방법들도 있다. 이는 나이가 들면서 금융 지식(특히 분석적 사고력)이 감퇴된다는 증거가 있기 때문이다. 예를 들어, 인지 능력에 관한 어느 연구에서는 다양한 연령대의 사람들을 대상으로 인지 능력을 측정하기 위하여 다양한 질문을 한 적이 있는데,[24] 금융 수행 능력에서는 40대 후반부터 50대 중반까지 최고조에 이르렀지만, 분석적 사고력에서는 50세부터 지속적이고도 현저하게 저하 현상이 나타났다.

물론 이는 평균적인 결과이고 모든 사람들에게 적용되는 것은 아니다. 그러나 이 결과는 흥미로운 사실을 전해준다. 금융 관련 의사 결정을 잘하려면 경험, 지식, 분석적 사고력을 갖추어야 한다. 젊은 사람들은 분석적 사고를 잘하지만, 금융 상품에 대한 경험이 별로 없다. 나이 든 사람들은 경험은 많지만, 분석적 사고를 잘하지 못한다. 바로 이러한 이유 때문에 우리는 금융 관련 의사 결정을 경험과 분석적 사고력의 결합이 최고조에 이를 때인 40대와 50대에 가장 잘할 수 있다.

따라서 부족한 저축 문제를 해결하기 위해 금융 공학을 활용하려면, 당신의 나이 든 자신에 의존하기보다는 중년에 재무 설계를 하여 이를 실천하는 것이 현명하다.

유산

우리는 저축을 얼마나 해야 하는지를 계산하면서 주로 연금과 전환기의 생활비에 집중했으며, 이와 함께 주택담보 대출금, 학자금 융자, 의료비도 고려했다. 저축을 해야 하는 또 다른 목적은 자녀에게 유산을 남겨주고 싶은 욕구이다.

부모들은 세상을 떠날 때 자녀들에게 재정적으로 안정된 생활을 물려주고 싶어한다. 그리고 자기 재산을 물려주고는 자신의 발자취를 오랫동안 남기고 싶어하는 욕구가 강하다. 그러나 전략적 행동을 다루는 경제학에서는 부모들이 유산을 남기는 (아주 암울한) 이유를 다르게 설명한다. 전략적 상속 동기라고도 할 수 있겠다. 간단히 말하자면, 부모들은 유산에 대한 기대를 빌미로 노년에 이른 자신을 향한 자녀들의 행동과 관심을 조종할 수 있다. 리어 왕King Lear은 노후에 나라를 다스릴 부담을 덜기 위해 자신이 아끼는 막내딸 코딜리어 Cordelia를 제외하고 고너릴Goneril과 리건Regan에게만 자신의 왕국을 나누어준다. 그러나 재산을 물려받은 두 딸은 아버지에게 화를 내며 사납고 부자연스럽게 대한다. 셰익스피어의 비극이 현실을 가장 잘 반영하는 스토리는 아니지만, 연구 결과에 따르면 이 시대의 미국 가정이 이와 비슷한 방향으로 가고 있다고 한다.[25] 이 연구 결과에는 두 눈이 뽑혀버린 증거는 나오지 않지만,* 나이 든 부모가 자녀에게 물

● 리어 왕은 탐욕스런 두 딸에게 배신당해 분노로 미쳐 죽음에 이른다. 리어 왕을 지키려던 글로스터 백작은 야망에 눈먼 둘째 아들의 배신과 음모로 두 눈을 잃는다.

려줄 재산이 아주 많은 가정에서는 부모와 자녀 간의 접촉이 훨씬 더 많다는 사실을 보여준다. 따라서 이러한 효과가 작동하기 위해서는 재산이 물려줄 수 있는 형태의 것이 되어야 한다는 점은 주목할 만하다.

이는 나쁜 생각이라서 많은 사람들이 전략적 상속 동기를 불편하게 여긴다. 유산을 남기는 데는 이와는 다른 고귀한 목적이 분명히 있을 것이다.[26] 가정을 소홀히 하면서 금전적 자산을 축적하기 위해 직업 활동을 오랫동안 하는 것이 전략적 상속 동기와 더욱 관련이 있는지도 모른다. 2007년 8월에 105세의 나이로 이 세상을 떠난 브룩 애스터Brooke Astor 여사의 슬픈 사례는 노년에 돈이 많다고 해서 자식이 반드시 보살펴주지는 않는다는 사실을 보여준다. 자선사업가이자 작가이자 사교계의 명사인 애스터 여사는 부유한 애스터 가문 출신이었다. 2009년 아들인 당시 85세의 앤서니 마셜Anthony Marshall과 그녀의 자산 관리 변호사 프랜시스 모리시Francis Morrissey가 사기죄로 구속되었다. 더 끔찍한 사실은 애스터 여사가 이 모든 일이 벌어지는 동안에 누추한 곳에서 살면서 치료도 제대로 받지 못하고 자식과의 접촉도 거의 없었다는 것이다. 이 사건은 일과 삶의 균형을 유지해야 하며, 가족과 친구에게서 받는 보살핌과 지원은 유산이라는 불로소득이 아닌 애정을 바탕으로 해야 한다는 것을 말해준다. 우리는 인생에서 행복의 궁극적인 근원은 가족, 친구, 관심사, 열정과 같은 무형 자산이라는 사실을 기억해야 한다.

금융 지식 문제의 정답

(1) 110달러를 조금 넘는다.

(2) 덜 구매할 수 있다.

(3) 거짓.

(4) 참.

(5) 떨어진다.

8장

시간
여가 시간을 재창조의 시간으로

이 책의 중심 주제는 추가로 주어지는 시간의 선물을 어떻게 관리할 것인가에 있다. 지금까지 우리는 이 시간을 어떻게 구성하고 배열할 것인가, 이 새롭고도 특별한 시간 속에서 무엇을 얻을 것인가를 고민했다. 이제부터 우리는 시간을 한 덩어리가 아니라 1주, 1일, 1시간, 심지어는 1분 단위로 생각해볼 것이다. 우리가 제기하는 문제는 당신이 추가로 주어지는 주, 일, 시간, 분을 어떻게 쓸 것인가에 있다. 시간을 돈으로 전환하기 위하여 일을 할 것인가, 기술로 전환하기 위하여 강의를 들을 것인가, 그냥 소파에 앉아서 텔레비전을 볼 것인가.

시간은 본질적으로 평등하지만 부족하다. 모두가 하루에 24시간을 갖지만, 시간이 충분하지 않다고 말한다. 그러면 100세 인생의 시간은 70세 인생의 시간과는 어떻게 다른가. 물론 양적으로 다르다. 1주일이 168시간이므로, 70년은 611,000시간이고, 100년은 873,000시간이다. 추가로 주어지는 시간을 어떻게 쓸 것인가를 스스로 결정하게 되면, 삶이 길어졌을 때 질적으로 차이가 있을 것이다. 기회는 엄청나게 많아진다. 사람들은 금전적 자산을 형성하기 위해 일을 하는 데 시간을 쓸 수 있다. 혹은 기술을 배우거나 친구, 배우자, 자녀와 함께 대화를 나누거나 건강을 돌보거나 안식휴가를 보내거나 네트워크를 확충하거나 다른 직업 또는 삶의 방식을 탐색하는 데 시간을 쓸 수 있다.

우리가 시간을 어떻게 쓸 것인가를 고민하면서, 시간이 고정되어 있고 개인이 통제할 수 없는 것으로 인식할 수도 있지만, 실제로 시간에 대한 인식은 사회 관습이라는 사실을 명심해야 한다. 이러한 사회 관습은 삶을 단계로 나누는 일반적인 시간 모델에서 분명하게 나타나지만, 이보다 작은 단위의 시간에서도 나타난다. 하루에 일하는 시간, 1주일에 일하는 날의 수, 주말의 유무, 휴일의 수, 여가 시간은 고정되어 있지 않다. 오히려 이들은 세월이 지나면서 변해왔고, 앞으로도 계속 변해갈 것이다.

따라서 시간의 사용과 관련하여 역사적 추세를 되돌아보고, 앞으로 이러한 추세의 변화를 생각하는 것이 도움이 된다. 우리는 시간에 대한 근본적인 재구성이 있을 것이며, 이러한 변화가 장수 현상의 상호 작용, 무형 자산에 대한 투자의 필요성, 장기적인 노동 시간 감소 추세의 결과가 될 것으로 예상한다.

노동 시간에 관한 역설

지금 사람들은 50년 혹은 100년 전 사람들에 비해 대체로 노동 시간이 짧다. 9세기로 거슬러 올라가면, 영국의 알프레드 왕King Alfred이 하루를 세 개의 8시간으로 나누려고 했던 적이 있었다. 8시간은 일을 하고, 또 다른 8시간은 쉬고, 나머지 8시간은 여가를 즐기자는 것이었다. 그러나 8시간 노동은 서구 세계에서 20세기 초반과

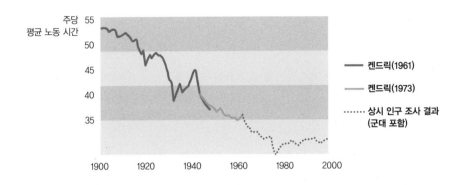

켄드릭(1961)

켄드릭(1973)

상시 인구 조사 결과
(군대 포함)

표 8-1 주당 평균 노동 시간

중반이 되어서야 실현되었다. 산업혁명 기간에는 성인과 어린이 모두가 1주일에 6일을 일했고, 하루에 10~16시간을 일했다. 영국에서는 1847년이 되어서야 정부가 노동 시간을 하루에 10시간으로 제한하는 법안을 내놓았다. 그러나 당시에는 이 법안조차도 여성과 어린이에게만 적용되었다.

표 8-1 은 미국의 주당 평균 노동 시간이 감소하는 추세를 보여준다. 1920년 미국 남성의 주당 평균 노동 시간은 50시간이었다. 2005년이 되어서야 이 시간이 37시간으로 감소했다.[1]

1930년 저명한 경제학자 존 메이너드 케인스John Maynard Keynes는 「우리 후손의 경제적 가능성Economic Possibilities of Our Grandchildren」이라는 글에서 경제가 발전하면 여가 시간이 많아져서, 인류에게는 이러한 여가 시간을 유용하게 보내는 방법을 찾는 일이 중요한 문제가 될 것이라고 썼다.

따라서 창조 이후 처음으로 인간은 진정하고도 영원한 문제에 직면하게 될 것이다. 지혜롭고도 즐겁게 잘 살아가려면, 긴급한 걱정거리에서 벗어난 자유를 어떻게 활용할 것인가, 과학과 복리 이자가 인간을 위해 쟁취한 여가를 어떻게 활용할 것인가.

케인스가 말한 것은 장수가 가져다준 시간이라는 뜻밖의 횡재가아니라 경제 발전에서 비롯된 여가 시간이었다. 그의 논리는 소득 효과income effect라는 개념에 근기한다. 이는 소득이 많아지면서 여가를 포함하여 대부분의 것들을 더 많이 소비하기 원한다는 것을 의미한다. 생산성이 높아지고 임금이 많아지면, 노동 시간이 줄어들고 주말이 길어지고 휴일이 많아질 것이다. 물론 케인스만 이러한 예상을한 것은 아니었다. 로봇이 생산성을 높이고 사람들을 고된 노동에서해방시키고 가정에서 일을 하게 되자, 이 시대의 기술 전문가들은 케인스의 예상이 수십 년 안에 실현된 것이라고 믿었다.

당신은 케인스가 완전히 틀렸다고 믿고 싶을 것이다. 당신은 여가 시간이 많아지는 것이 당신 자신이 직면한 중요한 문제이거나 앞으로 그런 문제가 될 것이라고 생각하지 않을 수도 있다. 그러나 케인스가 완전히 틀리지는 않았다. 케인스는 경제가 발전하여 생산성이높아지면 여가 시간이 많아질 것을 정확하게 예상했고, 실제로도 그렇게 되었다. 실제로 소득 효과가 있었는데, 케인스가 예상한 것만큼강력하지는 않았다. 케인스가 과소 추정한 것은 20세기 컨슈머리즘consumerism●의 확대였다. 사람들은 소득이 많아지면서 여가를 포함하여 대부분의 것들을 더 많이 원했다. 그러나 사람들이 원했던 것은

● 건전한 경제의 기초로서 소비의 확대를 주장함.

물질적 소유물이었고, 이를 여가 시간보다 훨씬 더 많이 원했다. 그래서 일하는 시간이 줄어들기는 했지만, 케인스가 예상한 만큼 크게 줄어들지는 않았다. 이 말은 우리가 이 책에서 여러 차례에 걸쳐 언급했던 내용을 되풀이하는 것이다. 소비율이 높아져서 물질적 재화를 더 많이 원할수록, 당신이 일하는 햇수도 더 많아진다.

케인스가 소득 효과의 위력을 과대 추정했다 하더라도 실제로 효과가 있었고, 시간이 지나면서 노동 시간이 줄어들기도 했다. 따라서 소득과 생산성이 지속적으로 증가하면, 우리는 여가 시간이 길어지고 노동 시간은 줄어들 것으로 예상할 수 있다.

그러나 우리가 이 문제를 일반적으로가 아닌 구체적으로 살펴보면, 이야기가 많이 달라진다. 당신의 삶을 한번 생각해보라. 일을 더 적게 하고, 마음대로 쓸 수 있는 시간이 더 많아졌는가. 당신은 '타임 푸어time-poor'라고 느끼는 다른 많은 사람들처럼 예전보다 더 많은 압박에 시달릴 것이다.[2] 1965년 미국인들 중 항상 바쁘게 살아가고 있다고 대답한 사람은 약 25%였다. 1995년에는 이렇게 대답한 사람이 약 35%로 증가했다. 그리고 부부 간의 불화, 수면 부족, 스트레스성 질환이 계속 많아지고 있음을 보여주는 증거도 있다. 우리는 이처럼 '타임 푸어'라는 사람들을 보면서 온딘의 저주를 떠올리게 된다. 이미 타임 푸어인 당신에게 더 오래 살게 될 것이라 말하면서 그만큼 더 일해야 한다고 하면 아마 당신은 우울한 기분이 들 것이다.

그러나 케인스의 주장이 옳았고, 일하는 시간이 줄어들었는데도 불구하고 이처럼 많은 사람들이 시간이 부족하다고 느끼는 이유는 무엇인가.

다운튼 애비 효과

평균적으로 보면 일하는 시간이 줄어들었지만, 모든 사람이 그런 것은 아니다. 지난 세기에는 흥미로운 전환이 있었다. 지금부터 100년 전에는 가난하고 못 배운 사람들의 노동 시간이 그렇지 않은 사람보다 더 길었다. 그들은 산업혁명이 만들어낸 공장에서 힘들게 일한 반면에, 부유하고 많이 배운 사람들의 노동 시간은 얼마 되지 않았다. 이 상황의 극단적인 형태는 베블런Veblen이 말하는 유한계급leisure class이라는 개념으로 이어졌다.[3] 그들의 삶은 TV 시리즈 〈다운튼 애비Downton Abbey〉에도 잘 나타난다. 1990년대에 이르러 가난하고 못 배운 사람들의 노동 시간과 부유하고 많이 배운 사람들의 노동 시간이 완전히 뒤바뀌었다. 이때부터 저임금 노동자의 노동 시간이 줄어들었고, 고임금 노동자의 노동 시간은 저임금 노동자의 노동 시간보다 조금 더 길어졌다. 게다가 임금이 더 많아질수록 사람들은 일을 더 많이 했다.[4]

이는 특히 최고 수준의 소득을 벌어들이는 사람에게는 잘 맞아 떨어진다. 1979년 미국 최고소득자(상위 20% 소득자)의 15%가 1주일에 50시간 넘게 일을 했다고 한다. 2006년에는 이러한 수치가 거의 두 배에 해당하는 27%로 증가했다. 최저소득자에게는 반대 현상이 일어났다. 1979년 최저소득자(하위 20% 소득자)의 22%가 1주일에 50시간 넘게 일을 했다고 한다. 2006년에는 이러한 수치가 거의 절반에 해당하는 13%로 감소했다.

고소득자들의 노동 시간이 길어지는 이유는 무엇인가, 그리고 그들은 왜 베블런의 유한계급에 들어가려고 하지 않았는가. 이러한 사실을 이해하려면, 우리는 시간이 지나면서 소득 효과의 영향을 상쇄시키는 또 다른 효과를 생각해야 한다. 이를 두고 우리는 대체 효과 substitution effect라고 부른다. 이는 임금이 오르면 여가(다시 말해, 일을 적게 하는 것)에 따르는 비용도 오르는 것을 말한다. 이런 식으로 한번 생각해보자. 일을 적게 하는 데 따르는 비용은 노동 시간이 감소함에 따라 줄어든 임금을 의미한다. 따라서 임금이 오르면 여가 시간 자체가 더욱 비싸지게 된다. 어느 순간이 되면 대체 효과가 효력을 발휘하기 시작한다. 어떤 사람의 임금이 아주 높아서 여가에 따르는 비용도 많이 들면 이 사람은 일을 더 많이 하기로 결정한다. 물론 이런 결정을 할 때 세금도 중요하게 작용한다. 이러한 노동 시간의 변화가 일어난 이유 중 하나는 최고 세율의 인하를 꼽을 수 있다. 세율이 높아지면 여가에 따르는 비용이 저렴해진다. 바로 이런 이유 때문에 유럽에서는 세율이 더 높은데 노동 시간이 줄어들고 휴일이 늘어나는 경향이 있다.

물론 이것이 케인스가 예상했던 것보다 사람들이 일을 더 많이 하는 유일한 이유는 아니다. 사회적 지위라는 문제도 작용한다. 일을 많이 하는 사람들은 스스로 또는 주변에서 바쁘고 쓰임새가 많다고 생각하기 때문에 뿌듯하고 좋은 평가를 받는다. 사람들이 일하는 곳의 분위기도 노동 시간을 결정하는 데 중요한 역할을 한다. '고용의 공동화'에 담긴 의미 중에는 최고 수준의 기술을 갖춘 사람들이 노동 시장을 승자가 독식하는 곳으로 명확히 인식하면서 훨씬 더 많은 압박을 받는다는 사실도 포함된다. 실제로 많은 기업들이 세계 시장에서 우위를 유지하려면 긴 노동 시간이 경쟁력 있는 전략이라고 판단하고 직원들에게 늦게까지 일하도록 압박을 가한다. 기업들은 매일 밤낮으로 일을 해야 하는 분위기를 조성하고는 그렇게 하지 않으면

시장에서 퇴출되고 말 것이라고 생각한다.

어쩌면 훨씬 더 흥미로운 사실은 고임금의 일자리 역시, 노동 시간이 많아도 만족할 만한 요소들이 있을 수 있다는 것이다. 그렇다고 해서 이 말이 이런 직장에서 받는 스트레스를 부정하는 것은 아니다. 오히려 연구 결과에 따르면, 임금이 많아지면 일자리에 대한 만족도가 높아지는 것으로 나온다.[5] 임금에 따라 일자리에 대한 만족도가 결정되고, 육체노동이나 판에 박힌 일을 덜 할수록 이러한 만족도가 높아진다. 사람들은 일자리에 대한 만족도가 높을수록 다른 조건이 같다면 일을 더 많이 할 준비가 되어 있다.

여가라는 수수께끼

그러나 시간이 부족하다고 느껴지는 또 다른 이유들이 있다. 평균으로 보면 일하는 시간이 줄어들었지만, 이것이 여가가 더 많아졌다는 것을 의미하지는 않는다. 일이나 공부를 하지 않는 시간을 두고 여가라고 할 수는 없는 노릇이다. 예를 들어, 당신이 하루에 8시간을 일하지만, 출퇴근을 위해 2시간이 소요된다면, 이 2시간은 일하는 시간에 포함되어야 할 것이 아닌가. 아리스토텔레스는 여가를 노동의 필요에서의 해방이라고 정의했다. 그러나 노동은 일에 쓴 시간보다 훨씬 더 많은 것을 의미한다.

단지 당신이 직장에 있지 않다는 이유 때문에 당신이 심부름을 하거나 집안일을 하거나 그 밖의 잡일을 하는 것을 두고 여가라고 봐야 하는 것은 아니다. 여가를 정의할 때 우리는 시간을 자기가 마음대로 쓸 수 있는가에 집중한다. 그러나 이럴 때조차도 반드시 옳다고만 볼 수는 없다. 당신이 원한다면 6시간이 아니라 8시간을 잘 수도 있다.

그러나 이렇게 늘어난 2시간의 수면을 여가로 볼 수 있을까.

여가와 시간 배분에 관하여 고려할 때 적용해볼 수 있는 한 가지 방법은 다양한 활동으로부터 얼마나 많은 즐거움을 얻는가를 살펴보는 것이다. 미국의 설문 조사 결과에 따르면, 가장 즐거운 활동은 섹스, 스포츠, 낚시, 예술품과 음악 감상, 술집이나 카페에서의 사교 활동, 아이들과 놀거나 대화하기, 아이들에게 책 읽어주기, 잠자기, 교회 활동, 영화 감상 순으로 나타났다. 가장 즐겁지 않은 활동은 일, 아기 보기, 집안일, 부업, 요리와 청소, 아이 보기, 통근, 심부름, 집수리, 빨래, 아이들 건강 챙기기 순으로 나타났다.[6] 우리는 일을 적게 하지만, 가장 즐거운 활동에 시간을 더 많이 쓰고 있는 것 같지는 않다.

지금 사람들은 여가를 얼마나 많이 누리고 있는가. 어느 연구 결과에 따르면 1900년에는 사람들이 1주일에 약 30시간의 여가를 누리고 있었다. 1950년대에는 40시간을 누렸고, 1980년대에는 45시간으로 증가했다. 이후로는 계속 감소하여 2000년에는 40시간이 되었다. 다른 연구 결과에서는 여가가 훨씬 더 많이 증가한 것으로 나온다. 1965년부터 2003년 사이에 남성은 여가가 1주일에 5~8시간, 여성은 4~8시간 증가했다.[7]

따라서 케인스의 주장이 옳았다. 비록 증가의 규모가 크지는 않았지만 많은 사람들이 여가를 더 많이 누렸다. 더구나 20세기에는 여가, 주말, 휴일이 많아지면서 여가 산업이 크게 발전했다. 스포츠, 여행, 영화, 방송 산업은 여가가 늘어난 덕분에 엄청난 혜택을 누리며 성장했다.

이러한 현상은 이번 논의의 핵심, 즉 사람들이 여가에 얼마나 많은 시간을 할애하는가를 생각하게 한다. 우리가 이 글을 쓰는 지금,

대다수의 사람들은 자기가 마음대로 쓸 수 있는 시간이 20세기가 시작될 때보다 더 많아졌다. 그러나 사람들이 '타임 푸어'라고 생각할 때는 자기가 마음대로 쓸 수 있는 시간이 아니라 여분의 시간이 부족한 것을 의미한다. 다시 말하자면, 사람들은 자기가 마음대로 쓸 수 있는 시간을 채워넣는 선택을 하다보니 여분의 시간이 줄어든다. 경제학자 게리 베커Gary Becker와 스타판 린데르Staffan Linder가 말했듯이, 소비에는 시간이 걸린다.[8] 사람들이 소득이 많아지면서 예전보다 소비재를 더 많이 소유한다. 따라서 소비재가 쌓이는 속도가 여가 시간이 증가하는 속도보다 더 빨라지면서 여가 시간에는 항상 바쁘게 움직인다. 그 결과 사람들이 시간을 잘게 쪼개고는 여기에 여가를 채워넣고 있는 듯한 기분이 든다. 당신은 영화, 페이스북, 파티, 낚시, 넷플릭스Netflix 미니 시리즈에 빠져드는 시간을 어떻게 짜내는가.

일을 끝낼 시간이 되었다

당신이 생산 활동을 하는 기간이 길어지면서 시간을 어떻게 사용할 것인가를 생각하면, 먼저 하루에 8시간 일하고 1주일에 이틀 쉬는 것을 염두에 둘 것이다. 이제 우리는 이러한 시간 배분 문제를 다룰 때가 되었다고 생각한다. 케인스의 소득 효과가 여전히 효력이 있다면, 여가 시간이 많아지고 노동 시간이 줄어들 것이다.

선진국들을 보면, 산업혁명으로 노동 시간이 현저하게 늘어났다. 1200년부터 1600년까지 400년에 걸쳐 영국인의 연간 노동 시간은 1500시간에서 2000시간 사이를 오르내리고 있었다. 그러나 산업혁명이 한창이던 1840년에는 영국인과 미국인의 연간 노동 시간이

3500시간에 달했다고 한다. 이는 1년 52주 동안 매주 70시간을 일했다는 뜻이다. 따라서 19세기 전반에 걸쳐 선진국의 노동조합들이 노동 시간의 단축을 요구한 것은 전혀 놀라운 일이 아니었다.

노동자들의 강력한 요구에 따라 토요일 오전 근무제가 시행되었지만, 주당 노동 시간은 여전히 40시간을 크게 초과했다. 주 5일 근무와 1일 8시간 노동은 20세기 전반에 자리를 잡기 시작했다. 1914년 미국의 헨리 포드Henry Ford가 주 40시간 근무제를 도입했지만, 노동 시간을 제한하는 법안은 1938년이 되어서야 발의되었다. 유럽에서는 이러한 추세가 미국보다 일찍 시작되었다. 독일은 20세기를 맞이하면서 노동 시간을 제한하는 법안을 시행했고, 러시아는 1917년에, 포르투갈은 1919년에, 프랑스는 1936년에 시행했다. 2015년에는 독일의 주당 평균 노동 시간이 35시간이고, 프랑스, 이탈리아, 영국은 37시간이었다.

마찬가지로 노동조합도 유급 휴가가 늘어나도록 했다. 비록 국가마다 고용주가 제공하는 유급 휴가 일수는 크게 달랐지만 말이다. 이글을 쓰고 있는 지금, 유럽연합 국가들의 정규직 노동자들은 적어도 연간 20일의 유급 휴가를 갖는다. 물론 일부 국가에서는 이보다 더 많을 수 있다. 예를 들어, 영국에서는 유급 휴가가 25일이고, 스웨덴에서는 33일이다. 반면에 이보다 훨씬 적은 나라도 있다. 미국에서는 12일, 일본에서는 18일이다.

이제 주 5일 근무제와 유급 휴가의 도입이 얼마나 근본적인 변화였는지를 잠시 생각해보자. 1주일이 왜 7일인지는 어느 누구도 알 수 없는 미스터리다. 이것이 자연적으로 일어나는 현상을 반영한 것은 아니다. 한 달과 1년은 고대 바빌론에서 나온 것으로 보인다. 그리고 프랑스혁명 당시에 한 달을 3주일, 1주일을 10일로 하려는 노력에도 굳건하게 버텨냈다. 안식일은 더욱 최근에 나타났지만, 그럼에도 여전히 오래전으로 거슬러 올라간다. 비록 안식일 자체가 국가마다 다르고, 시간이 지나면서 이에 대한 준수 여부도 크게 달랐지만 말이다. 따라서 1주일이 7일이고, 그중에서 하루를 쉬는 것은 인류 역사에서 오래된 관행이지만, 주말은 훨씬 더 최근에 나온 것이다. 옥스퍼드 영어사전을 보면 1878년부터 '주말weekend'이라는 단어가 1주일에 이틀을 쉬는 것을 의미하게 되었다고 한다. 따라서 1주일에 닷새를 일하고 이틀을 쉬는 것은 역사적으로 오랫동안 우리의 마음속에 깊이 뿌리를 내리고 있는 현상이 아니라 비교적 최근에 나타난 현상이다.

다시 말하자면, 1주일을 구성하는 방식은 역사적으로 고정된 것이 아니라 시간이 지나면서 변해왔다. 앞으로는 노동 시간이 계속 줄어들고 주당 노동 시간과 근무 일수에도 새로운 변화가 있을 것으로 보인다. 문제는 하루 평균 노동 시간이 7시간인데, 여기서 더 줄이는 것은 바람직하지 않다는 것이다. 일을 하는 데는 출근 준비 시간, 출퇴근 시간처럼 고정 비용이 들어가기 때문이다. 이러한 고정 비용을 고려하면, 하루에 일을 더 많이 하고 1주일에 쉬는 날이 더 많은 것이 낫다. 이 책의 관점에서 보자면, 100세 인생에 적합한 방식으로 시간을 재구성하는 것이 가능한가 하는 흥미로운 질문이 나올 수 있다. 이것이 가능하다고 주장하는 사람들이 있다. 예를 들어, 멕시코의 부호 카를로스 슬림Carlos Slim은 이제 세상은 1주일에 3일을 일하고, 하루에 11시간을 일하는 사회로 넘어가야 한다고 믿는다.[9] 여가의 대부분을 퇴직 이후로 미루지 않고 퇴직 연령을 75세로 하여 생애 전반에 걸쳐서 여가를 분산시키는 편이 더 낫다는 주장이다.

이처럼 시간을 재구성하는 데 따른 딜레마는 제인의 시나리오에서 분명하게 드러난다. 우리는 시간을 근본적으로 재구성하지 않고서는 3.0 시나리오도, 3.5 시나리오도 효과가 없을 것으로 생각한다. 제인이 80세까지 하루에 9시부터 5시까지 일을 하고, 1주일에 이틀을 쉬고, 1년에 2~5주 휴가를 얻어가지고는 생산 자산을 보존하고 활력 자산을 유지하기가 어려울 것이다. 제인은 재교육을 받고 활력을 불어넣기 위해 자기가 마음대로 쓸 수 있는 시간을 가질 수 없게 된다. 바로 이러한 이유 때문에 우리는 4.0 시나리오와 5.0 시나리오를 만들었고, 탐색자와 독립적 생산자의 단계들을 도입했다.

그러나 제인이 일하는 기간의 대부분을 기업에서 일하기 원한다면 어떤 일이 발생하는가. 3.0 시나리오나 3.5 시나리오가 괜찮은 선택이 될 수도 있다. 그러나 그렇게 하려면, 제인이 1주일에 5일보다는 적게 일해야 하고, 재교육을 받고 활력을 불어넣기 위해 쉬는 날이 많아야 한다. 여가 시간이 점점 더 많아지는 추세가 계속되고 이러한 추세가 주 단위로 시간을 재구성하는 작업과 함께 진행된다면, 제인이 선택할 수 있는 시나리오가 더 많아질 것이다. 여기에는 주당 근무 일수가 줄어들고 휴일이 많아지는 3단계 모델도 포함된다.

이처럼 우리가 제인을 위해 개발한 모든 시나리오는 현재 기업 대부분의 관행보다 일과 시간에 대해 더욱 유연한 사고방식에 기반을 둔다. 그렇기 때문에 앞으로 사람들이 일하는 동안에도 활력을 불어넣고 재교육을 받기 위한 시간을 확보하려고 하면서 다양한 실험이 이루어질 것이라고 예상한다. 따라서 현재 기업이 시행하고 있는 시간 관리에 관한 규정은 더 이상 유지되기가 어려울 것이다.

경제학자 클로디어 골딘이 말했듯이, 경력이 단절된 사람들(주로 자녀를 키우는 여성)은 그렇지 않은 사람보다 평생 수입이 눈에 띄게 줄어드는 것을 경험한다.[10] 또 다른 연구 결과에 따르면, 일을 집에서 하거나 유연하게 하면서 시간을 관리하려는 사람은 승진 속도가 늦다.[11] 그래서 빠르게 승진하여 보수를 많이 받고자 하는 사람이라면 일을 쉬거나 유연하게 일하는 것을 두고 현명하지 않은 결정이라고 생각할 것이다. 윌리엄 포크너는 "밀집 대형에서 빠져나온 사람은 밟혀 죽을 위험이 있다"라고 말했다.[12] 앞으로는 유연성을 원하는 개인의 요구와 길고 연속적이고 표준적인 노동 시간을 원하는 기업의 요구가 충돌하면서 긴장이 형성될 것이다. 결국 이 지점에서 기업의 관행과 인식은 강력한 반발에 직면할 것이다. 변화가 어떻게 얼마나 빠르게 전개될 것인가는 정확하게 예측하기가 어렵다. 그러나 변화를 바라는 요구가 커지면서 사람들이 시간을 다양하게 관리할 것이고, 고급 기술이 필요한 일에서는 시간 관리에 관한 독특한 패턴이 등장할 것이고, 여가 시간은 자신을 재창조하는 시간이 될 것이다.

시간을 더욱 다양하게 관리한다

3단계 삶에서 다단계 삶으로 바뀌면, 삶의 단계들이 훨씬 더 다양해진다. 그리고 이와 함께 시간을 어떻게 분배해야 할 것인가에 대하여 다양한 요구가 등장할 것이다. 돈을 모으는 것이 중요한 단계에서는 사람들이 노동 시간을 길게 잡을 것이다. 그 밖의 단계에서는 가족 관계나 교육 때문에 여가 시간이 많아지고 노동 시간은 줄어들 것이다. 노동의 유연성과 맞춤식 노동 시간을 요구하는 노동자와 표준적인 노동 시간과 예측 가능성을 요구하는 기업은 틀림없이 서로 충돌할 것이다. 그러나 노동자와 기업은 결국 타협할 것이고, 기업은 다양한 노동자들에게 다양한 노동 시간 패키지와 책임을 제공할 것이다.

물론 1주일을 재구성하는 데도 다양한 방법이 나올 것이다. 근무 일수가 줄어들면서 저녁이 길어질 수 있고, 산업화 이전에 장인들이 월요일에는 일하지 않는 전통으로 자리 잡았던 성 월요일St. Monday이 부활해서 주 4일 근무제와 새로운 3일짜리 주말이 생길 수도 있다. 그러나 그렇게 된다면, 3일짜리 주말은 여가 시간이 엄청나게 많아지는 것이기 때문에 이것이 곧 시행될 것 같지는 않다. 산업혁명 시기처럼 금요일이 반휴일이 되지는 않을까. 아니면 금요일을 쉬지만 일하는 다른 날의 노동 시간이 길어지지는 않을까. 지금 몇몇 기업에서 유연성을 발휘하여 노동 시간을 가지고 다양한 실험을 하고 있다. 따라서 앞으로 다양한 대안들이 나올 것이다.

하지만 모든 기업들이 이러한 실험을 하는 것은 아니고, 다양성과 유연성을 거부하는 기업도 많다. 이는 자영업자가 되거나 소기업에서 일하는 식으로 시간을 자기 마음대로 쓸 수 있는 선택을 할 여지를 만든다. 마찬가지 이유로 독립적 생산자가 되는 것이 아주 매력적인 선택이 될 수도 있을 것이다.

모든 사람들을 위한 유연성인가

시간의 구성과 배열에서 유연성이 있다면, 3단계 삶이 일하기에 더 나을 수도 있다. 실제로 이러한 유연성은 새롭게 부상하는 다른 단계의 삶에도 긍정적으로 작용한다. 그러나 다단계의 시나리오에서 금전적으로 성공하기 위하여 일을 집중적으로 하는 기간이라면 어떨까. 5.0 시나리오에서는 제인이 기업에서 일을 집중적으로 하는 기간이 두 차례 나온다. 처음에는 이트웰에서였고, 나중에는 탤런트파인드에서였다. 혹은 자신의 고급 지식을 활용하거나 리더십을 발휘하여 유형 자산을 한번 제대로 형성해보려는 욕심이 있는 사람이라면 어떨까. 이런 사람들에게 주말이 길어지고 휴일이 많아지는 시간 구성이 긍정적으로 작용할까.

우리는 이러한 질문에 두 가지 이유로 확신이 없다. 고급 지식을 갖고 높은 자리에 있는 사람들은 항상 밤늦게까지 집중적으로 일을 한다. 그러나 이로 인해 극도로 피로가 쌓이면, 두번째 단계에서 60년 동안 일을 계속하기는 어려울 것이다. 이런 사람들에게는 3단계 삶이 적용되지 않을 것이다. 건강한 100세 인생을 위해서는 가족 관계와 활력에 대한 투자가 반드시 필요하고, 이 때문에 단지 길어진 주말보다는 시간을 자기가 마음대로 쓸 수 있는 통합된 기간이 요구된다. 더구나 고급 지식이 필요한 일자리는 그 역할과 직업이 빠르게 쇠퇴할 수도 있으므로, 이에 대비하여 새로운 지식과 기술에 대한 지속적인 투자를 해야한다. 이러한 투자는 시간을 쪼개서 지식을 다시 채우는 식으로 진행되어서는 안 되고, 상당한 기간의 재교육과 이를 위한 전환기를 통해 진행되어야 한다. 새로운 지식을 얻기 위한 투자는 하루 혹은 1주일 단위가 아니라 근본적이고 지속적인 노력을 요한다.

따라서 주말이 길어지고 휴일이 많아지는 것이 많은 사람들에게 긍정적으로 작용하겠지만, 고급 지식을 활용하는 사람에게는 5.0 시나리오에 나오는 시간 구성이 더욱 의미가 있다. 5.0 시나리오에서는 제인이 기업에서 일을 집중적으로 하는 기간이 두 차례 나오는데, 이를 전후로 제인이 무형 자산을 형성하기 위해 온종일 집중할 수 있는 전환기가 나온다.

이 책의 독자들 중에는 높은 수준의 교육과 소득을 통해 혜택을 보고, 직장에서 대단한 능력을 발휘해 고용 시장에서 선택권이 많은 사람들도 있을 것이다. 그러나 모두가 이처럼 운이 좋지는 않을 것이므로, 100세 인생을 가장 잘 활용하는 것은 모두에게 중요한 과제가 될 것이다. 우리는 주당 노동 시간이 훨씬 더 짧은 3.0 시나리오가 고급 지식을 갖추지 않고 선택권이 별로 없는 사람에게 괜찮은 선택으로 남을 것이라고 생각한다. 또한 시간이 지나면서 무형 자산에 투자하기 위한 자금이 별로 없는 사람에게 정부가 전환기 수당을 지급할 것으로 예상한다. 유급 휴가와 여성에게 적용되는 유급 출산 휴가(지금은 남성에게도 적용된다) 제도가 정부 주도 하에 지속적으로 시행되는 것을 볼 때, 100세 인생이 요구하는 변화에 적응할 자금이 없는 사람들을 대상으로 전환기 수당을 지급하는 제도도 마찬가지로 정부 주도하에 시행되는 것을 상상해볼 수 있다.

여가 시간을 재창조의 시간으로

우리는 시간의 재구성뿐만 아니라 시간(특히 여가) 사용법에서도 변화가 있을 것으로 예상한다. 100세 인생에서는 가족, 친구, 지식, 기술, 건강, 활력을 중심으로 하는 무형 자산의 개발을 강조할 것이다. 그러므로 가족과 친구, 재교육, 운동에 시간을 투자해야 한다. 수명이 길어지면 이러한 자산, 특히 교육에 대한 투자가 더 많이 필요하다.

확실히 주말에 3일을 쉬게 되면 이러한 무형 자산에 대한 투자를 더 많이 할 수 있는 시간과 공간이 생길 것이다. 그러나 이것으로 충분할까. 100세 인생에서는 3일짜리 주말에 무형 자산에 투자하는 것보다 더 많은 투자가 필요하지는 않을까. 우리는 사람들이 여가를 바라보는 방식에 근본적인 변화가 있을 것으로 생각한다.

여가를 정의하고 사용하는 방법을 포함하여 시간에 대하여 우리가 지금 갖고 있는 개념은 주로 산업혁명과 함께 시작되었다. 간헐적이고도 천천히 움직이는 농사일의 시간 개념은 공장 노동의 시간 개념과는 잘 맞아 떨어지지 않았다. 공장 노동은 정확하고 저렴한 기계식 시계의 등장과 함께, 확실하게 구성되고 정의된 근무일이라는 개념을 낳았다.[13] 공장 노동은 고정된 근무일 그리고 일과 가정의 분리를 요구했다. 유년기와 노년기, 밤과 주말, 크리스마스와 여름휴가처럼 새로운 여가가 등장함에 따라 여가도 정확하게 정의되었고, 더 이상 계절적인 의미를 지니지 않았다.

사람들은 새로운 여가의 등장으로 이러한 시간을 보내는 방법을 결정해야 했다. 노동운동가들은 노동자들이 장시간에 걸쳐 힘든 일을 하고 나서 신체적, 정신적 재충전을 할 수 있도록 노동 시간 단축과 주 5일 근무제를 주장했다. 또한 일과 가정이 분리되고 어린이들의 공장 노동을 금지함에 따라, 사람들은 여가를 가족과의 유대를 강화하기 위해 보내려고 했다.

여가 시간이 늘어나면서, 여가 산업도 번창했다. 기업가들은 도시화가 진행되고 여가 시간이 표준화되면서 새로운 형태의 오락을 개발하기 시작했다. 이러한 예로는 음악 공연, 영화, 프로 축구 등이 있었다. 산업혁명 이전에는 사람들이 대체로 여가를 공공장소에서 분명하게 정의되지 않은 방식으로 보냈다. 산업혁명이 진행되면서 여가는 사적이고도 표준적인 활동이 되었다.[14]

지난 100년 동안에는 여가 산업이 꾸준히 발전했고, 여가 시간이 늘어나면서 여가 산업의 가치도 커졌다. 결과적으로 자기가 마음대로 쓸 수 있는 시간은 텔레비전을 보고, 스포츠 경기장을 찾고, 쇼핑을 하고, 외식을 하고, 호화 여행을 가는 식으로 주로 여가 활동에 점점 더 사용되었다. 이 모든 활동은 시간을 사용하는 것이 아니라 소비하는 것이 되었다.

우리는 수명이 길어지고 무형 자산에 대한 투자를 늘려야 하는 상황에서, 여가 시간을 보내는 방식에서도 변화를 기대할 수 있다. 앞으로 우리는 여가 시간을 그냥 소비하기보다는 무형 자산에 투자하기 위해 더 많이 쓸 것이다. 다시 말하자면, 여가 시간을 자신을 재창조하는 시간으로 쓸 것이다. 카를 마르크스Karl Marx가 말했듯이, "노동 시간을 효율적으로 이용하는 것은 자유 시간이 많아지는 것을 의미한다. 즉, 개인의 완전한 발전을 위한 시간이 많아지는 것을 말한다."[15] 자신을 재창조하는 데는 개인의 노력이 필요하므로, 앞으로 우리는 여가와 재창조로 구성된 개인별 여가 계획표를 작성하게 될 것이다. 우리가 지난 100년 동안 공공장소에서 벌어지는 여흥에서 벗어나 개인의 소비를 중심으로 하는 여가 산업의 발전을 보았다면, 앞으로는 개인의 자기계발과 투자를 중심으로 하는 여가 산업의 발전을 볼 것이다.

산업화 이후의 시간

수명이 길어지면, 우리가 앞에서 설명했던 새로운 단계에서, 그리고 이번 장에서 설명했던 1일과 1주에서 시간의 재구성이 시작된다. 시간의 재구성이라고 하면 극적인 표현처럼 들릴 수도 있지만, 이것은 예전에도 있었다. 우리가 산업혁명의 영향을 자주 언급하는 것도 바로 이런 이유 때문이다. 지금 널리 보급된 사회 관습이 자리를 잡은 것도 바로 산업혁명 시기였다.

노동자가 장시간에 걸쳐 감독을 받으면서 일을 하게 만드는 표준적인 노동 시간은 산업혁명의 산물이었다. 이는 일과 여가, 일하는 곳과 거주하는 곳, 노동 환경과 가족을 분명하게 구분했다. 또한 어린이 노동을 금지하고 기업이 퇴직을 장려했기 때문에 성 역할에서 변화를 일으키고, 자녀 양육에서 획일적인 역할을 하도록 했고, 3단계 삶이 자리를 잡도록 했다.

지난 20년 동안 이러한 특징들이 변화에 직면하면서 그 영향력이 서서히 약화되었다. 성 역할, 일과 여가의 구분, 표준적인 노동 시간에서 커다란 변화가 감지되었다. 우리는 이미 진행되고 있는 사회적 추세가 100세 인생의 요구와 기술의 심대한 변화로 인해 더욱 강화될 것으로 생각한다. 산업혁명은 시간의 구성에 커다란 변화를 일으켰다. 아마 지금과 같은 새로운 시대는 이보다 훨씬 더 커다란 변화를 예고할 것이다.

9장

인간관계
변화하는 삶의 형태

수명이 길어지면 삶의 형태가 변한다. 결혼과 파트너십이 길어지고, 그 속에서 더 많은 변화를 경험한다. 따라서 우리가 파탄의 위험을 피하려면 더 유연해질 필요가 있다. 가정에서는 자녀를 덜 낳지만, 부모뿐만 아니라 조부모, 심지어는 증조부모까지도 부양해야 한다. 따라서 네 세대로 이루어진 가정은 나이 든 세대가 젊은 세대에게 의욕을 북돋우는 조언자의 역할을 하고, 젊은 세대가 나이 든 세대를 부양하는 기회를 만든다. 부모 세대는 자녀를 양육하고 나서는 우정이 더 중요해지는데, 생각과 열정을 공유할 다른 연령대의 사람들과 교류하면서 다양한 우정을 나눌 수 있을 것이다.

삶의 형태뿐만 아니라 일하는 여건도 변할 것이다. 가족 구성원들 중 대다수가 일을 할 것이고, 그들 중 일부는 70대, 심지어는 80대까지 일을 할 것이다. 여성들도 일을 하면서 가정의 전통적인 역할은 계속 무너질 것이며 가정 내 구성원들의 역할에, 특히 아이들을 더 많이 책임지기로 선택한 아버지들에게 영향을 미칠 것이다. 이러한 현상은 남성들이 다단계 삶을 살아가기 위해 유연한 노동 형태를 요구하면서 더욱 두드러질 것이다.

지금까지 우리는 수명이 개인의 삶의 형태에 미치는 영향을 설명하면서, 이번 장에서 논의하게 될 쟁점의 일부분을 이야기했다. 우리는 다음 질문에 관심을 갖는다. 지금까지 가정에서 어떤 일이 일어났는가. 앞으로 일과 가정의 상호작용에서 어떤 일이 일어날 것인가. 앞으로 여러 세대가 어떠한 방식으로 함께 살아갈 것인가.

▌가정

게리 베커 교수는 1981년 자신의 논문 「가정에 관한 소고Treatise on the Family」에서 자신이 생산 상보성production complementarities이라고 일컬었던 것에 기반을 두고 가정경제 이론을 제시했다. 그가 말하는 가정에서는 남편과 아내가 직장과 가정에 각각 특화되어 일을 한다. 그러면 그들은 따로 살 때보다 생산성이 더 높다.[1]

결혼

잭과 질은 결혼을 하고 이전 세대처럼 역할 분담이라는 전통적인 원칙을 따랐다. 와튼 스쿨의 심리학자 스튜어트 프리드먼Stewart Friedman이 말했듯이 "이전 세대의 남성들은 자신을 가정의 주 수입원이라고 생각하고 가족을 부양하기 위해 직장 생활을 계속했다. 이런 생각은 당연시되어 갈등을 일으킬 일이 없었다."[2] 잭은 일을 해서 번 돈으로 가족을 부양하는 데만 집중했다. 질은 자녀를 양육하고 집안 분위기를 따뜻하게 만드는 데만 집중했다. 간단하게 말하자면, 잭의 임무는 유형 자산(돈, 연금, 집)을 형성하는 것이었고, 질의 임무는 무형 자산(정서적 안정, 사교)을 형성하는 것이었다.

1945년에 태어난 잭은 전통적인 롤모델을 염두에 두고 결혼 생활을 시작했지만, 살아오면서 당연시했던 것들 중 많은 것들이 변하고 있다고 느꼈다. 잭은 결혼율이 떨어지고, 동거율이 높아지고, 결혼과 출산 연령이 높아지고, 이혼율도 높아졌다가 다시 떨어지고 재혼 부부가 많아지는 것을 보았다.[3] 이러한 변화의 이면에는 피임약 개발, 법 개정, 양성 불평등에 대한 사회적·경제적 인식의 변화, 수명 증가 등 다양한 요인이 있었다.

이러한 변화는 지미가 살아가는 동안 더욱 강력하게 전개되었고, 자신만의 인간관계와 파트너십에 대한 기대에 커다란 영향을 미쳤다. 1971년생인 지미는 변화의 동력, 전통적인 관습을 약화시키는 정도, 세계적인 영향력의 측면에서 볼 때, 결혼 같은 현대적인 제도가 기존 사회 질서의 형태와는 달라지기 시작하는 시대에 태어났다. 이러한 시대는 사회학자 앤서니 기든스가 주장했던 것이다.[4]

지미의 경우에는 가족과 결혼에 대한 규범이 변하고 이를 통해 일상생활과 사회생활이 근본적으로 바뀌면서, 이러한 변화의 동력이 매우 극명하게 나타났다. 지미가 유럽이나 미국에서 살았다면, 젊은 시절에 여성의 성적 자기결정권과 동성애의 합법화를 근간으로 하는 성의 혁명을 경험했을 것이다. 지미 세대에는 지리적으로 이동이 용이하고 대중 매체가 발달하여 전통 사회를 이루는 여러 요소들이 약해짐에 따라, 가정 생활과 부부 관계에 대한 전통적인 견해가 변하고 있었다. 지미가 16세 때, 셰어 하이트Shere Hite는 자신의 저서 『여성과 사랑Women and Love』에서 여성의 역할에 관한 폭발적인 반응을 일으키고 수많은 사회적 논쟁과 재조사를 이끌어냈다. 남성과 여성이 서로 관계를 맺는 방식과 그들 각자의 역할은 공개적인 토론의 주제가 되었을 뿐만 아니라 성, 남성과 여성의 역할, 가정의 구성에 관한 생각을 변화시켰다.[5]

1998년에 태어난 제인은 10대 시절에 부모가 이혼하고 어머니가 일을 하는 가정에서 자랐다. 이후로 제인의 삶은 어떻게 전개되었을까. 우리는 제인을 위해 5.0 시나리오를 설계하면서 상당히 선통적인 삶을 설정했다. 제인은 성인 시절의 대부분을 일을 하며 보내고 인생의 파트너 조르지 그리고 두 자녀와 함께 산다. 제인이 이렇게 살아가는 모습은 전 세계의 수많은 여성들이 살아가는 모습과도 다르지 않은데, 맞벌이 기간이 이처럼 길어진 것은 이러한 여성들, 그들의 파트너와 고용주에게 커다란 영향을 미칠 것이다.

이러한 사회적·경제적 추세에 따라, 제인도 장수와 다단계 삶을 맞이해야 할 것이다. 우리는 이러한 사실이 제인의 선택에도 영향을 미칠 것으로 생각한다. 수명이 길어지면 선택이 더욱 가치를 지니기 때문에 사람들, 특히 여성들이 이미 결혼을 뒤로 미루는 것도 놀라운 일이 아니다. 그럼에도 장수가 개인의 삶과 가정에 가장 크게 미치는 영향을 꼽자면, 삶의 전반에 걸쳐서 자녀 양육에 집중하는 기간이 비율상으로 더 짧아졌다는 것이다. 사람들은 자녀 양육에 대한 책임이 없는 시간을 더 많이 가질 것이다. 이러한 효과는 이미 피부에 와 닿기 시작했다. 1880년에는 자녀를 양육하고 있는 가정이 75%였지만, 2005년에는 이러한 수치가 41%로 떨어졌다. 인생의 상당한 시간을 아이 없이 보내는 게 특이하지 않은 상황이 되었다.[6] 결과적으로 베커가 말했던 생산 상보성과 남성과 여성의 역할에 기반을 둔 노동의 특화 이론은 천천히 그러나 눈에 띄게 중요성이 줄어들었다.

노동의 특화 이론은 다른 요인에 의해서도 설득력을 잃고 있다. 진공청소기, 냉장고, 세탁기, 식기세척기, 조리식품이 등장하면서, 여성은 가사 노동에만 특화될 필요가 없게 되었다. 또한 여성과 남성의 임금 격차가 점점 줄어드는 것도 성 역할에 대한 인식이 변하도록 했다. 부부의 소득이 비슷하다면, 어느 한 사람이 가사 노동을 전담하는 데 따르는 기회비용은 커진다.

파트너십에서 베커가 말했던 생산 상보성이 설득력을 잃고 있다면, 무엇으로 그 자리를 대체해야 하는가. 앤서니 기든스의 견해에 따르면, 그 자리에는 그가 말하는 '친밀성의 변형transformation of intimacy'이 오는데, 그 의미는 '순수한 관계'와 가깝다. 이것은 부부간의 전통적인 계약에 기반을 두는 관계는 더 이상 아니며, 관계 그 자체가 두 사람에게 가져다줄 수 있는 것을 추구하는 관계다. 이러한 관계는 성찰을 통해 이루어지고, 고정적이거나 타성에 젖어들기보다는 끊임없이 의문이 제기되고 변형된다. 이러한 관계에는 영리한 계책이 스며들 여지가 있다. 이러한 관계에서는 헌신이 중요한데 "헌신하는 사람은 다른 선택이 가진 잠재성을 포기해야 하는 위험을 받아들일 준비가 되어 있다."[7] 따라서 파트너 간의 신뢰가 중요하다. 각자가 믿음을 주어야 하고, 이러한 유대는 미래에 닥칠 충격을 견뎌내는 힘이 된다. 어쩌면 파트너 각자에게 가장 중요한 것은, 자기 정체성이 자기 탐색과 상대와의 친밀성 형성을 통한 협의의 과정을 거쳐서 결정된다는 점이다. 이는 공동의 이력을 창출한다. 물론 이처럼 순수한 관계가 지닌 가장 커다란 모순은 이러한 수준의 헌신이 관계가 무기한으로 지속될 것이라는 일종의 보증을 요구한다는 것이다. 그러나 순수한 관계의 특징은 그것이 어느 한 사람의 의지에 따라서 언제라도 종료될 수 있다는 것이다. 이러한 조건을 고려하면, 이 관계는 긴장과 갈등이 발생할 가능성이 높다. 그리고 기간이 길어지면, 이러한 긴장과 갈등을 관리하는 능력이 상당히 중요해질 것이다.

이 친밀성의 변형과 동시에 결혼의 경제적 특징에서 중요하고도 근본적인 변화가 발생한다. 맞벌이 가정이 많아지면서, 생산 상보성이 설득력을 잃었지만, 소비 상보성이 설득력을 얻었다. 관계의 측면을 주목하자면, 이처럼 새로운 형태의 파트너십은 성찰을 하고 공동의 이력을 갖게 만드는 여건을 조성하기 때문에 서로에게 도움이 된다. 경제적 관계의 측면을 주목하자면, 혼자서 사는 것보다는 두 사람이 함께 사는 것이 집을 구매하거나 휴일을 즐기거나 가정을 꾸려나가는 데 금전적인 부담이 덜하기 때문에 이러한 파트너십이 서로에게 도움이 된다. 게다가 위험을 분산시키는 효과도 대단히 중요하다. 이는 제인과 조르지의 삶에서 중요한 역할을 했다. 또한 우리는 앞으로 더 많은 커플들이 제인과 조르지처럼 위험을 분산시키기 위해 서로에게 헌신할 것으로 본다. 이러한 효과는 연령, 교육과 소득 수준이 비슷한 사람끼리 결혼하는 동질혼 현상이 두드러지게 나타나는 원인이 되기도 한다.[8] 베커의 전통적인 결혼관에 의하면, 부부 간의 소득 격차가 큰 경우에는 비교 우위가 발생할 여지가 늘어나 생산 상보성이 크게 유리하다. 그러나 부부 간의 소득 격차가 그리 크지 않을 경우에는 위험을 분산시키는 것이 의미가 있고, 부부의 소득이 비슷한 경우에는 가장 손쉬운 방법이기도 하다.

지미가 살아가는 동안에 결혼의 의미가 많이 변해왔다. 그리고 베커의 생산 상보성은 소비 상보성과 위험 분산에 바탕을 둔 '순수한'

관계에 의해 대체되었다. 제인이 살아가는 동안에는 훨씬 더 많은 변화가 일어날 것이다. 베커의 모델에 따르면, 가정을 보살피면서 무형 자산을 형성하는 것은 아내의 역할이었다. 제인의 다단계 삶에 따르면, 이러한 무형 자산에는 생산 자산도 포함되었다. 결과적으로 우리는 특화와 생산 상보성이라는 전통적인 개념으로 되돌아갈 것으로 생각한다. 그러나 이번에는 생산 자산 창출에 기반하여, 두 사람이 서로 역할을 교체하며 각자 다른 삶의 단계를 주도하게 될 것이다.

파트너십이 길어지면서 이러한 역할 교체는 파트너 간의 높은 수준의 상보성과 조정 능력을 요구할 것이다. 다단계 삶에서는 새로운 기술을 배우고 새로운 과제를 맡을 역량을 키우고 새로운 네트워크에 투자하는 전환기가 여러 차례에 걸쳐서 나타난다. 이러한 전환기를 성공적으로 보내기가 쉽지 않고, 이 시기에 다른 사람에게서 지원을 요구하기도 쉽지 않다. 파트너 간의 긴밀한 협력이 이루어지면 이 모든 것들이 훨씬 더 쉬워진다. 바로 이러한 이유 때문에 양질의 파트너십이 아주 중요하다. 긴 삶에서 그들은 정신적 지지를 보내고 어려운 결정을 해야 할 때 조언자가 되고 솔직한 비판자가 되어야 한다.[9] 중요한 사안에서 눈을 떼지 않고, 시간과 활력을 관리하고, 건강하게 살고, 일, 여행, 가정 관리, 커뮤니티 관계에서 (때로는 어려운 문제에 관하여) 신중한 선택을 하도록 서로 도와야 한다. 이러한 파트너십을 이어가려면 오랜 세월에 걸쳐서 헌신하고 자산에 관해 협의할 수 있는 더 많은 기술과 능력이 요구될 것이다.

이것이 가능하다면, 오래 지속되는 파트너십은 긴밀한 협력의 가능성을 만들어서, 무형 자산을 재창조하고 재생하는 동안에 가정의 소득 흐름을 유지할 수 있게 한다. 3단계 삶에서는 맞벌이 부부 중 한 사람은 주 수입원, 다른 한 사람은 부 수입원이었거나 두 사람 모두가 비슷한 소득을 벌어들였다. 다단계 삶에서는 맞벌이 가정이 더 많이 나올 것이고, 두 사람 간의 역할을 조정해야 하는 상황이 더 많이 발생할 것이다. 이를 통해 각자가 서로 다른 단계에서 주 수입원이 됨으로써 역할 교체를 이루어낼 것이다. 때로는 이러한 교체가 예상하지 못한 사건에 의해 발생할 수도 있지만, 구체적인 계획, 협의, 헌신에 의해 발생하는 경우가 더 많을 것이다. 3단계 삶에서 맞벌이 가정은 각자의 일을 1주일 단위로 조정하면서 일과 가정을 양립하는 방법을 배워야 했다. 다단계 삶에서는 이러한 조정은 몇 주가 아니라 수십 년에 걸쳐 이루어지고, 여기에는 높은 수준의 신뢰와 계획이 요구될 것이다.

이는 제인의 5.0 시나리오를 통해서 분명히 알 수 있다. 제인에게 파트너와 가정은 아주 중요하고, 이들은 함께 전환기를 여러 차례 경험할 것이다. 제인은 기대와 규범이 빠르게 변하는 세상에서 새로운 방식의 삶을 실험하면서 살아간다. 또한 제인은 오랜 세월을 헌신하고 노력하고 있다. 전환기에 이러한 관계가 유지되려면 무엇을 해야 할까.

100세 인생의 많은 현상과 마찬가지로, 실천적인 선택을 하고 그 결과를 이해할 준비가 되어 있어야 한다. 또한 헌신이 계속되어야 한다. 여기서 협의의 중요성이 부각된다. 셰릴 샌드버그Sheryl Sandberg가 대학을 졸업하는 여성들에게 전한 다음과 같은 충고에 모두가 동의하지는 않을 것이다. "당신의 진로에 관한 가장 중요한 결정은 파트너를 만들 것인가 아닌가, 그리고 누가 그 파트너가 될 것인가이다."[10] 그러나 이는 엄청난 결과를 낳게 될 아주 중요한 결정이다. 샌드버그의 경우, 양질의 파트너십이란 장기간에 걸쳐서 공정한 분배를 달성하고, 자신만을 위한 것이 아니라 가정의 모든 사람들을 위한 공동의 성공 비전을 갖는 것을 의미한다.[11] 장기간 생산 활동을 하게 되면, 남성과 여성 모두 상대방에 대한 관점과 행동에 근본적인 변화를 요구받는다. 여기서 대단한 조정 능력이 필요하다.

우리는 결혼이 앞으로도 여전히 인기 있는 선택이 될 것이라고 가정한다. 그럼에도 앞으로 다양한 형태의 결혼이 등장할 것이고, 동거나 한부모 가정처럼 결혼에 대한 다양한 대안이 일반화될 것임을 부정하지는 않는다. 그러나 우리는 오랜 세월에 걸쳐 지속되는 파트너십, 결혼 계약이 갖는 법적 구속력, 이혼할 때 이루어지는 금전적인 합의에서 비롯되는 혜택이 다단계 삶에서 요구하는 조정 능력에 의해 오히려 더욱 커질 것으로 믿는다.

자녀

우리는 세 사람(잭, 지미, 제인)의 시나리오를 개발하면서, 그들이 부모가 되는 것은 상당히 피상적으로 다루었다. 자녀는 맥락에 따라 그냥 생긴 것으로 설정했다. 삶이 길어지면 자녀 양육에 집중하는 기간이 상대적으로 짧아지긴 하지만, 그래도 이러한 설정이 이렇게 중요한 주제에는 적절치 않았음을 인정한다.

우리는 100세 인생을 논의하면서 사람들이 할 수 있는 많은 선택에 주로 집중했다. 그러나 결코 변하지 않는 한 가지 제약은 여성의 가임 기간이다. 냉동 난자와 같은 불임 치료 분야에서 커다란 발전이 있었고 이를 통해 가임 기간이 길어질 것이지만, 그렇더라도 나이와 완전히 무관하지는 않을 것이다. 수명이 길어지면서 여러 가지 새로운 선택이 등장하겠지만, 가까운 미래에 가임 기간만큼은 나이에 따른 제약을 받을 것이다. 이 사실은 중요하다. 여성이 자녀를 가질 것인가, 가지지 않을 것인가, 가진다면 언제 누구와 가질 것인가를 결정할 수 있는 기간이 상대적으로 짧아지기 때문이다. 특히 수명이 길어질수록 이러한 선택이 훨씬 더 중요해진다.

자녀를 갖는 나이를 조정하는 식으로 제인과 조르지의 선택을 고려해볼 수 있다. 5.0시나리오에서는 제인과 조르지가 30대 후반에 가정을 이루었다. 우리는 제인과 조르지가 20대에 부모가 되는 시나리오를 만들 수도 있다. 그러면 이 두 사람 모두가 30대에 직업 활동을 할 기회를 갖는다. 그러나 그들이 20대에 만날 가능성은 얼마나 될까. 그리고 그들이 자신의 길을 찾는 데 아주 중요한 탐색의 단계는 어떻게 될까. 과연 그들이 그렇게 일찍 인생의 파트너를 찾을 수 있을까.

5.0 시나리오에서는 바로 이러한 이유 때문에 그들이 첫아이를 30대 후반이라는 늦은 나이에 가졌다. 이에 따르는 장점은 그들이 괜찮은 짝을 찾기 위한 시간을 더 많이 가질 수 있었다는 것과 20대와 30대에 경력을 쌓기 시작했다는 것이다. 단점도 없지 않다. 30대 후반에 자녀를 갖기로 결심하면 임신 자체가 어렵고, 물론 늦은 부모가 되는 것이다.

파트너십과 자녀에 대해서는 당연히 여러 가지 시나리오가 나올 수 있다. 이는 어느 정도는 제인이 (그리고 조르지가) 어떤 종류의 파트너를 찾는가에 달려 있다. 제인은 자신이 자녀 양육에만 전념할 수 있도록 가정의 주 수입원이라는 전통적인 역할을 충실히 이행할 파트너를 찾고 있는가. 그리고 제인이 이러한 파트너를 원한다고 하더라도 그 역할을 원하는 남성을 찾을 수 있을까. 혹은 제인이 맞벌이 가정을 원하는 파트너를 선호할 수도 있다. 혹은 제인이 파트너를 찾지 않고 부모, 조부모, 가능하다면 증조부모의 도움을 받아서 혼자 힘으로 자녀를 키우기를 원할 수도 있다. 제인이 다단계 삶을 살면서 초기 단계에는 자녀 양육에 집중하고, 그다음에 직업 활동을 하고, 60대 후반에 가서 결혼과 교제를 생각할 수도 있다. 이는 잭 부부가 전혀 생각지도 않았던 문제다. 그러나 자신이 직면한 선택의 결과를 이해하려고 하는 제인과 같은 젊은이들에게는 무척 민감한 결정이다.

펜실베이니아대학교 와튼 스쿨의 심리학자 스튜어트 프리드먼은 수십 년에 걸쳐서 자신이 가르치는 학생들을 대상으로 파트너십에 관한 설문 조사를 한 적이 있었다. 조사 대상자들은 젊은 엘리트 집단이어서 조사 결과를 통해 일반적인 통찰을 이끌어내는 데는 무리가 따를 수 있다. 그러나 그는 1992년의 학생들과 2012년의 학생들에게서 커다란 변화를 확인했다.

20년 전과 비교하면, 2012년에는 자녀를 가질 계획이라고 대답하는 학생들이 줄어들었다. 그리고 상당수의 학생들이 오랜 관계와 부모의 역할 못지않게 삶의 활력과 친구들을 중요하게 생각했다. 1992년에는 학생들 중에서 78%가 자녀를 가질 계획이라고 대답했지만, 2012년에는 42%로 줄어들었다. 22세의 학생들이 대답한 내용이 실제 행동에 관한 정확한 예측 지표가 될까. 오직 시간만이 말해줄 것이지만, 이들의 생각이 이전의 코호트 집단과는 많이 다르다는 사실만으로도 흥미롭다.

2012년의 조사 결과를 보면, 미래의 파트너 간 역할에 관한 생각에서도 흥미로운 결과가 나타났다. 여학생 중에서 3분의 1 정도가 파트너와 함께 자녀 양육이라는 전통적인 역할에 충실하고 싶다고 했다. 또 다른 3분의 1 정도는 맞벌이 가정을 원했고, 나머지 3분의 1은 자녀가 없는 가정을 이루고 싶다고 했다. 프리드먼이 지적했듯이, "이 제는 많은 학생들이 모성이라는 가치에 더 이상 맹목적으로 얽매이지 않을 것이고, 미리 정해진 미래를 향해 아무런 생각이 없이 나아가지도 않을 것이다. 또한 그들은 미래를 낙관하고 있지도 않았다."[12]

이러한 조사 결과가 남성과 여성에게 시사하는 의미는 상당히 깊은데, 성 역할에서 지속적인 변화를 알려주기 때문이다. 프리드먼은 교육받은 젊은 남성들 중 상당수가 워킹맘을 여성의 롤모델로 이해하고 아버지의 역할이 사회에 긍정적인 영향을 미치는 것으로 인식한다는 사실을 지적하면서, 성 역할의 변화가 남성과 여성 모두에게서 나타난다고 주장한다. 따라서 그들은 맞벌이 가정을 더 선호하고 자기 아버지 세대와 비교하여 자녀들과 더 많은 시간을 보내면서 가정의 주 수입원이라는 전통적인 역할을 기꺼이 내려놓으려고 한다.[13] 결혼이 100세 인생의 어려운 과제에 적응해야 한다면, 이 모든 변화는 반드시 필요한 것들이다.

가임 기간이 변하지 않더라도, 다단계 삶이 일반화되고 사회 제도가 변해가면서 지금보다는 선택의 폭이 넓어질 것이다. 많은 사람들이 더 늦게 더 작은 규모의 가정을 가질 가능성이 높다. 이러한 결정에는 경제적 문제가 어느 정도는 작용할 것이다. 많은 사람들이 학자금 융자를 갚아야 하고 저축을 해야 하기 때문에 자녀라는 또 하나의 경제적 부담을 지는 데 신중한 태도를 지닐 것이다. 자녀를 나중에 갖기로 하고 가정을 꾸리기 전에 다양한 선택을 탐색하려는 여성도 있을 것이다. 이는 경제적으로 보면 타당성이 있다. 연구 결과에 따르면, 자녀 갖기를 미루는 여성들이 대학 졸업자로서 혜택을 가장 많이

누리면서 평생 소득을 늘릴 수 있는 것으로 나타난다.[14]

그밖에도 더욱 다양한 선택을 할 수 있을 것이다. 조부모의 도움을 받고 독립적 생산자의 삶을 살면서 싱글맘이 되기로 하는 여성도 있을 것이고, 파트너와 협력해서 파트너가 자녀 양육에 집중하는 동안 자신은 직업 활동에 집중하려는 여성도 있을 것이다. 아니면 파트너가 직업 활동에 집중하고 자신은 자녀 양육에 집중하다가 자녀가 성년이 되어 집을 떠나면 파트너에게서 경제적 지원을 받아서 새로운 직업 활동을 할 수도 있다. 아버지에게도 다양한 선택의 길이 열려 있다. 그들은 전통적인 역할을 맡아서 직업 활동에만 집중할 수도 있고, 자녀 양육에만 집중할 수도 있고, 일정한 시기에 걸쳐 다양한 역할을 협의해서 결정할 수도 있다.

▌일과 가정

일은 가정과 개인의 삶에서 중요한 부분을 차지한다. 특히 여성이 일하는 경우에는 더욱 그렇다. 20세기에는 직장 내 여성의 역할에서 커다란 변화가 있었고, 이에 대해서는 하버드대학교 경제학자 클로디어 골딘이 아주 잘 요약해놓았다.[15] 그녀는 임금뿐만 아니라 노동시장 참여율과 가정과 직장에서의 노동 시간, 일의 종류와 분야에서 여성과 남성의 차이가 많이 줄어드는 현상을 보여주었다.

여성과 일

그러나 여성에게 불리한 차별과 장애물은 여전히 존재한다. 이러한 상황은 상당히 중요하게 작용한다. 이러한 차이가 여전히 존재한다면 100세 인생에서 여성이 직면한 선택이 남성과 다를 것이기 때문이다. 이는 남성과 여성이 상상할 수 있는 가능한 삶들이 서로 달라지고, 따라서 우리가 남성과 여성을 대상으로 별개의 시나리오를 개발해야 하는 것을 의미한다. 물론 앞으로 수십 년에 걸쳐 이러한 차이가 더욱 좁혀진다면, 남성과 여성의 시나리오도 비슷해질 것이다. 이는 그 자체로도 중요한 쟁점이며, 가정과 파트너십의 역학 관계에도 영향을 미친다. 직장에서 경제적 역할이 달라지고 직업에 대한 선택도 달라지면 가정에서도 역할이 달라질 것이다. 그리고 물론 역할에 대한 협상은 주로 미래가 불확실할 때 이루어질 것이다.

그러면 현재 상황은 어떠한가. OECD 회원국들을 보면 지난 수십 년에 걸쳐 일하는 여성의 수가 증가하고 있다. 1980년 25~54세 여성 중에서 일을 하고 있거나 일을 찾는 여성의 비율은 회원국 평균 54%였는데, 2010년에는 이러한 비율이 71%로 증가했다. 어린 자녀를 둔 여성의 경우가 특히 눈길을 끈다. 예를 들어, 1970년 미국에서는 5세 미만의 자녀를 둔 여성의 70%가 돈을 버는 경제 활동을 하지 않았다. 아마도 그들은 잭과 질의 결혼 모델에서처럼 전업 주부의 역할을 담당했을 것이다. 2007년에는 이러한 비율이 36%로 줄어들었다.[16] 그러나 여성은 가사를 담당하고 자녀를 양육하는 데 더 많이 참여하기 때문에 파트타임으로 일하는 경우가 여전히 불균형하게 많았다(OECD 회원국들을 보면 전체 파트타임 일자리에서 여성이 차지하는 비율이 회원국 평균 80%에 달했다). 여성에 대한 고용 패턴에서 나타나는 이 모든 변화는 결혼뿐만 아니라 가정의 기능에서 엄청난 전환의 원인이 되었다.

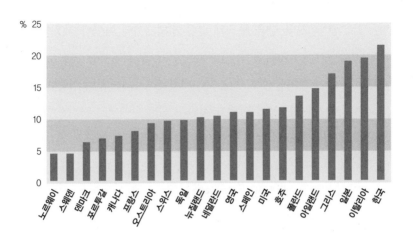

표 9-1 ┃ 노동시장 참여율에서 나타나는 남성과 여성의 격차(2014년)

　　대부분의 국가에서 일하는 여성의 비율이 증가했지만, 이는 국가
마다 일정하지는 않고 커다란 차이가 있다. 표 9-1 에서 알 수 있듯
이, 노동시장 참여율에서 나타나는 남성과 여성의 격차는 일본, 이탈
리아, 한국에서 가장 크고, 노르웨이, 스웨덴에서 가장 작다. 당신이
사는 국가에서 규범이 변하는 속도를 생각하는 것도 흥미로울 것이
다. 예를 들어, 우리가 이 글을 쓰고 있는 시점에 일본에서는 정부가
직접 나서서 여성의 노동시장 참여율을 높이기 위하여 다양한 정책을
추진하고 있다. 우리는 시간이 지나면서 지금보다 더 많은 국가에서
이러한 격차가 줄어들 것으로 예상한다. 이러한 격차가 여전한 국가
에서는 여성이 100세 인생을 구성하기 위한 선택이 많지 않을 것이
고, 파트너십은 전통적인 형태에서 벗어나지 못할 가능성이 높다.
　　국가마다 이러한 격차가 발생하게 된 원인은 복잡하다. 시간이 지
나면서 변해가는 사회적·문화적 요인이 작용했을 수도 있고, 가족 수

당, 세금 공제, 자녀 양육 보조와 같은 정책에서의 차이가 작용했을 수도 있다. 아니면 경제 현실이 더욱 직접적으로 작용했을 수도 있다. 파트너가 삶의 계획을 함께 세울 때, 계획은 다음 두 가지 질문에 근거할 것이다. 가사는 누가 담당할 것인가. 수입은 누가 더 많은가. 물론 앞으로 어떻게 변할 것인지를 정확하게 알지 못한 채로 자원 배분에 관하여 단기적으로 중요한 결정을 해야 하는 어려움이 있다.

첫번째 질문을 보면, 많은 국가에서 가사와 자녀 양육의 대부분을 여성이 담당하고 있다. 2013년 미국 가정을 대상으로 실시한 설문 조사에서는 맞벌이 가정조차도 여성이 가사와 자녀 양육에 더 많은 시간을 쓰는 것으로 나타났다.[17] 이러한 결과는 미국뿐만 아니라 대부분의 국가에서 관찰되었다. 맞벌이 가정이라고 하더라도 남성은 일에, 여성은 가사와 자녀 양육에 시간을 더 많이 썼다.[18] 연구 결과에 따르면 남성이 일에 주당 11시간 더 많이 쓰고, 여가에 4.5시간을 더 많이 쓰지만, 여성은 자녀 양육과 가사에 시간을 더 많이 쓰는 것으로 드러났다.

앞으로 남성과 여성이 가사 노동을 더욱 공평하게 분담한다면, 이러한 사실이 두 사람의 직업 활동에 어떤 의미를 갖는가. 특히 두 사람이 노동 강도가 센 고급 기술직에 근무할 경우에는 어떤가. 두 사람이 가사 노동에 공평하게 참여한다면, 전통적인 롤모델은 설 자리를 잃고 말 것이다. 이는 길어진 생애 전반에 걸쳐 갈등과 재협의를 초래할 것이다. 바로 이러한 이유 때문에, 지미와 제니가 4.0 시나리오에서 가정에서의 역할을 두고 적극적으로 재협의를 하고, 제니가 재교육을 받아서 전일제로 일할 기회를 얻을 수 있었다. 제인은 5.0 시나리오에서 남편과 협의를 훨씬 더 많이 해야 할 것이고, 비록 모든 단계에서 반드시 그렇지는 않지만, 어쨌든 가사 노동의 부담은 평등하게 나뉠 것이다. 물론 부부는 다단계 삶 전반에 걸쳐 가사 노동을 주도할 사람을 교체할 수도 있다.

이제 두번째 질문이 남았다. 남성과 여성으로 구성된 전통적인 가정에서 누구의 수입이 더 많은가. 이는 예상하기 어려운 추세에 관한 질문이다. 우리는 OECD 회원국들을 통해 남성과 여성의 노동시장 참여율의 격차가 좁혀지고, 일부 국가에서는 이러한 격차가 거의 사라지고 있는 모습을 보았다. 실제로 여러 직업군에서 신규 유입자 중 여성이 차지하는 비율이 50%를 넘는다. 의료와 교육 분야에서는 이러한 비율이 50%를 넘지만, 엔지니어링, IT, 투자은행 분야에서는 50%에 훨씬 못 미친다. 따라서 젊은 여성으로 이루어진 코호트 집단(제인과 비슷한 또래의 여성들로 구성된다)에서는 남녀 성비의 균형이 직업 활동 전반에 걸쳐 지속될 것이고, 따라서 이 집단의 여성은 가정에서 남성과 동등한 주 수입원이 될 것이다.

그러나 여성이 노동시장 참여율에서는 남성을 따라잡고 있지만, 임금 면에서는 교육 수준과 경력의 차이를 감안하더라도 따라잡는 속도가 더딘 편이다. 표 9-2 는 미국 남성과 여성의 연령과 특정 기간에 따른 임금 격차를 보여준다. 이를 통해 여성의 임금이 남성의 임금을 따라잡고 있는 것을 알 수 있다. 남성과 여성(25~69세의 전일제 노동자) 간 평균 연소득의 비율은 1980년 0.56에서 2010년 0.72, 2014년 0.77로 나타났다. 여기서 한 가지 안 좋은 소식은 남성과 여성의 임금에는 여전히 커다란 차이가 있으며, 이러한 차이는 경력이 쌓일수록 더욱 벌어지고 있다는 것이다. 이는 지금도 고위직에는 여성이 많지 않은 현실을 반영한다. 2014년 대기업들을 살펴보면, 중간

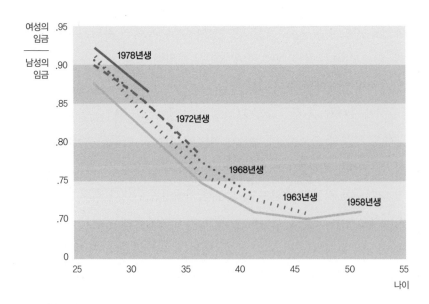

여성의
임금
―――
남성의
임금

.95

.90   1978년생

.85

       1972년생

.80

       1968년생

.75

              1963년생

.70   1958년생

0

25   30   35   40   45   50   55

나이

표 9-2 남성과 여성의 임금 격차

관리자의 경우에는 여성이 30%를 차지했지만, 임원급의 경우에는 여성의 비율이 겨우 15%에 불과했다.[19]

젊은 세대의 여성이 이전 세대의 여성과 비교하여 좀 더 진전을 이루고 있는데, 변화의 징후는 뚜렷이 나타나고 있다. 그러나 이러한 격차는 여전히 두드러진다. 예를 들어, 시카고대학교 MBA 졸업생들을 대상으로 조사한 결과[20]에 따르면, 졸업 당시에 남성 졸업생들의 임금은 여성 졸업생의 임금과 비교하여 평균 1만7천 달러가 더 많은 것으로 나타났다. 그러나 졸업 이후로 10년이 지나면, 이러한 차이는 더욱 커져서 15만 달러가 넘었다. 이 보고서에서는 이러한 차이가 주로 노동 시간, 경력 단절 기간, 입학 전 경력의 차이에서 비롯된 것으로 보았다.

이러한 것들이 남성과 여성의 임금 격차가 발생하는 원인이라면, 이는 "[남성에 대한 여성의 소득] 비율이 특히 1980년대에는 크게 증가하다가 지난 10년 동안에 다소 주춤했다"[21]라고 했던 골딘의 주장을 뒷받침한다. 이제는 여성이 남성의 소득을 따라잡는 데 일정한 한계에 도달한 것은 아닌가. 우리가 미래를 예상할 때, 앞으로 임금 격차가 얼마나 '주춤할' 것인가 하는 문제가 제기된다. 제인이 첫번째 직장을 얻을 때는 남녀 차별을 경험하지는 않을 것이다. 그러나 제인이 경력을 쌓아가는 동안에도 계속 그럴까. 예를 들어, 2014년의 여성이 그랬듯이, 제인도 고위 관리직에 오르기가 어렵다는 것을 깨닫지는 않을까. 국제노동기구ILO가 2015년 초에 발간한 「여성과 일의 미래Women and the Future of Work」[22]라는 제목의 보고서에 따르면, 현재의 추세를 가정할 때 남성과 여성의 임금 평등이 이루어지려면 적어도 70년이 걸릴 것이라고 한다. 그때가 바로 2085년이고, 제인이 87세가 되는 해이다. 아주 실망스러운 예측이 아닐 수 없다.

유연성

골딘의 분석은 여성이 남성보다 적게 버는 원인을 조명한다. 그녀는 성별 임금 격차는 주로 남성과 여성이 예로부터 해왔던 일의 특징에 부여한 가치에서 기인하는 것으로 보았다. 여기에는 다섯 가지 선택 기준이 작용하고 있었다. 시간의 압박을 많이 받는 일인가. 자리를 지켜야 하는 시간에 관해 자율성이 거의 없는 일인가. 일정 관리에서 유연성을 발휘해야 하는 일인가. 팀원들과 정기적으로 접촉을 유지해야 하는 일인가. 자신만이 할 수 있어서 다른 사람으로 대체하기가 어려운 일인가. 이런 일을 선택해야만 임금을 많이 받을 수 있는데, 지금은 여성(특히 자녀가 있는 여성)에 비해 주로 남성이 이런 일을 선택한다. 이런 일에는 유연성이 별로 없다.

우리는 이러한 다섯 가지 선택 기준을 자세히 설명하기 위해 특정 직종에 주목한다. 법조계의 일은 이러한 선택 기준이 극명하게 나타난다. 법조계 사람들은 시간의 압박을 많이 받고, 시간적 자율성은 한정적이고, 일정 관리에서 유연성을 발휘할 수도 없고, 팀원들과 끊임없이 접촉해야 하고, 다른 사람으로 대체하기가 어려운 일을 한다.

제인이 법조계에서 일하는 시나리오를 한번 생각해보자. 제인은 법학 공부를 마치고 로펌에 취직했는데 자녀가 생겨서 일을 좀 더 유연하게 하려고 한다. 하지만 제인은 고객이 자신을 만나기를 원할 때 만나줄 수가 없다면, 직장에서 자신의 가치가 하락하기 시작한다는 사실을 금방 깨달을 것이다. 또한 제인은 자신이 사무실에서 계속 일하지 않으니 동료들이나 고객들과의 미팅이나 일상적인 대화를 가질 기회가 많지 않아서 암묵적인 지식과 같은 자신의 무형 자산이 감소하고 있다는 사실도 깨달을 것이다. 즉 제인이 자리에 없으면, 주변 사람들과의 대화를 통해 아이디어를 얻을 수 있는 기회가 사라진다. 골딘이 지적했듯이, 지식 집약적인 업종(법률, 컨설팅, 투자은행)에서는 적은 시간 일하고 유연한 조건을 누리려는 사람에게 커다란 불이익이 부과된다.

이제 한 걸음 뒤로 물러서서 골딘의 주장과 국제노동기구의 예측 결과를 살펴보는 것도 좋은 방법이다. 지금은 주로 여성이 어린 자녀와 노부모를 보살피기 위해 노동 유연성을 선택한다. 여성은 자주 경력이 단절될 뿐만 아니라 유연성이 있는 일을 원하기 때문에 노동 시장에서 불이익을 보고 있다. 그러나 앞으로는 남성도 이런 선택을 하게 될까. 그렇다면 이것이 그들에게는 어떤 영향을 미칠까.

젊은 변호사 제인, 혹은 젊은 남성 변호사들은 직업 활동에 대해 무엇을 선택할 수 있고 무엇을 포기해야 할까. 제인에게는 다양한 선택권이 있는 만큼 수많은 결과가 있고 포기할 것도 많다. 제인이 어느 로펌의 파트너 변호사가 되고 싶어한다고 생각해보자. 제인은 연중무휴로 일을 해야 하기 때문에 일정 관리에서 유연성을 발휘할 수가 없고 시간의 압박도 많이 받아야 한다. 또한 예상하지 못했던 일도 자주 발생하고, 일하는 장소나 시간을 자기 마음대로 정할 수도 없다. 따라서 제인은 이를테면, 자녀를 갖기 위해 일을 쉬면 커다란 불이익을 감수해야 하는 직업을 선택한 것이다. 물론 제인에게는 고소득자가 되어서 흥미와 의미가 모두 있는 일을 한다는 보상이 따른다.

제인이 이와는 다른 결정을 할 수도 있다. 다른 직업과 마찬가지로 법조계에서도 다양한 길이 있다. 제인은 노동 강도가 센 대신에 임금을 많이 주는 대형 로펌을 나와서 업무 시간이 적고 일정 관리에 유연성을 발휘할 수 있는 기업에서 법무 담당 책임자로 일할 수도 있다. 혹은 대형 로펌 대신에 업무 시간이 적고 유연성을 발휘하는 데 따르는 불이익도 적은 소형 로펌에서 일할 수도 있다. 또한 기술의 발달로 가상현실 속 직업이 널리 유행하면서, 제인이 가상의 로펌에 취업하여 재택근무를 할 수도 있다.[23] 이제 제인이 포기해야 하는 것이 분명해진다. 유연성과 자율성이 많아지면, 임금이 줄어든다(그리고 제인이 다양한 일을 맡을 수도 없고 일에 대한 흥미도 줄어든다).

제인이 일정 관리에 유연성을 발휘할 수 있고, 고객도 적고, 팀원들과의 접촉도 많지 않고, 과제의 결정과 수행에서 자율성이 보장되는 완전히 다른 직업을 선택할 수도 있다. 이런 직업은 골딘이 말하는 탄력성이라는 것을 갖는다. 골딘의 분석에 따르면, 이런 직업은 성별 임금 격차가 적을 뿐만 아니라 시간이 지나도 격차가 계속 벌어지지 않는 과학과 기술 분야에서 나타날 가능성이 많다. 물론 여기서 흥미로운 사실은 이런 직업이 현재로서는 여성이 많이 몰려드는 분야가 아니라는 것이다. 한 가지 예로 약국을 생각해보자. 골딘에 의하면, 이 직종은 대체 가능성이 상당히 높은 분야이므로 일하던 약사가 떠나면 다른 약사가 쉽게 그 자리를 대체할 수 있다. 물론 약사의 수입은 변호사, 컨설턴트, 투자은행가의 수입과 비교하면 훨씬 적다. 이러한 대체 가능성이 로펌에서도 적용되려면, 파트너 변호사들은 고객들에게 다른 파트너 변호사가 사건을 대신 맡을 수도 있다고 설득해야 한다. 그리고 변호사들은 이처럼 대체가 가능하도록 서로 긴밀하게 일을 해야 하고, 이를 통해 임금을 더 많이 받을 수 있다.

골딘은 자신의 분석 결과를 2014년에 발표했다. 우리는 제인이 살아가는 동안에는 유연성과 선택 조건에서 많은 변화가 있을 것으로 기대할 수 있을까. 이는 유연 노동에 대한 태도, 가상 기술의 보급 속도, 업무의 표준화 정도, 고위 관리직 남성이 자녀들과 함께 많은 시간을 보내고 이러한 모습이 롤모델로 자리 잡아가는 정도를 포함하여 다양한 요인에 달려 있다.

이러한 사실이 남성에게 무엇을 의미하는가. 지금 당장 우리가 알 수 있는 것은 유연성이 커지면 임금이 줄어드는 상황이 여성에게만 국한되지는 않을 것이라는 사실이다. 지금까지 남성들은 아버지가 된 후에 일을 더 많이 하고 임금을 더 많이 받아왔다. 그러나 연구 결과에 따르면, 남성들도 가정을 위해 노동 시간을 줄이면 임금도 줄어들고 미래의 경력 기회도 제한되는 유연성 낙인flexibility stigma을 경험한다.[24]

역할 교체가 미치는 영향

이제 이 문제를 한 걸음 물러나서 다른 방식으로 바라보기로 하자. 우리는 제인을 위해 5.0 시나리오를 개발하면서 제인과 조르지 모두 전일제 직장에서 일할 때도 있지만, 자녀를 낳거나 지식을 쌓거나 전환기를 준비하기 위해 둘 다 전일제 직장을 그만둘 때도 있는 것으로 가정했다. 우리는 제인과 조르지 모두가 직업 활동의 몇 단계에서 경력 단절을 경험하고 유연성을 발휘할 때가 있을 것으로 예상했다. 또한 두 사람이 주 수입원, 가사의 책임, 자신의 재창조라는 측면에서 주도적인 역할을 교체해야 할 때도 있을 것이다. 이제 많은 사람들이 직업 활동을 이러한 방식으로 한다고 생각해보자. 남성과 여성의 이러한 역할 교체가 서로에게 어떠한 영향을 미칠 것인가.

현재로서는 남성과 여성 모두 유연성 낙인을 경험한다. 경력 단절이 남성과 여성 모두에게 일반적인 현상이 될 때도, 여전히 유연성 낙인을 경험하게 될까. 결과적으로 이러한 낙인과 이에 따르는 금전적인 불이익이 줄어들 가능성은 없을까. 이 상황은 지금보다 더 많은 남성들이 다단계 삶을 살면서 경력 단절을 받아들일 것이라는 사실과 맞물려 남녀 간의 임금 평등으로 이어질 것이다. 유연 노동에 대해서도 같은 주장을 할 수 있다. 많은 남성들이 다단계 삶을 살면서 유연 노동을 추구한다면 어떤 일이 발생할까. 여기에는 두 가지 가능성이 있다. 첫번째 가능성으로는 남성이 유연 노동을 하고 이에 따라 유연성 낙인을 경험한 뒤 임금이 줄어드는 것이다. 결과적으로 유연 노동을 하는 남성과 여성의 수입이 줄어들면서 남녀 간의 임금 평등이 이루어질 수 있다. 두번째 가능성은 더욱 급진적인 예상인데, 일에 대한 재설계가 이루어져서, 기업이나 개인에게 유연 노동으로 인한 손실이 첫번째 가능성에 비해 적게 발생하는 것이다. 다시 말하자면, 남성과 여성 모두가 유연 노동을 선호하면, 일 자체가 급진적으로 재설계될 것이다.

역할 교체 시나리오는 어떻게 구성될 것인가. 파트너십의 어느 한 단계에서 한 사람은 연중무휴로 일을 하고, 다른 한 사람은 유연 노동을 하면서 자녀를 양육한다. 또 다른 단계에서는 두 사람의 역할이 바뀐다. 확실히 이처럼 복잡한 공동의 다단계 삶은 커플들에게 대단한 조정 능력, 신뢰, 협력을 요구할 것이다. 또한 고용주에게도 일, 나이, 성별을 바라보는 태도를 바꿀 것을 요구할 것이다. 그러나 시나리오가 복잡해지기는 했지만, 역할 교체가 남성과 여성의 평생 소득이 같아지도록 하는 장점도 있다. 특정 시점에서는 어느 한 사람의 소득이 다른 한 사람의 소득보다 적을 때가 있지만, 직업 활동 전체로 보면 각자가 동등하게 기여한다. 아마도 낙관적인 해결 방안이겠지만 100세 인생 동안의 상호작용, 단계의 재배열, 양성 평등을 가장 잘 활용하는 방안일 것이다.

이혼

5.0 시나리오가 갖는 가정 중의 하나는 제인이 평생 동안 조르지와 함께 산다는 것이었다. 실제로 우리는 잭과 지미에 대해서도 같은 가정을 했다. 중년에 이혼을 하면 무형 자산의 흐름이 복잡해지는데, 이미 복잡한 그림을 훨씬 더 복잡하게 만들고 싶지 않았기 때문이다. 물론 이러한 가정에는 비현실적인 측면이 있다.

사람에 따라서는 결혼에 성공하여 부부 생활을 계속 이어가는 사람도 있다. 실제로 현재 65세 이상으로서 혼자 사는 사람들을 보면,

과거 어느 때보다 결혼을 더 많이 원한다. 그들은 16~65세 사람들과 마찬가지로 적당한 배우자를 찾아서 결혼을 하려고 한다. 이는 남성과 여성의 기대 여명이 길어지고, 결혼할 때의 나이 차이가 줄어들고, 이혼율 증가로 재혼자가 늘어 '재혼시장'도 커지고, 사회적 낙인도 줄어든 현상을 반영한다.

잭과 질이 결혼할 때는 이혼에 대한 두려움이 별로 없던 시절이었다. 1950년대 미국에서는 대학교를 졸업한 백인 여성 중에서 12%만이 이혼한 것으로 나타났다. 1960년대에는 이러한 수치가 두 배로 증가했다. 지미가 성인이 되었을 때는 사람들이 이혼을 대수롭지 않게 여겼다. 미국의 이혼율은 20세기 동안에 계속 증가하여 1970년대에는 결혼한 부부 중에서 48%가 25년 이내에 이혼한 것으로 나타났다. 따라서 결혼한 부부의 절반이 이혼한다는 말까지도 나오게 되었다. 1981년에는 미국의 사회학자 앤드루 철린Andrew Cherlin이 결혼, 이혼, 재혼은 새로운 형태의 인생 과정이 되었다고 선언했다.[25] 그는 이 말을 통해 결혼 생활의 파탄 현상은 앞으로도 계속될 것이라는 주장을 펼치려고 했다.

그러나 철린이 관찰한 것은 지속적인 증가가 아니라 정점이었다. 우리는 표 9-3 에서 미국의 이혼율이 1970년부터 1979년 사이에 결혼한 사람들에게서 정점에 도달한 것을 알 수 있다. 1979년 이후에 결혼한 사람들을 보면 이혼율이 떨어졌다. 1970년대에 이혼율이 급격하게 높은 현상에 대한 한 가지 설명으로는 그다음 시기가 사회적 전환기라는 것이다. 많은 사람들이 남성과 여성의 역할이 명확히 구분된 전통적인 결혼 모델에 적합한 파트너를 찾아서 결혼했지만, 그 파트너가 그들이 원하는 종류의 삶을 향유할 수 없었다. 게다가 합의

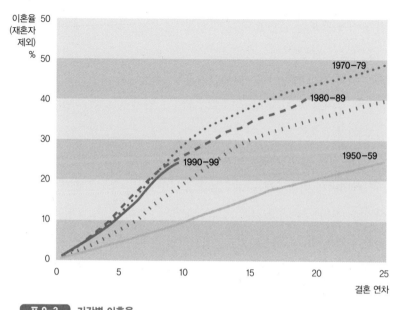

표 9-3 기간별 이혼율

이혼 제도의 도입으로 이혼이 쉬워졌고 밀려 있던 이혼 사건이 처리
되자 이혼율이 정점에 이르렀다.

2014년에는 사람들이 결혼을 늦추면서, 이혼율이 낮아지고 재혼
역시 줄어들었다. 실제로 미국에서는 최근에 결혼한 사람들이 부모
세대보다 이혼을 덜 하는 경향이 나타났다. 이러한 현상을 두고 결혼
의 기반이 생산 상보성에서 소비 상보성으로 바뀌면서 사람들은 예전
과는 다른 기준에서 배우자를 선택하고 이에 따라 결혼 생활이 더욱
오랫동안 지속된 것이라고 해석할 수도 있다. 또한 사람들이 안정적
인 결혼 생활의 기반이 되어줄 자기 인식을 더 했기 때문에 결혼을 뒤
로 미루어서 이혼율이 낮아진 것으로도 볼 수 있다.

100세 인생이 이혼율에 어떤 영향을 미칠까. 이제 이혼율의 증가와 감소를 초래할 원동력을 살펴보기로 하자.

수명이 길어지면 단순히 오래 산다는 이유만으로 이혼율이 증가한다. 예전보다 더 많은 일들이 일어날 것이고 사람들은 더 많은 전환기와 변화를 경험할 것이다. 따라서 100세까지 살면서 이혼할 가능성은 70세까지 살면서 이혼할 가능성보다 더 높다. 또한 사람들이 자신들의 수명을 확실히 인식하면, 이혼도 재혼도 늦게 할 준비가 되어 있을 것이다. 70세가 되어 불행한 결혼 생활을 100세까지 유지해야 하는 상황은 기대 여명이 75세일 때와는 확실히 다르게 느껴질 것이다. 이는 이혼 데이터를 보면 확연히 드러난다. 전체로 보면 이혼율이 감소하지만 황혼 이혼율은 증가한다. 예를 들어, 미국에서는 이혼 부부 10쌍 중 1쌍이 60세 이상인 것으로 나타난다. 1990년과 비교하면, 60세 이상 부부의 이혼율이 두 배로 증가한 셈이다. 영국에서는 세 배로 증가했다. 사람들은 수명이 길어지면 이혼의 충격에서 회복하여 유형 자산과 무형 자산을 복구할 시간이 많아진다는 사실을 깨닫고 있다.

그러나 이혼율 감소를 예측하게 하는 다른 추세들이 있다. 우리가 개발한 시나리오에서는 이혼이란 아주 비싼 대가를 치러야 하는 사건이다. 제인과 조르지의 조정 능력이 중요하게 작용하는 5.0 시나리오를 생각해보자. 두 사람의 관계가 오랜 세월에 걸쳐 소중한 가치를 유지하려면 이러한 조정 능력이 반드시 필요하다. 물론 이것이 서로 공정하게 협의하고 헌신하고 약속을 지킬 것이라고 신뢰하는 능력에 악영향을 미치면 관계는 상당히 힘들고 위험해질 수도 있다. 파탄은 비싼 대가를 치러야 한다. 금전적 자산을 균등하게 나누더라도 무형 자산을 균등하게 나눌 수는 없는 일이다. 따라서 두 사람은 이혼과 동시에 인생을 다시 설계해야 한다. 결국 5.0 시나리오에서는 이혼에 따르는 대가가 커진다.

전체적으로 보면 지금까지의 추론은 삶이 길어지면 사람들이 이혼을 하고 결혼을 두 번 이상 하게 될 가능성이 커진다는 것을 시사한다. 이혼은 금전적으로 항상 커다란 의미를 지녔고, 100세 인생에서는 이보다 훨씬 더 그럴 것이다. 파급효과를 정확하게 파악하려면 파트너십뿐 아니라 국가의 법도 살펴보아야 한다. 이혼 후 재산을 분할하는 데도 변화가 일어나고 있다. 과거에는 주 수입원인 남성이 결혼을 하고 나서 아내를 부양했고 이혼을 하고 나서도 일정 기간 예전의 아내를 부양했다. 맞벌이 가정의 경우에는 좀 더 복잡하다. 100세 인생 전반에 걸쳐 합의 이혼은 훨씬 더 까다로워질지도 모른다. 이는 앞으로 고민해야 할 많은 문제를 제기할 것이다. 예를 들어, 제인과 조르지가 다음 단계에서 역할 교체를 약속하고는 제인이 자녀 양육을 전담하고, 조르지가 돈을 버는 데만 집중하는 상황에서 두 사람이 다음 단계로 넘어가기 전에 이혼을 한다면, 이 문제를 어떻게 처리해야 하는가. 제인이 다음 단계에서 소득이 별로 없는 조르지에게 생활비를 지원하기 위해 일을 해야 하는가. 이런 상황에서 두 사람이 이혼할 때 재산을 똑같이 분할해야 하는가. 아니면 다른 단계에서 서로를 부양하기 위해 헌신했던 것을 반영해야 하는가.

▌ 여러 세대가 함께 살아간다

수명이 길어지면서 개인의 삶이 어떻게 형성될 것인가를 생각하면, 여러 세대가 함께 살아가는 방식에서도 커다란 변화가 일어날 것임이 분명하다. 모두가 밀집 대형으로 살아가는 3단계 삶은 서구식 세대 구분이 가능하도록 했다. 젊은 사람은 학교를 다니고, 나이든 사람은 퇴직해서 쉬고, 나머지 사람들이 직장에서 일을 한다. 나이가 각 단계를 의미하지 않고 나이 든 사람들이 젊음을 다시 경험하는 다단계 삶에서는 세대 간 역학 관계에서도 커다란 변화가 예상된다.

가정

우리는 특히 인도를 비롯하여 아시아 지역 국가들을 방문하고 서구 사회에서는 보기 드문 현상을 접하면서 깊은 감명을 받은 적이 있다. 그것은 자녀, 부모, 조부모가 하나의 가정을 이루고 함께 사는 것이었다. 다세대 가정에서 사는 사람들과 대화를 나누다보면, 그들은 다양한 장점들을 적극적으로 말해준다. 자녀들이 조부모와 많은 시간을 보낼 수 있고, 부모는 마음 편히 일을 할 수가 있고, 조부모는 자신이 일정한 역할을 하면서 가정에 기여하고 있다는 생각을 가질 수 있다. 실제로 많은 연구 결과에 따르면 다세대 관계가 수명을 늘린다는 사실을 보여준다. 노년의 외로움은 죽음을 부른다. 노인들에게는 가족이 많다는 것은 아주 커다란 장점이다.[26] 물론 우리를 초청한 사람들은 단점도 전해준다. 개인 시간을 갖기가 어렵고 세대 간의 갈등이 생길 수도 있다.

서구 사람들은 아시아 사람과는 다르게 여러 세대가 한집에서 사는 것을 꺼려왔다. 그리고 이러한 현상은 지금부터 40~50년 전에 이미 규범으로 자리를 잡았고, 이제는 소규모 가정이 주류를 이루었다. 특히 생활비가 많이 드는 도시의 자녀들은 예전에 비해 부모와 좀 더 오랫동안 함께 살았지만, 부모 곁을 떠나서는 소규모 가정을 이루고 살았다. 덴마크와 같은 일부 국가에서는 가정의 규모가 점점 작아지고 있다. 2013년에는 가구당 평균 구성원 수는 겨우 2.1명이었고, 노인이 포함되는 경우는 거의 없었다. 이러한 세대 간의 분리 현상은 주요한 사회적인 추세였다. 예를 들어, 미국에서는 1910년부터 1980년까지 65세 이상으로 혼자 혹은 부부끼리만 함께 사는 노인의 비율이 20%에서 74%로 증가했고, 자녀와 함께 사는 노인의 비율은 61%에서 16%로 감소했다.[27] 따라서 옛날에는 노인들이 자녀, 손자, 손녀와 함께 지냈지만, 이러한 모습은 지나간 과거의 일이 되고 말았다. 그러면 이러한 추세가 반전되어 서구의 가정이 아시아의 가정처럼 변해갈 수 있을까.

이제 다시 1998년을 전후로 태어난 제인과 조르지의 사례로 돌아가보자. 제인이 35세가 되는 2033년에는 1973년을 전후로 태어난 양쪽 부모가 생존해 있을 가능성이 아주 높고, 1948년을 전후로 태어난 조부모도 마찬가지이다. 따라서 제인과 조르지의 자녀들이 성년이 되면 조부모, 부모뿐만 아니라 증조부모도 생존해 있을 수가 있다. 1950년대 이후로 출생률이 계속 낮아졌기 때문에, 제인과 조르지도 자녀를 많이 갖지 않을 것이다. 실제로 그들의 부모도 소규모 가정에서 자랐다. 또한 제인과 조르지가 우리가 개발한 5.0 시나리오 속에서는 파트너십을 계속 유지했지만, 만약에 이혼을 하면 그들의 가정은 변화를 겪게 된다. 즉, 계부모와 계조부모가 생기면서 가정이 복잡해진다.

이렇게 확대된 가정의 구성원들은 무엇을 할 것인가. 제인과 조르지의 부모는 60대 초반이 되어 전일제 직장에서 일을 하거나 다양한 포트폴리오 활동을 할 것이다. 제인의 부모는 제인이 10대 시절에 이혼을 하고 나서 두 사람 모두 재혼했다. 그래서 제인의 자녀들에게는 계조부모들이 있다. 제인과 조르지의 조부모들은 80대가 되어 퇴직한 상태에서 앞으로 10~20년을 건강하게 살아갈 것이다. 그들도 제인과 조르지 사이에 태어난 자녀들과 비슷한 활동을 할 수 있다. 대학교에서 강의를 듣거나 세계 여행을 다니거나 새로운 기술을 배우는 것이다. 이렇게 젊음을 다시 경험하는 노인들이 세대를 잇는 끈끈한 연결 고리가 되어줄 것이다. 조부모, 증조부모로 확대된 가족 네트워크가 건강하게 오래 산다면, 가족 구성원들의 행복 수준은 크게 높아질 것이다.

우리는 앞으로의 지표가 될 만한 롤모델을 찾기가 힘든 상황에서, 사람들이 이처럼 복잡한 다세대 관계를 협의하면서 일정 기간 실험을 할 것으로 예상할 수 있다. 다시 말하자면, 사람들은 가족 구성원들의 나이가 많아지고 조부모가 젊은이다움을 유지하게 됨에 따라 세대 간 관계에 대한 실험에 돌입할 것이다. 앤서니 기든스가 말한 대로, 사람들은 최선의 방법을 찾아내야 하고 일상의 삶을 위해 자신만의 참신한 규범을 만들어내야 할 것이다. 특히 확대된 가까운 가족 내에서 그들의 의무라면 더욱 그러해야 할 것이다. 과거에는 관습이 이러한 의무를 결정했다. 예를 들어, 가족에게 돈을 빌려줄 것인가. 혹은 아버지로서 어떻게 처신해야 하는가. 앞으로는 사람들이 다음과 같은 문제를 해결해야 할 것이다. 4대가 모인 가정을 어떻게 부양할 것인가. 계부모라면 의붓자식에 대하여 금전적으로 어떤 의무를 져야 하는가. 혹은 그 반대의 경우에는 어떠한가.

물론 이러한 다세대 가정이 서로의 세대를 더 잘 이해하기 위한 좋은 기회를 제공할 수 있다. 우리가 앞에서 설명했듯이, 산업화는 사람들의 삶을 나이에 따라 구분하게 만들었다. 국가가 생활 연령 chronological age을 기준으로 어린이들에게 노동을 금지하는 대신 취학을 요구하고 노인들에게 연금 수령 자격을 부여함으로써 이러한 구분이 표준으로 자리를 잡았다.[28] 각 세대가 제도적으로 분리되면서 공간적으로도 분리되었다. 다른 연령대의 사람들이 더 이상 같은 공간을 사용하지 않게 되자 서로 마주할 기회도 사라졌다. 세대 간 상호작용을 위해 중요한 장소로는 가정, 마을, 일상적인 활동이 일어나는 공간(직장, 학교, 여가 장소, 교회 등)이 있다. 마을은 대체로 의도치 않게, 그러나 가끔은 의도적으로 세대를 분리시킨다. 또한 다양한 일상적인 활동(젊은이들의 오케스트라, 노인들의 시민활동, 노인 여행 동아리)이 나이를 중심으로 이루어지면서 결과적으로 세대가 분리되고, 세대를 중심으로 특이한 문화가 형성되기도 한다. 이처럼 세대를 분리하는 활동은 세대 간의 안정적인 관계를 형성할 기회를 제한한다. 결과적으로 서로 다른 세대가 상호작용을 하고 함께 어울리면서 지식을 공유할 수 있는 장소는 찾기가 어렵게 되었다. 어쩌면 다세대 가정이 이러한 장소가 될 수도 있지 않을까.

인간관계가 다양한 연령 집단에 걸쳐 있으면, 나이에 대한 고정관념이나 편견을 덜 갖게 된다. 여기서 친밀한 관계를 지속적으로 유지하는 것이 중요하다. 이는 오랜 세월에 걸쳐 안정적이고도 지속적인 상호작용을 하는 것을 의미한다. 어쩌면 사람들은 앞으로 아시아의 일부 국가처럼 여러 세대가 함께 가정을 이루고 살아갈 것이다. 여러 세대가 서로 공유하고 지원하면 서로에 대해 더 많은 것을 알 수 있을 것이다. 여기서 분명한 사실은 이처럼 공유하는 것이 젊은 사람이나 나이 든 사람 모두에게 엄청나게 긍정적인 영향을 미칠 수 있다는 것이다.

친구

건강한 시기가 길어지면서, 핵가족 제도는 주류에서 벗어날 수도 있다. 지난 역사를 돌이켜보면, 출산과 양육은 살아가는 과정에서 상당히 중요한 일이었지만, 긴 삶에서 진화론적으로 어떠한 이점도 얻지 못하는 일이었다. 그러나 수명이 길어지면서 자녀 양육은 더 이상 옛날처럼 모든 것을 쏟아부어야 하는 일이 아니게 되었다. 대신 친구 관계가 부상할 수 있다. 우리는 친구들과 함께 거주하고 바깥나들이도 함께 가는 식으로 그들과 새로운 핵가족 단위를 구성할 수도 있다.

스튜어트 프리드먼은 와튼 스쿨의 MBA과정 학생들을 대상으로 20년 동안 연구하면서 이러한 추세가 20대 학생들에게 나타나는 것을 보았다. 그의 최근 연구에 따르면, 학생들이 친구를 기본적인 유대 관계로 강조하고, 전통적으로 가족과 연관된 양육의 일부를 도와줄 수 있는 관계를 만들기 원하는 것으로 나타났다.

다세대 가정이 세대 간 교류가 일어나는 장소인 것과 마찬가지로, 친구 관계가 다양한 연령에 걸쳐 있으면 지금처럼 나이 든 사람과 젊은 사람이 사회적으로 분리되는 현상에 바람직한 영향을 미칠 수 있다.[29] 산업화 이전 사회에서는 나이가 한 사람을 파악하는 중요한 도구가 아니었지만, 3단계 삶에서는 인생 경험을 구분하는 역할을 했다. 군힐 하게스타와 페터 울렌베르크는 미국과 네덜란드의 데이터를 통해 사람들이 친구들의 네트워크를 형성할 때, 나이가 비슷한 사람들과 친구 관계를 맺는 경향이 있음을 보여주었다. 예를 들어, 디트로

이트에서 형성된 친족이 아닌 사람들의 네트워크를 보면, 친한 친구의 72%가 여덟 살 차이 이내의 사람들이었다.[30] 젊은이들이 중요한 문제에 관해 누군가와 의논하려고 할 때는 이들 중에서 겨우 3%만이 친족이 아닌 사람 중에서 53세가 넘는 사람을 찾아갔다. 그리고 나이 든 사람들의 경우에는 25%가 친족이 아닌 사람 중에서 36세를 넘지 않는 사람과 만났다.

이처럼 비슷한 연령대의 사람들이 모여서 네트워크를 형성하면, 그들은 자기 집단의 정체성을 강화하고 인생을 같은 관점에서 바라보고 서로 비슷한 연령대의 사람들을 소개해준다. 우리 저자들은 연령에 따르는 구분이 '우리'와 '타인'을 뚜렷하게 갈라놓고 고정관념과 편견을 초래하여 연령 차별로 이어진다고 본다. 3단계 삶에서 다단계 삶으로 넘어가면, 다양한 연령대의 사람들이 비슷한 경험을 할 기회를 얻는다. 미국의 심리학자 고든 올포트Gordon Allport는 자신의 고전적인 연구에서 고정관념과 편견에 맞서는 무기는 집단 간의 접촉이라고 주장했다.[31] 이러한 접촉이 시작되면, 다양한 연령대의 사람들이 경험을 공유하고 이를 통해 친구 관계를 형성하기 때문에 비슷한 연령대의 사람들이 모인 네트워크는 해체되기 시작할 것이다. 그러면 노인이 '별개의 국민'이 되는 일은 없을 것이다.[32]

변화를 위한 의제

———

이 책은 전 세계의 사람들이 100세까지 살 때 일어나는 현상을 다루었다. 가장 긴급한 과제는 금전적인 문제를 해결하는 것이지만, 무형 자산에 집중할 때 진정한 통찰을 얻을 수 있다. 우리는 경제학과 심리학의 연구 결과를 바탕으로, 더 오래 살게 되면 삶을 근본적으로 재설계하고 시간을 재구성하는 과정이 필요하다는 주장을 펼쳤다. 이렇게 해야만 장수가 저주가 아닌 선물이 될 것이다.

우리는 다양한 삶, 시나리오, 단계를 살펴보면서, 변화가 이미 진행되고 있더라도 우리가 노력하여 이루어내야 할 것들이 엄청나게 많다는 사실을 확실히 알 수 있었다. 이러한 변화 중 일부는 우리 자신과 가정에 관한 것이다. 또 다른 일부는 우리가 일하는 직장의 근무 여건, 교육 기관이 우리의 변해가는 요구를 충족시켜주는 방법, 우리가 살아가는 방식을 결정하는 데 영향을 미치는 정부와 정책에 관한 것이다. 이 모든 변화들이 대규모로 진행될 것이고, 오래 생산 활동을 할 수 있는 사람들과 그렇지 못한 사람들을 모두 지원하는 데 대단히 중요하게 작용할 것이다.

여기서 아주 중요한 사실은 이러한 변화들을 미래에 그냥 맞이할 것이 아니라 지금 예상해야 한다는 것이다. 적극적인 계획과 실천이 없다면, 장수는 저주가 되기 쉽다. 바로 이런 이유로 폭넓은 논의가 있어야 하는데, 이를 통해 사람들이 자신의 상황을 전적으로 이해하고 선택권을 더욱 충분히 고려해볼 수 있기 때문이다.

우리 생각들이 결론으로 다다르면서, 우리는 장수가 우리의 '자의식'에 근본적인 영향을 미친다는 사실에 놀랐고, 장수가 더 넓은 사회에서 무엇을 의미하는지 관심이 생겼으며, 교육 기관, 기업, 정부의 반응에 흥미를 가졌고, 변화가 왜 이처럼 더디게 진행되는 것이며, 실천을 촉진시키기 위해 무엇이 필요한지에 관하여 궁금했다. 기대 여명이 늘어나는 현상은 천천히 일어나고 멀리서도 예상할 수 있다. 이는 아주 커다란 장점이라 할 수 있다. 우리는 이러한 장점을 활용하여 적절하게 준비를 해야 한다.

▌ 자의식

100세 인생의 의미를 생각하면, 얻을 것이 아주 많아 보인다. 우리는 지미와 제인의 시나리오에서 그들의 삶을 여러 단계와 전환기로 나누어보았다. 그러나 장수는 기본적으로 처음부터 끝까지 하나의 여정이라 할 수 있다. 물론 당신의 삶과 당신이 직면한 핵심적인 문제를 규정하는 단 한 번의 여정이다. 이번 여정은 어떤 방식일까. 무엇이 그 여정을 완전히 당신 것으로 만들까. 그 답은 당신의 선택과 가치관에 달려 있다. 이러한 선택과 가치관이 각 단계와 전환기의 배열을 결정하여 자신의 축적된 자의식, 즉 당신의 정체성을 형성한다.

정체성

도덕철학자 데릭 파핏Derek Parfit은 심리적 연관성과 연속성의 관점 혹은 그가 말하는 '릴레이션Relation R'의 관점에서 정체성을 정의했다.[1] 당신이 밀물처럼 밀려오는 긴 인생과 마주칠 때, 과거, 현재, 미래를 이어주는 하나의 연결 고리가 바로 당신 자신의 정체성이다. 이것이 바로 당신의 자의식을 정의한다. 3단계 삶에서는 이러한 연결 고리를 관리하기가 비교적 쉽지만, 다단계 삶에서는 당신에게 더 많은 것을 요구한다.

인류 역사를 돌이켜보면, 인간은 수명이 짧던 시절에는 생존을 위한 전투, 식량 부족, 질병, 끊임없는 폭력의 위협에 직면했다. 수명이 길어지면서 인간은, 특히 선진국 국민들은 부유해졌다. 선진국의 어린이들은 안전하게 자라면서 교육을 받았고, 어른들은 안정적인 일자리를 보장받고 퇴직 이후에는 여가를 누릴 수가 있었다. 수명이 훨씬 더 길어지면서, 인간은 3단계라는 밀집 대형에서 벗어나 자기 삶에서 다양한 선택에 직면할 것이다. 100년이라는 기간 동안 출산과 양육이라는 진화론적 책무를 이행하는 데 필요한 시간보다, 재정적인 안정을 충족시키는 데 필요한 시간보다 더 긴 시간이 생겼다. 그런데 이렇게 남는 시간에 출산, 양육, 재산 축적을 하지 않는다면 무엇을 해야 할까. 전 생애에 걸쳐 이렇게 남는 시간이 당신이 누구인지를 탐색할 기회를, 당신이 태어난 사회의 전통보다 당신 자신의 가치관과 기대에 더 가까운 삶의 방식에 도달할 기회를 제공하지는 않을까. 그렇다면 이것은 장수가 가져다주는 커다란 선물이 될 것이다.

정체성을 확립하고 100세 인생 전반에 걸친 단계들을 통합하는 일이 쉽지는 않을 것이다. 대부분의 사람들이 이처럼 높은 수준의 성찰 능력을 갖추고 있지 않다고 주장하는 이들도 있다. 예를 들어, 사회학자 마거릿 아처Margaret Archer에 따르면, 소수의 사람들만이 높은 수준의 자율성과 성찰 능력을 발휘할 수 있다고 한다. 많은 사람들에게 삶이란 그냥 일어나는 일이라서, 그들은 자신의 삶을 형성할 능력이 안 된다는 것이다.[2] 우리는 이러한 주장에 동의하지 않는다. 우리는 수많은 새로운 롤모델이 등장하고 밀집 대형이 붕괴되면서 새로운 사회 규범이 만들어질 것이고, 그 속에서 사람들이 자신의 선택에 직면할 것으로 생각한다. 이러한 가운데, 사람들은 자기 인식과 성찰 능력을 더욱 강화할 것이다. 우리 사회를 이러한 방향으로 이미 심대하게 전환하고 있는 힘은 100세 인생에서 재구성되어 생겨나는 변화로 더욱 커질 것이다.

이미 많은 것들이 변하고 있다. 이전 세대에게는 전통이 다음과 같은 질문에 대한 답을 정해주었다. '나는 어떻게 행동해야 하는가.' '나는 무엇을 입어야 하는가.' '나는 무엇을 원해야 하는가.' 사람들은 부모의 방식 혹은 사회 계급이나 직업이 정해주는 방식에 따라 행동했다. 그들은 사회적으로 적합한 옷을 입었고, 부모가 원하는 것을 원했다.

예를 들어, 지금 당장 당신이 확인할 수 있는 심리적, 사회적 정보의 흐름을 살펴보자. 당신은 세계화 시대에 살고 있어서, 세계를 대상으로 사회적 관계를 형성해야 하고 지역 사람들과 전 세계 사람들의 생각에 직면해야 한다. 따라서 자신이 어떤 사람인지, 어떤 사람이 될 수 있는지를 이해하는 데 부모, 조부모가 도움을 주었던 전통과 관습을 대신하여 이제 당신 앞에는 언제나 다양한 롤모델이 있다. 글로벌 미디어는 우리가 지구 반대편에서 벌어지는 일들을 직접 보고 들을 수 있도록 해주었을 뿐만 아니라 가까이 있지 않은 롤모델에게 접근할 수 있게 해주었다. 결론적으로 자신이 어떤 사람인지, 어떤 사람이 될 수 있는지에 관해 생각하면, 다양한 가능 자아가 보이기 시작할 것이다.

이 책에서 우리는 이러한 쟁점을 살펴보고, 그 결과를 설명했다. 그러나 궁극적으로는 오직 우리 각자가 다음과 같은 질문에 대답할 수 있다. '나는 누구인가' '나는 어떻게 살아야 할 것인가' 우리는 100세 인생을 살아가는 동안에, 이러한 질문을 피할 수 없을 것이다.

계획과 실험

생산적인 100세 인생의 중심에는 계획과 실험이 있다. 긴 삶에서 금전적 자산과 무형 자산의 조화를 이루려면 계획과 준비는 반드시 필요하다. 실험은 가능 자아를 탐색하는 데 필요하다. 이러한 계획과 실험은 목표와 개인적인 특성뿐만 아니라 정체성을 형성하는 심리적 연관성까지도 규정한다.

개인의 선택 범위가 상당히 넓은 만큼 계획과 준비가 중요하다. 연관되어 있는 단계는 더 많고, 끔찍한 결과를 낳는 나쁜 결정을 할 시간도 더 많고, 표준적인 롤모델은 더 적기 때문이다. 100세 인생을 위한 계획은 모든 사람들에게 자신이 하고 싶은 것이 무엇인지, 그것을 어떻게 하고 싶은지에 대하여 핵심적인 결정을 하게 만든다. 그런데 위험한 점은 사람들이 옳은 결정을 하지 못한다는 것이다. 경제학자 대니얼 카너먼Daniel Kahneman의 표현대로, 사람들은 망상적 낙관주의delusional optimism에 빠져든다. 사람들은 적절하게 행동하거나 계획을 세우지 못하는데, 이는 자신의 행동이 초래하는 결과가 두려워서가 아니라 미래와 자기 자신에 대하여 지나칠 정도로 낙관적인 태도를 갖기 때문이다.[3] 우리 모두가 마거릿 헤퍼넌Margaret Heffernan이 말하는 '의도적 외면willful blindness'을 범하기가 쉽다.[4] 100세 인생에서 난제는 잘못을 범했을 때 어려운 상황을 헤쳐나갈 시간이 있다고 하더라도 어쨌든 그 영향력이 오래간다는 것이다. 비로 이러한 이유 때문에 우리가 계획과 준비의 중요성을 이처럼 강조하는 것이다.

이는 실험이 중요한 이유도 된다. 전통적인 롤모델은 없고 다양한 가능 자아가 존재하므로 자신에게 무엇이 어울리는지 실험하고, 무엇을 즐기며 소중히 여기는지 이해하고, 무엇이 자신만의 성격과 개성에 와닿는지를 통찰해야 할 필요가 있다. 이러한 실험은 젊은이들에게만 해당되는 것은 아니며, 모든 연령대의 사람들에게 중요하다. 이는 우리가 다음에 가려고 하는 곳으로 안내하고 전환기에 방향을 찾는 방법을 밝혀주는 실험이다. 실제로 이러한 실험과 탐색이 우리 삶을 관통하는 공통된 주제이다.

우리는 제인의 시나리오에서 그녀의 인생 여정을 설계하면서 이러한 자의식을 볼 수 있었다. '나는 누구인가'라는 질문에 대한 제인의 대답은 그녀가 살아가는 동안에 계속 바뀔 것이다. 실제로 미래에는 수많은 새로운 제인이 언제든지 나올 수 있다. 제인의 코호트 집단에게는 이것이 바로 이전 세대와 비교할 때 눈에 띄는 행동상의 변화이다. 우리는 이러한 현상이 출생년도를 기준으로 규정짓는 불가사의한 '밀레니얼 세대' 혹은 'Y세대' 효과가 아니라 장수의 효과에서 비롯된 것이라고 생각한다. 제인의 코호트 집단은 헌신하지 않고 특권

의식이 있다는 비난을 받는다. 그러나 긴 인생 여정의 관점에서 본다면, 그들은 출발점에서 자의식을 형성하는 데 더 많은 시간을 투자하고 있음이 분명하다. 그들은 이러한 정체성이 각 단계와 전환기를 설계하는 데 결정적인 요소가 될 것으로 인식하기 때문이다.

전문 지식

긴 삶의 여정에서 몰입과 집중은 상당히 중요하다. 당신이 전문 지식을 습득하려면, 배우고 연습하고 반복하는 데 수백 혹은 수천 시간을 아주 작심을 하고서 투자해야 할 계기들이 많이 있을 것이다. 당신이 그럴 준비가 되어 있는가는 당신이 배우고자 하는 열의를 말해 준다. 전환기를 통과하면서 혼란에 빠지지 않아도 되는, 좀 더 쉬워 보이는 길이 당신 앞에 놓여 있을 때도 더러 있을 것이다. 우리는 지미의 3단계 시나리오에서 지미가 과거의 관행을 따르기만 하면 되는 기본 시나리오를 자세히 살펴본 적이 있었다. 이러한 시나리오는 당신이 불편한 노년을 맞이하게 만든다.

앞에서 우리는 전문 지식을 습득하기 위한 열쇠는 자기 효능(지식과 능력)과 행위 주체성(행동을 취하는 성향)이라고 주장했다. 자기 효능의 측면에서 보자면, 세상에서 어떤 일이 벌어지고 있는지, 변해가는 세상에서 어떻게 반응할 수 있는지를 분명히 인식하기 위하여 사람들이 할 수 있는 일은 많다. 우리는 이 책뿐만 아니라 이 책과 비슷한 책들이 인생 계획에 관하여 사람들이 더 공개적으로 말하고 더 구체적으로 생각할 수 있는 배경을 만들어주기를 바란다. 교육 기관, 기업, 정부는 미래에 벌어지는 일들에 대한 사람들의 인식을 제고하고, 삶의 방향을 찾는 도구를 개발하는 데 핵심적인 역할을 해야 한다. 무형 자산에 대해서도 많은 고민이 필요할 것이다. 주로 연금, 퇴직금, 주택 자금 융자와 같은 유형 자산에 대해서만 수많은 논쟁을 해왔다는 점이 우려스럽다. 여가의 활용, 파트너 간의 헌신과 같은 주제도 이에 못지않게 중요하다.

행위 주체성의 측면에서 보자면, 삶이 길어지면 고민해야 할 미래의 가능 자아도 많아져서 어려운 문제가 발생한다. 100세 인생은 지출보다는 저축을 하고, 여가 시간을 재창조를 위한 시간으로 전환하고, 파트너 간의 역할과 헌신이라는 어려운 주제를 다루기 위한 능력과 의지를 가질 것을 요구한다. 결국 이것은 미래의 잠재적 이익을 위해 지금 어려운 결정을 할 것을 요구한다. 이는 자기 통제력이라고 일컬어진다. 비록 100세 시대, 미래의 다양한 가능 자아의 측면에서 '자기 통제력'이라는 단어 자체가 모호하지만 말이다. 어쩌면 이처럼 어려운 문제를 고민하는 데는 자기 통제력이라는 표현보다는 '자기 공유self-sharing'라는 표현이 좀 더 나은지도 모른다.

사람들마다 자기 통제력을 발휘하는 데 차이가 있다는 증거가 있고, 이러한 차이는 어린 시절부터 분명하게 나타난다. 예를 들어, 어린아이들을 대상으로 연구한 바에 따르면, 일부 아이들은 3세부터 다른 아이들보다 자기 통제력을 더 잘 발휘하여 만족을 나중에 실현하려고 했다. 그들은 마시멜로를 30분 뒤에 먹겠다는 약속을 하고서 먹고 싶은 욕구를 억제했다.[6] 만족을 나중에 실현하는 능력은 전문 지식을 얻는 데도 중요할 수 있다. 전문 지식을 얻으려면, 때로는 장기적인 이익(이탈리아어를 유창하게 구사하는 것)을 위해 단기적인 만족(미니 시리즈 드라마를 보는 것)을 뒤로 미루어야 하기 때문이다.

그러나 이러한 자기 통제력이 학습된 행동이라는 증거도 있다. 이는 전문 지식을 얻기 위해 단기적인 만족을 뒤로 미룰 수 있도록 사람들에게 가르칠 수 있다는 것이다. 스탠퍼드대학교의 캐럴 드웩Carol Dweck 교수는 어려운 문제에 대처하고 전문 지식을 습득하고 프로젝트를 완수하는 능력이 사람들마다 다르다는 사실을 확인했다.[7] 그녀가 말하는 성장 마인드셋growth mindset을 갖춘 사람은 편안하고 안락한 안전 지대comfort zone에 머무르지 않고 미래를 위한 계획을 충실히 실천할 수 있다. 그녀가 현재의 횡포tyranny of the now라고 일컫는 것을 경험하지 않으려는 사람들은 항상 단기적인 보상만을 찾으려고 하고 힘든 상황에 부딪히면 당황한다. 그녀는 여기서 학습 방법이 중요한 역할을 하는 것으로 믿었다. 불가능하지는 않지만 어려운 과제를 수행하여 완성하도록 가르침과 격려를 받은 아이들은 성장 마인드셋을 갖출 가능성이 더 높다. 우리는 그녀가 더 오래 살면서 생산 활동을 계속하려는 사람들에게 목표를 높게 잡고 이를 달성하기 위하여 강인한 자세로 집중력을 발휘하라고 조언한 것으로 해석한다.

분명하게 말하건대, 사람들에게 자기 효능, 행위 주체성을 발휘하여 계획을 수립하고 실험을 하고 전문 지식을 습득하도록 장려하는 것은 점점 더 중요해질 것이다. 그리고 교육 기관과 정부가 이러한 일에 한몫을 하려고 할 것이다.

▌이것이 교육에 시사하는 의미는 무엇인가

100세 인생에서 학습과 교육은 중요하다. 대학 교육에 경험적인 내용이 많이 포함되고, 대학원 교육이 유행하고, 직업 훈련 프로그램도 다양해지고, 학습 방법에 혁신이 일어나서 많은 사람들이 교육과 학습을 향유하며, 더 많은 시간을 대학에서 보낼 것이다. 이는 단순히 인생의 초기 단계에서 교육 기간이 길어지는 것이 아니라 인생의 후반부에서 진지하게 투자하는 것이기도 한데, 사람들은 변해가는 고용 환경에 적응하고 정신적으로 재충전하고 자극을 받기 위해 새로운 전문 분야를 학습하기 때문이다. 결과적으로 교육 기관과 학문적 혹은 전문적 자격증의 범위가 크게 확대될 것이다.

앞으로는 교육 기관이 어떻게 반응하는지를 살펴보는 것도 흥미로운 일이 될 것이다. 하나의 산업으로서 교육은 비교적 보수적인 모습을 유지했다. 교육은 이전 세대의 생각을 현재 세대에 전수하는 기능을 한다. 더구나 교육에 대외적인 시장 가치를 부여하는 데는 엘리트주의와 선별 과정이 중요하게 작용했다. 특히 엘리트 교육 기관이 지닌 대외적인 평판은 새로운 교육 기관이나 새로운 형태의 인증 제도가 자리 잡기 어렵게 만들었다. 물론 교육 기관도 발전을 하지만 역사적으로 보면 이러한 발전이 점진적으로 이루어지는 경향이 있었다. 교육의 결과물이나 교육 공급자의 안정성 측면에서 약간의 변화만 있었을 뿐이다.

기술 혁신과 평균 수명의 증가는 이처럼 전통적인 부문에 심대한 위협이 되었다. 결과적으로 새로운 교육 공급자, 새로운 결과물, 기존의 목표를 달성하기 위한 새로운 방법이 나올 것이다. 교육 기관은 100세 인생을 살아갈 운명에 처한 사람들을 지원하는 과정에서 다음 네 가지 주요 의제에 직면할 것이다. 학습 분야의 새로운 과학기술과 체험 학습을 어떻게 통합할 것인가. 연령 집단 간의 경계를 어떻게 허물 것인가. 창의성, 혁신 역량, 인성, 공감 능력을 가르치기 위한 방법을 어떻게 깊이 다룰 것인가. 교육이 과학기술과의 경쟁에서 승리할 수 있도록 실용적인 전문 분야를 어떻게 신속하게 확대할 것인가.

하버드 경영대학원 클레이턴 크리스텐슨Clayton Christensen 교수가 과학기술은 교육에서 '파괴적 혁신disruptive innovation'이 무르익도록 하며, 이것이 평생 학습에 긍정적인 영향을 미치게 될 것이라고 주장하는 것도 놀랍지가 않다. 디지털 혁신에 대한 투자는 온라인 교육, 대규모 온라인 공개강좌, 새로운 교육 공급자가 새로운 참여자에게 수여하는 디지털 학위와 자격증의 등장과 함께 교실의 형태를 바꾸어 놓을 것이다. 앞으로는 제인의 코호트 집단은 무엇을 어떻게 어디에서 얼마의 가격으로 공부할 것인지에 대하여 다양한 선택을 할 수 있을 것이다. 크리스텐슨의 주장이 옳다면, 이러한 파괴적 혁신의 힘은 기존의 교육 공급자가 변화에 더디게 반응하다가는 다른 교육 공급자에 의해 대체되도록 할 것이다.

디지털 기술은 100세 인생의 학습을 지원하는 데 엄청난 편의를 제공할 것이다. 예를 들어, 많은 사람들이 대규모 온라인 공개강좌를 제공하는 코세라Coursera를 통해 강의를 듣는다고 하자. 5만 명이 넘는 참여자를 조사한 결과, 경력상의 혜택을 얻기 위해 강의를 듣는다고 응답한 사람이 72%에 달했고, 이들 중에서 이러한 목표를 달성했다고 응답한 사람이 87%에 달했다.[8] 물론 강의를 듣는 사람 중에서 83%는 이미 학사 이상의 학위가 있었고, 이들의 중위 연령은 41세였다(1분위 연령은 31세였고, 3분위 연령은 55세였다). 사람들이 자신의 전문 지식을 업데이트하는 데 도움을 얻으려면, 강좌 자체가 당연히 융통성을 갖추어야 할 것이다.[9] 사내 학습에 대한 요구를 감안하면, 우리는 대규모 온라인 공개강좌가 일자리가 바뀌어도 적용될 수 있는 공인된 기술을 가르치는 직업 교육의 수단이 될 것으로 기대한다. 또한 우리는 지금보다 더 많은 대학과 온라인 교육 공급자들이 엘리트 교육 기관의 이름난 특징을 일부 갖춘 수업을 제공할 것으로 기대할 수 있다.

물론 지금은 대다수의 전통적인 교육 기관들이 3단계 삶의 관점을 반영하는 방식으로 운영되고 있다. 연금과 퇴직이 인생의 끝자락으로 인식되듯이, 교육은 인생의 출발점으로 인식된다. 공동체, 친구 집단과 마찬가지로 대다수의 교육 기관들이 나이에 따라 계층화되어 있다. 다시 말하자면, 각 과정마다 초등학생, 중학생, 고등학생, 대학생, 대학원생, 성인이라는 특정 연령 집단으로 채워져 있다. 결과적으로 각 교실은 비슷한 연령대의 학생들로 이루어져 있다. 이는 필연적으로 나이에 따른 경계가 분명해지도록 하고, 각 연령 집단의 특수성을 강화하고, 고정관념과 편견을 조장한다. 젊은이들은 인생 경험을 공유하고 멘토 역할을 해줄 나이 든 사람과 교류할 기회를 얻지 못하고, 나이 든 사람들은 젊은이들과 의미 있는 관계를 맺을 기회를 얻지 못한다.

앞으로는 연령에 따라 사람들을 분리해오던 관행이 서서히 사라지는 국면에 접어들 것이다. 다단계 삶을 살아가는 사람들이 다양한 연령대에서 재교육과 재충전을 원하면서, 교육 기관이 자신에게 도움을 주기를 기대할 것이다. 이는 학습 형태에 변화를 자극할 것이다. 전환기를 맞이하여 2년 정도를 학습의 기간으로 보내려는 사람들에게는 기존의 표준화된 학위 과정이 바람직하다. 그러나 그런 것을 바라지 않고, 여가를 재창조를 위한 시간으로 전환하려는 사람들이라면 어떨까. 사람들이 주중에 그리고 다양한 삶의 단계에서 시간이 더 많이 생기면서, 파트타임 교육이 상대적으로 더 중요해질 것이다.

이러한 변화의 힘은 비슷한 연령대의 사람들이 모이던 관행을 깨뜨리고 세대 간 융합의 시대로 이끌 것이다. 이는 모두에게 좋은 일이다. 다양한 연령대의 사람들이 한데 어울리게 되면, 깊은 친구 관계를 형성하고 '우리'와 '그들'의 경계가 무너지기 시작한다. 그다음에는 사람들이 다양한 관점을 가지고 세계관을 넓힐 수 있다. 사회과학자 밸러리 브레이스웨이트Valerie Braithwaite가 전하는 말에 따르면, "학교는 각계각층의 청년, 중년, 노인이 서로 존중하고 협력 관계를 형성하고 인간성의 표준을 다시 세울 만큼 서로 잘 알게 되는 공간을 제공할 수 있다."[10] 지금은 이러한 공간을 찾기가 어려운데, 어쩌면 교육기관이 이러한 공간을 만들어줄 수가 있다.

수명이 늘어나면서 교육과 직장 간의 접점도 압박을 받을 것이다. 과거의 3단계 삶에서는 사람들이 그리 길지 않은 기간 동안 교육을 마치고 곧 직장 생활을 시작했다. 고용주들은 오랫동안 함께 일할 전일제 직원을 찾았고, 대학에서 미래의 직원들이 필요한 기술들을 완전히 습득했고 능력을 이미 갖추었음을 보증해주기를 기대했다. 이제는 이러한 기대가 충족되지 않고 있다. 실제로 많은 고용주들이 자신이 뽑은 대졸 신입사원들이 회사가 원하는 기술을 제대로 갖추고 있지 않다고 말한다. 특히 창의성, 혁신 역량, 인성, 공감 능력에서는 기대에 크게 못 미쳤다. 그들은 대학이 이러한 삶의 기술을 가르치는 데 집중해주기를 원했다. 앞으로 이러한 압박의 효과는 다양한 방식으로 감지될 것이다. 교육 과정에서는 학생들이 공감 능력과 창의성을 계발하는 활동을 직접 경험하고 불확실한 상황에서 판단력과 의사 결정 능력을 발휘할 수 있도록 체험 학습이 강조될 것이다. 이와 동시에 많은 사람들이 취업을 하기 전에 자신의 학습 경험을 관리하려고 할 것이다. 그들은 전일제 교육을 받기 전에 혹은 받고 나서 탐색자나 독립적 생산자가 되고, 경험을 쌓고 기술을 연마하여 선택의 가능성을 열어둘 것이다. 교육 기관들은 지금은 전통적인 3단계 삶에서 첫번째 단계의 요구를 충족시켜주기 위한 프로그램을 갖추고 있지만, 앞으로는 최근 빠르게 성장하고 있는 대규모 온라인 공개강좌와 경쟁하면서 다단계 삶을 살아가는 사람들의 요구를 지속적으로 따라잡기 위한 시스템을 갖추어야 할 것이다.

▌이것이 기업에 시사하는 의미는 무엇인가

노동 여건은 사람들의 욕구와 희망뿐만 아니라 기업의 관행, 절차, 문화, 가치관에 의해서도 형성된다. 사회가 삶을 개조하려고 하기 때문에, 앞으로는 기업과 개인 간의 협상 과정이 있을 것이다. 이제부터 기업은 노동자의 요구를 충족시켜주기 위하여 정책을 크게 재설계해야 할 것이다.

건설적인 의제부터 시작하자면, 기업은 100세 인생을 살 사람들을 지원하기 위하여 무엇을 반드시 해야 하는가. 이제 우리는 여섯 가지 제안을 하려고 한다.

첫째, 기업은 무형 자산과 유형 자산의 균형에 관하여 대외적인 입장을 다시 검토해야 한다. 지금 고용주와 노동자의 관계는 유형 자산에 의해 조정되고 있다. 이를테면 임금은 얼마를 지급해야 하는지, 어떤 연금을 보장하는지, 자동차와 주택 수당을 지급하는지 등이다.

그러나 지미와 제인의 시나리오를 통해 알 수 있듯이, 유형 자산은 중요하지만, 균형 잡힌 삶을 살아가는 데 한 부분을 차지할 뿐이고 직업 활동의 모든 단계에서 가장 중요한 관심사는 아닐 것이다.

이러한 균형이 어떻게 변할 것인가. 이것을 알려면, 무형 자산을 인식하고 확인하는 것이 도움이 될 것이다. 우리가 이 지점에서 논의를 시작했지만, 기업 특유의 적절한 무형 자산이 있을 수 있을 것이다. 또한 각 직업군에서 무형 자산의 기여도를 이해하는 것도 도움이 될 것이다. 예를 들어, 이 직업에 종사하면 생산성이나 활력과 같은 무형 자산을 창출할 수 있는가. 노동자가 직장 밖에서 무형 자산을 형성하는 데 도움이 되는가. 이러한 이해가 바탕이 된다면, 기업이 노동자를 선발하고 그들의 능력을 계발할 때 고용 조건을 알려주는 수단으로 이러한 무형 자산에 관한 이야기를 활용할 수 있고, 이것을 가급적이면 분명하게 전달할 수 있을 것이다.[11] 이러한 이야기는 각 개인이 인생의 어느 지점에 있는지에 따라 무슨 직업을 가질지에 관하여 현명한 선택을 할 수 있도록 해줄 것이다. 어느 시점에서라도, 일에 대한 의지는 인생의 다양한 측면과 그 속에서 무형 자산이 하는 역할을 반영할 것이다.

둘째, 기업은 노동자의 전환기를 인정하고 그들이 변형 기술을 개발하고 보호할 수 있도록 지원해야 한다. 노동자들은 직업 생활 중 언젠가는 전환기를 보내야 하는데, 이 시기에 기업이 노동자들을 지원하기 위해 할 수 있는 일들은 상당히 많다. 이러한 지원으로는 변형에 관한 기술을 고취하기 위한 훈련도 있다. 이러한 훈련은 사람들에게 역동적이고도 다양한 네트워크를 개발할 수 있도록 할 수 있고, 동료들의 피드백을 통해 자기 인식을 강화하도록 할 수도 있다. 우리는 변형 자산이 단련의 장을 체험하면서 늘어날 수 있다는 사실을 알고 있다. 따라서 기업은 교육 개발 프로그램에서 노동자들이 '시스템의 벼랑 끝'에 서 있는 상황까지 체험하게 해보는 것도 생각할 필요가 있다. 기업은 이것을 앞으로 다단계 삶을 살아야 할 신입사원을 위한 적응 교육 프로그램이나 신입사원을 유치하기 위한 수단으로 활용해야 할 것이다.

셋째, 기업은 경력 관리에 관한 관행과 절차를 3단계 삶이 아니라 다단계 삶에 맞게 재정립해야 할 것이다. 지미와 제인의 시나리오를 보면, 이들이 다양한 경험과 요구를 갖고 있는 것을 알 수 있다. 지미는 60세가 지나서도 일을 하고 싶어하고 또 그래야 할 필요도 있다. 그는 정신을 바짝 차리고 다음 단계를 위한 포트폴리오를 형성하고 싶어했다. 그래서 그는 공을 들여 새로운 계획을 수립하려고 했다. 그는 퇴직과 노화를 바라보는 시각을 바꾸려고 했고, 생산성을 유지하기 위한 지원을 원했고, 자기가 다니는 회사의 급여 체계가 좀 더 창의적으로 개선되기를 원했다. 또한 그는 임금이 안정되기를 원했고, 심지어는 삭감되는 것도 받아들일 수 있었다. 제인은 초기에 탐색자가 되었다. 그래서 그녀는 자신에게 또는 자신처럼 기술을 가진 사람에게 접근할 기업을 원했다. 제인은 장기 유급 휴가도 원했고, 때로는 여기저기를 돌아다니고도 싶었다. 또한 제인은 전환기에 지원을 받고 싶었고, 자신의 활력 자산을 증진하고도 싶었다. 많은 기업들이 이미 이러한 문제에 직면하고 있지만, 때로는 퇴직자나 신입사원의 개별적인 요구에 단편적으로만 반응하려고 했다. 앞으로 기업들은 일회성의 조치가 아니라 더욱 투명하고 공정하고 예측 가능한 조치를 취해야 할 것이다.

넷째, 기업은 일과 관련하여 가정의 역할이 변하고 있는 사실을 인식해야 할 것이다. 9장에서 우리는 100세 인생이 파트너십과 가족 구조에 미치는 영향을 설명했다. 가족 구조는 더욱 다양해진 가운데, 맞벌이가 지금보다 더 많이 유행할 것이다. 맞벌이 가정에서는 부부가 주 수입원의 역할을 교체하면서 가정의 재무 관리를 할 수 있다. 기업은 가족 구조가 다양해지고 다단계 삶이 늘어나는 상황에서 직무 내용을 더욱 분명하고도 구체적으로 설정해야 할 것이다. 골딘이 지적했듯이, 아주 힘든 직업이 있다. 이러한 직업에 종사하는 사람들은 시간의 압박을 많이 받고, 시간의 자율성은 한정되어 있고, 일정 관리에서 유연성을 발휘할 수도 없고, 팀원이나 고객과 끊임없이 접촉해야 하고, 다른 사람으로 대체하기가 어려운 일을 한다. 따라서 그들을 임금을 많이 받는다. 여기서 한 가지 분명한 사실은 남자든 여자든 이러한 직업에 종사하면 자녀와 깊은 관계를 맺는 적극적인 부모가 되기가 어렵다는 것이다. 또한 기업은 인력을 활용할 때 능력을 중시하고 성별에 차별을 두지 말아야 할 것이다. 지금의 추세가 앞으로도 계속 이어진다면, 지금의 젊은이들 중 대다수가 적극적인 부모가 되기를 원할 것이고, 직업 활동을 할 때도 이러한 선택을 중요하게 여길 것이다. 이는 유연성이 여성들만 원하는 것이 아니라 다수가 원하는 것이 되리라는 사실을 의미한다.

다섯째, 우리는 가장 어려운 과제 중 하나가 기업이 연령을 바라보는 태도를 바꾸어서 연령 차별을 하지 않도록 하는 것이라고 생각한다. 지금까지 기업은 젊은 사람들과 나이 든 사람들을 갈라놓는 데 일조했다. 기업의 퇴직자 지원 프로그램도 이에 중요한 역할을 담당했는데, 결과적으로는 기업이 대립을 피하는 방식으로 좀 더 신체적인 능력이 되는 사람에게 일자리를 제공하는 것이기 때문이다. 심지어는 직함조차도 이러한 차별을 강화한다. '주니어' 혹은 '시니어'라는 명칭 자체가 나이와 관련이 있기 때문이다. 이는 직업 활동을 하는 단계가 하나만 있는 3단계 삶에서는 타당한 측면이 있지만, 다단계 삶에서는 그렇지 않다. 우리가 앞에서 설명했다시피, 앞으로는 다양한 연령대의 사람들이 비슷한 경력을 가질 때가 올 것이다. 기업이 이러한 변화를 인식하지 않으면 스스로 화를 자초하고 말 것이다.

기업이 연령 차별 정책을 규제하는 법이 계속 강화되고는 있지만, 우리는 기업이 이에 적극적으로 나서야 할 때가 올 것으로 생각한다. 다단계의 100세 인생에서는 일정한 시기에 전환기가 나타나는 3단계의 인생과는 다르게 개인의 나이와 같은 형식적인 수치가 더 이상 의미를 갖지 않을 것이다. 3단계 삶이 일반적인 삶의 형태이던 시절에는 개인의 실적과 보상을 측정할 때 나이를 암묵적으로 고려하는 인사 정책이 간편하고도 적절한 수단이었다. 그러나 다단계 삶에서는 이것은 더 이상 적절하지 않다. 앞으로는 사원 모집, 승진, 임금 협상에서 명시적인 연령 차별보다 암묵적인 연령 차별을 없애고 나이에 따른 평가(혹은 동료 평가)와 연계되지 않은 객관적인 기준을 마련하는 것이 중요한 과제가 될 것이다. 예를 들어, 3단계 삶에서는 나이가 경험을 알려주는 지표였고, 기업은 이를 근거로 보수와 승진을 손쉽게 결정했다. 다단계 삶에서는 나이와 경험이 직접적으로 연관되지 않을 것이다.

마지막으로 기업은 노동 관행과 지원자에 대한 평가에서 실험의 가치를 인식해야 할 것이다. 앞으로 수십 년 동안 사람들이 변화에 적응해야 하는데, 그들 중 지미와 같은 사람들은 중년이 되어 이러한 적응을 해야 할 것이다. 그들은 자신이 가야 할 길을 안내해주는 롤모델이 별로 없는 관계로 여러 가지 실험을 해야 할 것이다. 이러한 실험 중에서 일부는 효력이 있고 또 다른 일부는 그렇지 않을 것이다. 효력이 있는 실험은 금방 관심을 끌 것이고 그 실험을 따라하려는 사람들이 급격하게 많아질 것이다. 결국에는 기업이 이러한 실험들을 인식하고 자신들의 관점에 통합할 준비를 해야 할 것이다. 지금 3단계 삶의 모델에서는 기업들이 이력서 상에서 '공백'이 있는 사람들에게는 그것이 실험이 되었든 그 밖의 다른 이유가 되었든 의혹의 눈길을 보낸다. 앞으로 자신의 무형 자산을 관리하기 위하여 실험 기간을 보내는 사람들이 많아지면, 기업들도 좀 더 관대해질 것이다.

이러한 여섯 가지 제안들은 지금의 인사 관행을 크게 개정하고 대대적으로 개혁하기를 요구한다. 우리는 바로 이 지점에서 엄청난 저항이 따를 것으로 예상한다. 이러한 저항은 어느 정도는 낮은 차원의 예측 가능한 정책에서 벗어나길 꺼려하는 태도를 반영하는데, 한 직원의 요구사항의 많은 부분을 충분히 드러내는 지표는 나이밖에 없기 때문이다. 이러한 변화는 표준적인 시기와 접근 방식이 포함된 몇 안 되는 고정적인 정책이 아니라 개별적인 협상이 따르는 훨씬 더 광범위한 선택을 요구할 것이다. 이러한 협상은 관리하기에 복잡할 뿐만 아니라, 일부 직원들이 다른 직원들보다 더 나은 조건으로 협상할 수도 있기 때문에 절차상으로 불공정한 측면도 발생할 것이다. 표준화에서 벗어나서 복잡성이 커지면 많은 기업들이 이러한 형태의 변화를 다루기가 어렵고 미래를 제대로 예측하기도 어렵기 때문에 저항을 하게 마련이다.

이러한 변화에 저항하는 또 다른 이유도 있다. 대체로 복잡성이 커지면 상당한 대가를 치러야 한다. 기업이 재정적인 압박을 받으면 표준적인 관행의 가치가 훨씬 더 크게 보인다. 따라서 일부 기업에는 100세 인생이 요구하는 유연성이 돈벌이에 도움이 되지 않을 뿐이다. 이러한 유연성이 중요한 의제가 된 것은 이번이 처음이 아니다. 산업혁명의 주요 특징은 기업이 표준적이고 획일적인 노동 시간을 요구한 데 있다. 산업화 이전의 간헐적이고도 불규칙적인 형태의 노동은 기업에 너무나도 많은 비용을 요구했다. 기업들이 공장과 기계에 많은 자본을 투자했으니 이것들은 항상 일정하게 돌아가야 했다. 결과적으로 주 6일 72시간 근무제가 도입되었고, 이는 주당 노동 시간의 초기 모델이 되었다. 이에 노동자들은 개인 생활과 가정 생활을 바꾼 노동 방식의 변화와 유연성의 상실에 분노했다. 그러나 당시에는 기업의 의지가 노동자의 의지를 압도했다. 이후로 기업과 노동조합이 수십 년에 걸쳐 재협상을 했지만, 표준화를 향한 기업의 의지가 계속 관철되었고, 주당 노동 시간은 유연하게 변하기보다는 단축되기만 했다.

오늘날에도 그와 같은 의지가 관철되고 있을까. 지미와 제인이 고용주에게 무엇을 원하는가에는 상관없이, 이들을 고용하는 기업들은 단순히 영리적인 이유로 그들의 요구를 받아들이지 않을지도 모른다. 그러나 일부 기업들은 표준화를 포기하는 데 저항하겠지만, 대다수의 기업들이 일정한 방식으로 변화에 적응할 것으로 본다.

이는 어느 정도는 현대 경제가 산업혁명 당시의 경제와 크게 다르기 때문일 것이다. 오늘날에는 고부가가치 산업이 물리적 자본보다는 인적 자본에 기반을 두고 있어서 숙련 노동자들의 요구를 충족시켜줄 여지가 더 많아졌다. 바로 이러한 이유로 고부가가치 산업이 노동과 퇴직의 유연성을 받아들이기 시작했다. 고부가가치 산업은 틀림없이 이러한 방향으로 더 멀리 나아갈 것이다. 창의성과 혁신 능력이 중요해지는 상황에서, 기업은 유능한 인재를 영입하는 데 커다란 관심을 기울일 수밖에 없다. 그리고 기업은 이러한 인재의 요구에 귀를 기울이게 될 것이다.

더구나 이제는 기계가 지능을 구현해가고 있다. 이러한 현상이 고용의 공동화를 초래하면서, 일의 종류에 따라 격차는 늘어나고 노동자가 일하는 방식은 다양해지고 있다. 인간과 기계가 협력하는 일에서는 기계가 반복적인 일들을 해주기 때문에, 유연성이 더 많이 나타날 것이다. 그리고 과학기술이 노동력의 표준화를 덜 요구한다면, 이는 조직 내의 조정 측면에 도움이 된다. 데이터 분석 기술의 발전은 관리자들이 표준화를 뛰어넘어 비용을 발생시키지 않고도 다양한 형태의 일에 대처할 수 있도록 해준다. 협력 기술collaborative technology을 바탕으로 팀원들이 계속 연계할 수 있고 기업이 개인의 실적을 지속적으로 평가하고 관찰할 때 노동의 유연성은 더 쉽게 나타난다.

자신에게는 최적이지만 직원들에게는 그렇지 않은, 표준화된 단순한 정책을 고집하는 기업도 틀림없이 있을 것이다. 그러나 우리는 많은 기업들이 변화를 시도할 것으로 예상한다. 주요한 전략적 수단으로서 다양한 고용 정책을 수립하는 기업이 늘어날 것이고, 특히 이러한 현상은 인적 자본이 중요한 역할을 하는 고부가가치 산업에서 더욱 두드러지게 나타날 것이다. 그러나 이렇게 하는 것이 모든 기업에 이익이 되는 것은 아니라는 사실이 정부와 사회에 문제를 제기한다. 당신의 재능이 희소할수록 당신의 협상력은 강해지고 당신의 삶을 구성하는 데 선택권도 많아져서 100세 인생을 최대한 활용할 수 있다. 모든 사람들이 이러한 협상력 혹은 선택권을 가지지는 못할 것이다.

기업은 이러한 의제를 얼마나 진행시켰을까. 우리는 100세 인생을 연구하면서 몇몇 기업에게서 이처럼 새로운 업무 방식을 준비하고 있다는 소식을 들었다. 이것은 린다 그래튼이 총괄하여 전 세계의 경영자들이 참여하는 '일의 미래에 관한 컨소시엄Future of Work Consortium'에서 다루는 핵심 주제가 되었다. 우리는 수많은 인터뷰와 2014년 10월 런던에서 개최된 워크숍에서 100세 인생이라는 금맥을 최대한 활용하기 위한 계획을 논의했다. 그러나 일부 예외를 제외하고 대다수의 기업들은 하는 것이 별로 없다는 사실을 알았다.

지금으로서는 많은 기업이 지미와 제인의 삶에서 관찰되는 복잡성에 대처하기 위해 실행 중인 정책이나 절차를 갖추고 있지 않았다. 대부분의 기업들이 50년도 더 된 채용과 인력 개발 계획을 고수하고 있었다. 그들은 대학을 갓 졸업한 사람을 신입사원으로 뽑았다. 이는 탐색기를 보낸 사람 혹은 나중에 기업에서 일하려는 사람을 배제하는 결과를 낳는다. 배움의 과정은 대체로 초기 단계에서 이루어진다. 따라서 30세가 넘는 사람들에게는 교육 기회가 많지 않다. 장기 유급 휴가 제도를 체계적으로 운영하고 있는 기업도 별로 없었다. 따라서 사람들은 장기 휴가를 얻으려면 사표를 내야 했다. 또한 여성이 가정을 보살펴야 한다는 암묵적인 전제가 있었고, 가족과 많은 시간을 보내려는 아버지를 지원하는 기업도 별로 없었다. 어쩌면 가장 큰 문제는 퇴직을 바라보는 태도에 있을 것이다. 대부분의 기업에서는 직원들이 60대 초반이 되면 전일제 노동을 그만두기를 원할 것이라고 가정한다. 결과적으로 일을 더 하려는 사람은 표준이 아닌 예외로 취급된다. 그리고 60세가 넘으면 '노인', 정신적으로 힘든 일을 처리할 수 없는 사람으로 판단한다. 퇴직 이후에는 멘토 역할을 하거나 업무를 지원하거나 포트폴리오를 적극적으로 구성할 기회가 사라지는 '가혹한 단절'이 뒤따른다.

물론 이러한 현상은 변할 것이다. 기업들은 탐색자들에게 다가갈 것이다. 노동자들에게 경력 전반에 걸쳐서 교육 기회를 제공할 것이다. 장기 휴가를 장려하고, 아버지들이 적극적인 부모 역할을 하도록 지원할 것이고, 장기근속이 가능하도록 하고, 다양한 일을 할 수 있는 진로를 제시할 것이다. 기업들은 나이 든 노동자들이 일의 일정 부분을 맡을 수 있는 '부드러운 단절' 방법을 개발할 것이다. 그러나 그들이 이러한 변화를 가져오기 위해서는 다양한 장애물에 직면할 준비가 되어 있어야 한다.

▌ 정부의 의제

기업은 일을 위한 여건을 조성하지만, 정부는 삶을 위한 광범위한 여건을 구축한다. 지금 각국 정부는 어떤 입장이며, 수명이 길어지면서 나타나는 현실에 대처하려면 얼마나 오랜 시간이 걸릴까. 정부의 의제는 엄청나게 많다. 개인이 삶을 재설계하게 되듯이, 정부도 법률 제도, 조세와 복지 제도, 수많은 고용 관련 법, 교육과 결혼 관련 제도를 재설계해야 한다. 사람들이 자신의 삶을 성공적으로 재설계하기 위해서는 먼저 정부가 규정과 제도를 재설계해야 할 것이다.

어떤 의미에서는, 장수 시대를 맞이하여 정부가 해야 할 일에 대한 논의와 의제 설정은 계속 진행되어왔다. 퇴직 연령이 변하지 않은 상태에서 수명이 늘어나고 연금과 의료비 지출이 증가하여 정부 재정이 지속가능하지 않게 되는 문제는 거시 경제학과 국가 재정의 영역에서 심도 있게 다루어야 할 주제다. 우리가 2장에서 확인한 것처럼, 100세 인생이라는 전망에 직면한 정부의 즉각적인 반응은 재정 문제 해결에 초점을 맞추는 것이다. 그러나 우리가 설명했듯이, 진정한 문제는 무형 자산을 어떻게 관리할 것인가에 있고, 이 문제에 대해서는 정부 정책이 제대로 따라가지 못하고 있다.

우리가 유형 자산과 무형 자산 계획의 문제들을 고려할 때, 한 가지 중요한 데이터 포인트는 삶이 얼마나 오랫동안 지속될 것인가의 확률이다. 이에 대해서는 학자들의 견해가 엇갈리고 있다. 우리가 앞에서 설명했듯이, 기대 여명을 추정하는 데는 두 가지 방식, 즉 연도 분석에 따른 추정 방식과, 코호트 분석에 따른 추정 방식이 있다. 우리는 정부와 보험업계에서 기대 여명을 추정할 때 연도 분석에 따른 추정 방식을 사용하는 것을 재고하도록 강력히 권고했다. 이는 거시 경제 정책에서 잘못된 가정을 하게 만들 뿐만 아니라 사람들의 마음속에 혼란과 안전불감증을 일으킨다. 연도 분석에 따른 추정에서는 현재 8세 아이가 40세, 50세, 혹은 70세가 되었을 때의 생존 확률이 현재 40세, 50세, 혹은 70세인 사람들의 생존 확률과 같다고 가정한다. 실제로 이렇게 추정하면 앞으로 40년, 50년 혹은 70년 동안에 영양, 보건 교육, 의학 기술 부문에서 발전의 가능성을 완전히 배제하게 된다. 오늘날 선진국에서 연도 분석에 따라 기대 여명을 추정했을 때 80~85년 정도가 나오는 것도 바로 이런 이유 때문이다. 반면에 미래의 수명 증가 요인을 고려하는 코호트 분석에 따라 기대 여명을 추정하면 100세가 넘게 나온다. ▓ 표 1-2 ▓ 는 기대 여명이 1800년 이후로 꾸준히 증가하는 모습을 보여준다. 두 가지 추정 방식의 차이는 놀라운 만큼이나 중요한 의미를 갖는다. 이는 정부가 국가 재정에 미치는 압박을 과소평가하고, 국민들에게 심대한 영향을 미치는 긴급한 문제를 제대로 파악하지 못하는 결과를 초래할 수 있다.

삶이 길어지면서 정부는 재정 정책을 뛰어넘는 또 다른 심각한 정책 과제에 직면하게 된다. 지금의 정부 정책은 주로 나이가 특별한 의미를 갖는 3단계 삶에 기반을 두고 수립되었다. 실제로 생활 연령은 학교, 기업, 관료적인 정부에서 수립하는 정책의 핵심적인 특징이다. 정부 법령과 규정이 나이에 의존하는 사례들은 상당히 많다. 예를 들어, 노동시장에 관한 정부 통계를 살펴보자. 현재는 0~15세를 유년으로 규정하고, 16~64세를 노동 연령, 65세 이상을 퇴직 연령(암묵적으로는 노년)으로 규정한다. 현실을 보면, 수명이 길어지면서 젊은이와 노인에 대한 인식이 변하고 있다. 이러한 분류는 다시 젊어지는 현상 또는 앞으로 나이와 단계가 뒤섞이는 현상을 제대로 파악하지 못하게 한다. 교육 기관이 이처럼 새로운 현실을 따라잡는 데 시간이 걸리듯이, 정부도 마찬가지일 것이다.

이제 3단계 삶에 입각한 사고방식이 갖는 위험을 이해하기 위하여, 정부 재정의 지속가능성에 관한 거시경제 정책 논쟁을 살펴보자. 지금 많은 국가에서 퇴직 연령을 연장하는 정책을 실시하려고 하고 있다. 그럼에도 표 10-1 에서 알 수 있듯이, 중요한 문제는 많은 국가에서 55~64세의 고용률이 낮다는 것이다.

퇴직 연령(OECD 용어에 따르면 '경제 활동을 하지 않는 단계로 이행하는 평균 연령')은 국가마다 크게 다르다. 그리스인, 이탈리아인, 프랑스인들이 노르웨이인, 스웨덴인, 뉴질랜드인보다 10년 정도

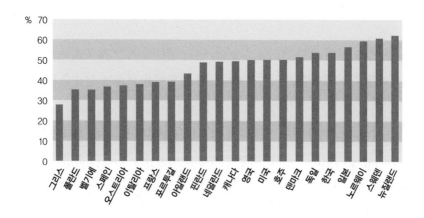

표 10-1　55~64세의 고용률

일찍 퇴직하는 이유는 무엇인가. 연구 결과에 따르면, 정부 법령과 재
정 정책이 이에 중요한 작용을 했다. 노동 기간이 늘어나면서 연금도
늘어나는가 아니면 연금에는 상한이 설정되어 있는가. 연금 저축과
연금에 대한 세금 공제는 어떤 방식으로 처리되는가. 퇴직 전에 장애
수당을 받을 수 있는가. 대부분의 국가에서는 재정의 지속가능성을
달성하기 위하여 조기 퇴직 장려금을 없애는 방식으로 이러한 차이를
해소하려고 한다. 그러나 문제는 이보다 더 복잡하다. 다단계 삶에서
는 퇴직 연령과 같은 핵심 요인에 훨씬 덜 집중하고, 대신에 모든 연
령대에 걸쳐 노동 관행에서 더 많은 유연성을 요구한다. 정부는 전환
기의 시기를 고정시키지 않고 사람들이 자신의 이정표를 스스로 선택
할 수 있는 구조를 확립해야 할 것이다.

　다단계 삶이 도래하면서 사람들은 나이와 단계가 일치하지 않고,
밀집 대형이 붕괴되는 과정에서 자신의 인생을 설계하고 선택할 기회
를 가질 것이다. 기업과 마찬가지로 정부도 정책의 방향을 바꾸어야

할 것이다. 이는 단지 퇴직 연령과 연금 기여율의 변화에 관한 문제만
은 아니다. 이 두 가지는 3단계 삶에 입각한 사고방식을 반영하는 것
들이다. 정부는 조세와 복지 제도를 지금보다 훨씬 더 근본적으로 개
혁해야 할 것이다. 여기에는 지금처럼 나이와 관련된 일정이나 퇴직
전 10년에 지나치게 집중하기보다 평생수당lifetime allowance과 평생
세액공제lifetime credit에 더 많이 집중하는 것도 포함될 것이다. 평생
수당은 각자 삶의 여러 단계를 관리하는 방식에서 더 많은 유연성과
선택권을 제공할 것이다. 정부도 국민들이 연금과 저축 상품을 활용
하는 방식에 관해 유연성을 보여주어야 할 것이다. 우리는 사람들 모
두가 각자의 재정을 결산하는 방법을 배우고 저축의 중요성을 인식해
야 한다고 강조해왔다. 그러나 이를 위해서는 정부가 저축을 장려하
고 모든 국민들이 금융 지식을 갖추도록 지원해야 할 것이다. 물론 변
해야 할 곳은 정부만이 아니다. 금융 기관도 함께 변해야 한다. 수많
은 사람들이 3단계 삶에서 다단계 삶으로 넘어가고 있으므로 재무 설
계와 금융 상품은 근본적으로 달라져야 할 것이다. 그리고 이는 정부
규제에서도 커다란 변화를 요구할 것이다.

  3단계 삶이 무너지면서 정부에 또 다른 과제가 주어졌다. 대부분
의 정부에서는 두번째 단계(직업 활동을 하는 단계)에 대한 법령을
시행하고 있고, 노동자들은 전일제 혹은 시간제로 일을 하고 이에 대
한 경계가 정확하다는 가정을 한다. 여가와 주당 노동 시간에 관한 논
의에서 알 수 있듯이, 정부는 생활 방식과 일하는 방식에 대한 선택
범위가 크게 확대되도록 해야 할 것이다. 그리고 앞으로는 전일제와
시간제 일자리 간의 단순한 구분도 의미가 없을 것이다. 이러한 현상
은 이미 공유 경제에서 분명하게 나타나고 있다. 우버나 에어비앤비

와 같은 공유 기업의 발전으로 '누가 피고용인인가' '누가 의료보험이나 연금과 같은 부가급여를 제공해야 하는가'와 같은 복잡한 문제가 부각되었다. 과거에는 노동조합이 조합원들의 집단적 권리를 대변했다. 지금은 공유 경제에서 이와 같은 조합이 겨우 시작 단계에 있다. 그리고 이처럼 유연 노동을 하는 노동자의 권리를 두고 법정에서 논쟁이 벌어지고 있으며, 앞으로 이러한 논쟁은 더욱 격화될 것이다.

정부로서는 전환기와 파트너십에 관한 문제도 다루기 어려운 주제다. 현재 법률 제정을 위한 분석 단위는 전형적인 가정이다. 혼합가족blended family*이 많아지고 사람들이 수시로 전환기를 맞이하면서, 정부는 인생의 다양한 시기에 해당되는 재정, 조세, 고용에 관한 법률에 유연성을 보태야 하고, 대안적인 형태의 파트너십과 육아 방식을 선택하는 개인에게도 이와 비슷한 유연성을 보태야 할 것이다.

정부의 의제는 광범위하고 복잡하고, 이를 설정하는 일들이 수십 년에 걸쳐 진행될 것이다. 산업혁명 시기에 노동 형태가 변하면서 정부 법률 제정이 수십 년에 걸쳐 이루어졌듯이, 100세 시대에도 이와 관련된 법률이 수십 년에 걸쳐 나올 것이다. 그러나 이러한 변화 중의 일부는 단순히 법률을 개정하는 것 이상으로 미묘한 측면도 있을 것이다. 장수의 매혹적인 측면은 바로 4대 가정의 등장에 있다. 이처럼 광범위한 연령층이 모여서 가정을 이루게 되면, 사람들이 자신의 행동이나 정부 정책이 미치는 효과를 생각하는 기간에도 변화가 있을 것이다. 람페두사Lampedusa의 『표범The Leopard』이라는 작품에 나오는 파브리치오 공작은 자신이 몸소 안아줄 수 있는 사람들(자식과 손

● 각각 자녀를 데리고 재혼한 뒤 둘 사이에 또 자녀를 둔 부부를 중심으로 한 가족.

자)이 사는 세상에만 관심을 가지려고 했다. 많은 사람들이 그의 말에 공감할 것이다. 아직 태어나지 않은 아이의 복지에 관심을 갖기는 어려운 일이다. 그러나 수명이 길어지면 사람들이 더 많은 세대와 교류하게 된다. 지미의 경우를 생각해보자. 지미가 2031년에 할아버지가 되면, 손자가 2140년 이후에도 살아 있을 가능성은 50대 50이다. 기후 변화를 연구하는 과학자들은 2100년에는 지구온난화가 발생할 가능성이 있다고 한다. 지금은 2100년이 먼 훗날로 여겨지지만, 그들은 우리가 몸소 안아줄 수 있는 후손들이 겪게 되는 기후 변화의 영향을 설명하고 있는 것이다.[12]

불평등의 문제

100세 인생의 시대에 정부가 직면하게 될 가장 심각한 결과 중 하나는 바로 불평등에 관한 것이다. 여기에는 두 가지 주요한 문제가 발생한다. 첫번째 문제는 기대 여명이 증가하더라도 모든 사람들에게 같은 비율로 증가하는 것은 아니라는 점이다. 지금 당장 소득 수준에 따라 수명에 엄청난 차이가 발생한다. 부유한 사람은 가난한 사람보다 훨씬 더 오래 산다. 다시 말하자면, 100세 인생이 모든 사람에게 도래하는 것은 아니다. 두번째 문제는 100세 인생이 저주가 아닌 선물이 되려면 엄청난 자기 인식, 상당한 기술과 교육, 그리고 전환기를 지원하고 고용주를 상대로 협상력을 발휘하기 위한 경제력이 필요하다는 점이다. 이러한 특성들은 소득 분포에서 상위 25%에 속하는 사람, 특히 전문직이나 기술직에 종사하는 사람에게서만 나타나며, 모든 사람에게서 나타나는 것은 아니다. 지금의 정부 정책을 감안하면, 모든 사람이 우리가 제시한 선택권을 가지고 있는 것은 아니다.

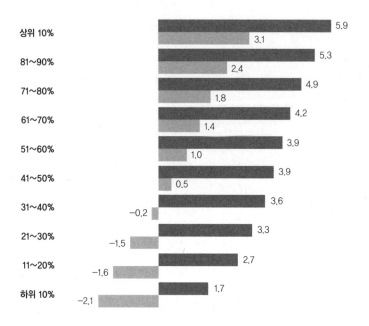

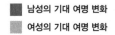 **표 10-2** 소득 계층별 기대 여명

표 10-2 는 첫번째 문제를 보여준다. 이 표는 1940년에 미국에서 태어난 사람과 1920년에 태어난 사람의 기대 여명을 비교하여 얼마나 증가했는지, 남성과 여성 간에 그리고 소득 계층별로 얼마나 차이가 나는지를 보여준다. 기대 여명은 모든 사람에게 같은 비율로 증가하는 것은 아니며, 부유한 사람과 가난한 사람 간에는 엄청난 차이가 있음을 알 수 있다. 이는 미국에서만 나타나는 현상이 아니라 전 세계적인 현상이다. 훨씬 더 심하게는 저소득 여성의 경우 20년 동안 기대 여명이 실제로 감소했다. 전체적으로는 부유한 사람이 가난한

사람보다 평균적으로 12년 이상 더 산다. 기대 여명이 소득 계층별로 다르게 증가하는 것은 건강 불평등이 지속적으로 확대되는 것을 의미한다. 우리는 이렇게 증가하는 건강 불평등 문제가 더 많은 토론과 정책의 핵심 주제가 될 것으로 예상한다. 지금으로서는 정부가 어떻게 반응할 것인지는 분명하지 않다. 그러나 우리는 자원을 가난한 사람들을 위해 사용하고 이러한 건강 격차를 해소하기 위한 보건 교육을 강화하는 정책이 수립되길 기대한다. 이것만으로는 격차가 완전히 사라지지는 않겠지만, 줄어들 수는 있을 것이다. 100세 인생이 소수의 특권층만의 것이 되어서는 안 된다.

두번째 문제는 (생애 전반에 걸쳐) 소득이 낮은 사람들은 3단계 삶을 해체하는 데 필요한 유연성이나 기술 측면에서 혜택을 받지 못할 것이라는 사실이다. 그들에게는 진정한 위험이 있다. 그것은 앞에서 언급한 홉스 식으로 표현하자면, 인생이 추잡하고 미개하고 오래가는 것이다. 기술이나 지식이 부족한 사람은 퇴직 이후의 오랜 삶을 지탱할 수가 없을 것이고, 전환기를 유익하게 보낼 준비가 안 되어 있을 것이다. 그들은 장수가 주는 혜택을 더 얻기는커녕 오히려 놓칠 위험에 직면한다. 그들의 삶은 우리 조상들의 삶과 더 많이 닮았다. 평생 동안 일만 하다가 나중에는 소득이 줄고 생활 수준도 낮아지는 상황을 맞이하고는 이 세상과 이별하는 것이다.

정부는 퇴직 제도 도입이 가져온 복지 혜택을 그대로 유지할 것이다. 사람들이 노년에 재정적으로 안정되고 여가를 많이 누릴 수 있다는 것은 사회적으로 엄청난 성취에 해당한다. 정부 정책에서 소득 계층별로 뚜렷한 차이를 두는 것도 한 가지 방법이다. 저소득층에게는 정부가 지원하는 연금을 그대로 유지하고 그들을 연금의 목표로 삼는 것이 좋다. 그들은 두번째 단계에서 직업 활동을 하는 기간과 세번째 단계에서 퇴직 후 기간이 길어진 3단계 삶을 살아갈 가능성이 높다. 고소득층을 대상으로는 그들 스스로 연금을 마련하도록 하고, 다단계 삶을 원만하게 살아갈 수 있도록 유연한 연금 정책을 실시하는 것이 좋다. 저소득층의 기대 여명이 짧은 것은 안타까운 일이다. 그들에게 퇴직 연령의 증가는 많은 도움이 되지 않고, 퇴직 후 기간만 더욱 짧아질 뿐이다.

결과가 이렇게 나타난다면, 100세 인생에서 다양한 선택권이 주어진다는 사실을 감안할 때 이것은 사회적으로 바람직한 결과가 아니다. 16세부터 70세까지 혹은 그 이상으로 장기간에 걸쳐 일을 하면 소득 수준과는 무관하게 무형 자산에 탈이 나게 마련이다. 이는 저소득층의 기대 여명이 짧은 이유 중 하나가 될 것이다. 과로로 인한 신체적 고갈, 정신적 권태감, 일과 가정, 친구 관계의 불균형은 부유한 사람에게만 나타나는 것은 아니다. 그러나 부유한 사람들은 구매력이나 건강 측면에서 이러한 스트레스를 제대로 해소할 경제력이 있다. 더구나 기술 혁신으로 숙련 노동자들에 비해 비숙련 노동자들이 직장을 잃을 가능성이 더 많다. 따라서 소득 분포의 최하위층에서 생산 활동을 오래 하다보면 기술의 쇠퇴가 반복되는 현상을 보게 될 것이다.

따라서 정부는 저소득층이 전환기를 위한 자금을 마련해서 다음 단계를 준비하고 무형 자산을 증진할 시간을 갖도록 지원을 해야 할 것으로 보인다. 20세기에는 많은 국가들이 고용보험, 질병 수당, 장애 수당, 여성의 육아 휴가(최근 들어 남성의 육아 휴가), 국민연금 제도를 도입했다. 이러한 제도는 모두 저소득층에게 전환기와 갑작스러운 변화의 충격을 겪어야 하는 시기를 잘 보낼 수 있도록 재정적 지원을 하는 것이었다. 예전에는 부유한 사람들만이 이를 위한 경제력이 있었다. 전환기가 재창조를 위한 중요한 시기라면, 유급 휴가를 보낼 수 있도록 국가가 일정 기간 또는 금액을 지원하는 평생수당 제도를 도입하는 것도 가능하다. 어쩌면 노동 운동가들의 외침을 다시 들을 수도 있을 것이다. 정부를 상대로 저소득층을 대변하여 노동자들이 자유 시간을 활용하고 끝없는 노동에서 벗어날 수 있도록 하는 법률 제정을 촉구하기 위한 대중 운동이 일어날 수도 있다.

수명이 길어지는 사실 자체는 불평등을 해소하는 데 커다란 잠재력을 지니고 있다. 사람들이 오래 살면서 3단계가 아닌 이보다 더 많은 단계를 경험하다보면, 시작 단계에서 불우했던 상황, 초기의 안 좋았던 일들을 만회할 기회를 더 많이 갖는다. 그러나 건강, 교육, 네트워크, 저축에 대한 투자의 차이가 불평등을 낳는다면, 삶이 길어진 만큼 다양한 자산에 대한 투자가 더욱 중요하므로 불평등이 확대될 위험도 도사린다. 20세기에는 정부가 무상 교육과 유아 건강에 엄청난 재원을 투입했다. 이는 3단계 삶을 위한 투자에서 중요한 시기에 이루어졌다. 기대 여명의 증가가 다단계 삶을 창출했다면, 이와 비슷한 투자가 요구되는 시기도 많아질 것이다. 앞으로 정부 개입의 수준에 관하여 심도 있는 논의가 이루어질 것으로 생각한다.

지금까지 사변적인 생각들이 많이 나왔지만, 논리는 비슷했다. 다시 말하자면, 장수에 초점을 맞추고 재정, 소득, 저축을 걱정하는 것이었다. 우리가 살펴봤듯이, 진정한 문제는 100세 인생을 살아가기 위하여 무형 자산을 어떻게 관리하는가에 있다. 현재 불평등을 해소하기 위한 사회 정책은 주로 재정 문제에 집중한다. 수명이 길어지면 이러한 집중도 그만큼 연장되어야 할 것이다. 최대한 많은 사람들에

게 장수가 선물이 되려면, 이것은 시급하고도 어려운 문제로 떠오른
다. 많은 국가에서는 현재의 사회 정책이 3단계 삶을 창출하면서 복
지를 확대하는 데 일조했다. 지금 3단계 삶이 무너지면, 20세기가 낳
은 획기적인 사회 정책도 함께 무너질 것이다.

▎변화의 속도가 왜 이렇게 더딘가

놀라운 사실은 수명이 길어지면서 사회가 추진해야 할 변화의 규
모에 비해 기업과 정부가 비교적 소극적인 반응을 보여주고 있다는
것이다. 이보다 훨씬 더 두드러진 현상은 의제와 쟁점에 대한 인식이
부족하다는 것이다. 우리는 기업과 정부가 '시대에 뒤처져 있다'라는
말만으로는 상황을 설명하기에 매우 부족하다는 생각이 든다.

수명이 길어지면서 사회경제적으로 엄청난 변화가 일어날 것임을
감안할 때, 지금까지 변화가 이처럼 제한적으로 나타나는 이유는 무
엇인가. 이에 대한 첫번째 설명은 아주 간단하다. 사회가 변하는 데는
오랜 시간이 걸린다. 수명 증가는 갑자기 진행되기보다는 수십 년에
걸쳐 천천히 진행된다. 이와 관련하여 개구리 이야기가 아주 합당한
사례가 될 것 같다. 개구리를 물이 천천히 끓어오르는 냄비에 집어넣
으면 처음에는 밖으로 뛰어나오지 않고 물이 끓을 때까지 가만히 있
다. 하지만 끓어오르는 물에 집어넣으면 금방 밖으로 뛰어나온다. 이
이야기가 전해주는 교훈은 어떤 현상이 천천히 발생할 때는 근본적
인 조치를 취하기가 더욱 어렵다는 것이다. 따라서 정부의 법률 제정
이 뒷받침되어 사회가 변하는 데 오랜 시간이 걸린다는 것은 전혀 놀

라운 사실이 아니다. 예를 들어, 산업혁명 시기 영국에서는 1802년이 되어서야 의회가 어린이 노동을 제한하는 법안을 통과시켰다. 1802년 이후로 8~13세 어린이에 대한 노동 시간을 하루 6시간 30분으로 제한하는 공장법Factory Acts을 통과시키는 데 무려 40년이 넘게 걸렸다. 따라서 지금 당장 손쉬운 해결책이 나오기보다는 개인과 사회가 수명이 길어진 시대에 적응할 수 있게 해주는 정부 법안이 앞으로 수십 년에 걸쳐 수없이 많이 나올 가능성이 더 높다.

변화의 속도가 더디게 된 두번째 원인은 좀 더 깊은 내용을 담고 있다. 그것은 지속가능한 환경 문제, 즉 눈앞의 일만을 생각하는 태도에서 비롯되는 문제와도 연관된다. 이산화탄소 배출을 줄이기 위한 변화를 생각하면, 변화를 일으키기 위한 비용은 지금 발생하지만, 그 혜택은 나중에 발생한다. 다행스럽게도 장수에서 비롯되는 문제는 지금 태어나지 않은 사람들이 현재의 변화로부터 혜택을 입는 지속가능성의 문제만큼 심각하지는 않다. 적어도 현재 18~30세인 세대가 투표권을 가지고 미래의 자신에게 혜택을 주는 변화를 추진하도록 정부에 영향력을 행사할 수 있다. 그러나 많은 국가에서 이러한 세대는 이전 세대보다 수적으로 부족하고, 정치에 무관심한 경우가 많다. 예를 들어, 2012년 미국의 투표 성향을 보면 45세 이상 유권자의 3분의 2가 투표에 참여했지만, 25~44세 유권자들은 50%만이 참여했고, 18~24세 유권자들은 3분의 1이 조금 넘게 참여했다. 이는 젊은 이들이 점점 더 정치에 환멸을 느낀다는 이야기이다. 1964년에는 그들 중 절반 정도였는데, 2012년에는 3분의 1이 조금 넘었다. 이처럼 투표율도 낮고 수적으로도 적은 코호트 집단이 앞으로는 자기 목소리를 내려고 할 것이다. 수적으로도 많고 투표율도 높은 베이비붐 세대는 정부에 퇴직 정책과 노인에 대한 보건 정책을 확대해주기를 요청할 것이다. 평생 교육, 능력 계발, 유연 노동, 전환기와 같은 주제에서 젊은이의 의견은 무시될 수도 있다. 우리 이야기의 주제는 더 오래 산다는 것이, 노인이 되었을 때 무엇을 할 것인가에 관한 것만은 아니라는 점이다. 그러나 노인 유권자들이 정치인을 움직인다면, 개혁은 더디게 진행되고 차질이 생길 것이다.

정부와 기업이 느리게 반응하는 또 다른 원인은 사회가 장수라는 선물에 대해 최선의 대응 방법을 찾으려고 하면서 나타나는 사회적 이질성이다. 새로운 단계 혹은 전환기가 등장하면, 사회는 변화가 발생하기 전에 먼저 실험을 해야 한다. 이러한 새로운 삶의 단계가 요구하는 기업과 정부의 관행 및 정책을 가장 잘 구성하는 방법이 분명해질 때까지는 오랜 시간이 걸린다.

따라서 몇 가지 합의가 없이는 의미 있는 변화가 일어나지 않을 것이다. 우리는 앞으로 10년이 지나면 현재의 관행과 규정이 효과가 없다는 사실을 지금보다 더 많이 인식할 것이다. 그러나 이 문제를 가장 잘 대처할 방법이 분명하게 떠오르지 않을 수도 있다. 더구나 정책 담당자가 직면한 또 다른 문제는 사회적 합의가 이루어지기 시작하더라도, 개인 간의 엄청난 이질성이 나타날 것이라는 사실이다. 3단계 삶이 밀집 대형을 낳고 한 가지 방식으로 배열되었다면, 다단계 삶은 개인의 선호나 여건에 따라 다양한 방식으로 배열될 수 있다. 그리고 이러한 다양성은 행동에 대한 합의에 도달하는 것을 더욱 어렵게 만든다.

무엇이 변화를 위한 촉매가 될 것인가

그러면 이 모든 것들이 절망적인가. 사람들은 이처럼 새로운 현실에 적합하지 않은 기업 정책과 정부 규정 속에서 그냥 오래 살기만 하는 운명에 처해질 것인가. 우리는 기본적으로 변화의 주역이 기업이나 정부가 아니라 사람들이라고 생각한다. 장수의 과제와 기회에 직면하여 실험하고 해체하고 재건하고 논의하고 좌절하는 주체는 바로 개인, 파트너, 가정, 친구들의 네트워크가 될 것이다.

이처럼 수많은 사람들의 행동과 토론에서 드러나는 것은 생산적인 삶을 살아가는 방법에 관한 새롭고도 우선적인 모델은 아닐 것이다. 그것은 오히려 유연성과 개인의 자유를 향한 공동의 소망에 가까울 것이다. 물론 이러한 소망이 기업의 더딘 반응 이면의 여러 이유 중 하나이기도 하다. 우리는 이러한 소망이 100세 인생에 관한 사회적 갈등의 장이 될 것으로 생각한다. 기업과 정부는 간단하고도 표준화된 모델을 고집하겠지만, 개인은 유연성과 자유재량을 주장할 것이다. 사회는 관료주의의 효율성과 개인의 선호 간의 상충 관계 속에서 입장을 결정해야 할 것이다. 우리는 무게 중심이 조직보다는 개인 쪽으로 치우칠 것으로 생각한다. 이는 특히 기업의 성공이 적극적인 동기를 지닌 사람에 의해 결정되는 고부가가치 산업에서는 더욱 그럴 것이다.

그러면 변화는 어떻게 발생할 것인가. 정부는 이미 반응을 보이기 시작했다. 주로 3단계에 집중한 것이지만, 퇴직 연령, 연금의 수준과 수령 가능성에서 변화를 일으키고 연령 차별 금지 법안을 도입했다. 또한 정부는 소득, 재산, 수당을 1년이 아닌 평생을 기준으로 측정하도록 조세와 금융 제도를 개혁하기 시작했다. 기업, 특히 금융 기관도 개인에게 유연성을 더 많이 부여하기 위한 추세를 뒷받침할 것이다. 금융 기관은 고객에게 금융 자산 재구성을 지원하면서 수수료 수입이라는 영업상의 혜택을 누릴 수 있다. 정부가 평생을 기준으로 유연성을 더 많이 부여하려면, 3단계 삶을 지탱하던 암묵적인 연령 차별을 없애기 위하여 법령을 수정해야 할 것이다.

기업은 어떠한가. 기업은 지금까지 우리가 논의했던 현실 중 일부는 발생하지 못하게 할 수 있는 자원이 많다. 예를 들어, 대학 졸업생 중에서 많은 이들이 곧장 기업에 취업하고 있어서 기업이 탐색자들을 찾아 나설 필요가 없다. 혹은 양육의 상당 부분을 아내에게 맡기려고 하는 아버지들이 많이 있어서 기업이 높은 직급에 있는 사람들을 위하여 더욱 공정한 노동 여건을 도입할 필요가 없다. 실제로 더 젊고 유능한 사람들이 많으니 60세 이상인 사람들을 해고해도 상관없고, 이들을 재고용하기 위해 독창적인 방식을 만들어낼 필요가 없다고 생각할 수도 있다.

따라서 변화는 단편적으로 일어날 것이다. 기업은 현재의 정책을 고수하면서도 개인의 다양한 요구를 지원하기 위한 예외 규정을 두면서 변화를 꾀하기 시작할 것이다. 퇴직 연령을 변경하고, 개인들에게 다시 일을 시작하기 전 몇 달의 시간을 주고, 3일짜리 주말 혹은 반일 근무를 실시하는 기업에서 이미 변화가 나타나고 있다. 앞으로는 예외적이거나 맞춤식의 요구가 점점 더 많아지면서, 기업의 인사 부서는 좀 더 제대로 된 반응을 보여줄 것이다. 노동력이 희소해지면서 임금이 오르고, 유능하고 경험 많은 노동자들이 자신의 요구가 충족되지 않으면 기업을 떠날 것이라고 위협을 가할 때, 균열이 생기기 시작할 것이다. 이러한 상황에서 기업들이 주당 노동 시간과 진로 결정 정책을 재구성하는 데서 나오는 장점을 정확하게 인식하게 될 것이다.

실제로 균열은 이미 나타나고 있다. 뛰어난 재능을 지닌 사람들 중에는 자기 회사를 설립하고 나중에 대기업에 취업하려는 사람들도 더러 있다. 이런 재능을 활용하지 않는 것은 안타까운 일이다. 이들은 부모로서 자식을 돌보는 역할을 인정해주기를 요구하고 있다. 그리고 지금 항공공학이나 제약 분야에서는 60세 이상의 기술 인력이 대거 퇴직한 자리에 커다란 구멍이 생기고 있다. 이 분야에서는 기술 인력의 부족이 커다란 위험 요소가 될 것이다.

따라서 이러한 균열은 변화가 다가올 것임을 의미한다. 그러나 변화는 우리가 기대하는 것보다는 더 천천히 불규칙적으로 불확실하게 다가올 것이다. 변화는 궁극적으로는 자기가 무엇을 요구하는지를 분명히 하고 기업의 변화를 재촉하는 개인에게 달려 있을 것이다. 또한 변화는 새로운 미래에 대처하려면 3단계 삶에 적합하게 설계된 기존의 기업 시스템을 허물어야 한다는 사실을 깨닫는 기업 경영자에게도 달려 있다.

사람들은 정부와 기업의 규범에 좌절하고는 개인적으로 그리고 집단적으로 다양한 방식의 일과 삶을 실험하려고 할 것이다. 이것은 모든 사람들을 위한 것이다. 우리는 이런 실험의 과정이 자기 자신에게 중요한 것이 무엇인지를 탐색할 기회를 많은 사람들에게 창출할 것이며, 그러므로 앞으로는 개성과 다양성이 존중될 것이라고 생각한다. 미래에는 모든 사람들이 저마다의 다양한 삶을 살아갈 것이다. 그리고 100세 인생이라는 선물은 이러한 다양성에서 나올 것이다.

우리 저자들은 이 책을 쓰면서 아주 즐거운 여정을 마쳤고, 우리 자신의 삶과 미래 계획에 관하여 많은 것을 생각해볼 수 있었다. 우리는 독자 여러분들도 우리와 같은 생각을 하면서 가족들과도 많은 대화를 나눌 수 있기를 진정으로 바란다. 또한 우리는 이 책이 기업과 정부에도 논의의 폭을 넓히는 계기가 되기를 바란다. 이처럼 폭넓은 논의가 진행되면, 100세 인생은 우리 사회에 내리는 선물이 될 것이다. 이러한 논의가 진행되도록 하는 것이 우리 모두의 의무이다.

당신이 이러한 논의가 어떻게 진행되는지에 대하여 관심이 있고 좀 더 배우고 싶고 여기에 기여하고 싶다면, 우리의 웹사이트 www.100yearlife.com을 방문하기를 바란다.

당신은 이 웹사이트를 통해 당신의 현재 상황을 평가하고 미래를 위한 계획을 구체적으로 수립하는 데 도움이 될 만한 진단을 해볼 수 있다. 이 진단은 당신의 무형 자산과 유형 자산의 현재와 미래의 흐름을 자세히 살펴볼 수 있도록 해준다. 이를 통해 자신에 대하여 더 많은 것을 알고 100세 인생을 살아가는 방법에 대하여 생각할 기회를 얻을 것이다.

우리는 당신과 당신의 가족, 친구들이 이 진단을 해본 결과에 대하여 알기를 원하며, 우리 모두가 그 결과를 공유할 수 있기를 바란다. 당신은 이 웹사이트에서 자신의 이야기를 업로드하여, 당신의 생각을 주변 사람들과 공유할 수 있다. 그들과 이 책의 내용도 함께하길 바란다.

표 출처

표 1-1 Human Mortality Database, University of California, Berkeley (USA) and Max Planck Institute for Demographic Research (Germany). Available at http://www.mortality.org/

표 1-2 Calculated using data from Human Mortality Database, University of California, Berkeley (USA) and Max Planck Institute for Demographic Research (Germany). Availability at http://www.mortality.org/ For an explanation, 'Broken Limits to Life Expectancy' by Jim Oeppen and James Vaupel, Science, May 2002, vol. 296을 보라.

표 2-2 http://www.oecd.org/edu/ceri/SpotlightAgeing.pdf

표 2-5 Office for National Statistics (http://www.ons.gov.uk/ons/rel/lmac/participation-rates-in-the-uk-labourmarket/2014/art-3-older.html) and Bureau of Labor Statistics (http://www.bls.gov/emp/ep_table_303.htm)

표 3-1 'Occupational Changes during the 20th Century', I. D. Wyatt and D. E. Hecker, Bureau of Labor Statistics Monthly Labor Review, March 2006.

표 3-2 David Autor, 'Why are there still so many jobs? The history and future of workplace automation', Journal of Economic Perspectives 29(3) (Summer 2015): 3-30.

표 7-2 H. E. Hershfield, D. G. Goldstein, W. F. Sharpe, J. Fox, L. Yeykelis, L. L. Carstensen and J. N. Bailenson, 'Increasing Saving Behavior Through Age-Progressed Renderings of the Future Self', Journal of Marketing Research (2011) vol. 48, no. SPL: S23-S37.

표 8-1 Ramey and Francis, 'A Century of Work and Leisure', American Economic Journal: Macroeconomics, 1(2) (2009): 189-224.

표 9-1 OECD.Stat.

표 9-2 Claudia Goldin, 'How to Achieve Gender Equality', Milken Institute Review http://www.milkeninstitute.org/

표 9-3 Betsy Stevenson and Justin Wolfers, 'Marriage and Divorce: Changes and their Driving Forces', Journal of Economic Perspectives, Spring 2007, 21(2): 27-52.

표 10-1 OECD.Stat

표 10-2 B. Bosworth and K. Burke, 'Differential Mortality and Retirement Benefits in the Health and Retirement Study', Brookings Institution mimeo 2014.

주석

서문

1. Oeppen, J. and Vaupel, J., 'Broken Limits to Life Expectancy', *Science* 296 (5570) (2002): 1029 – 31.
2. 'A Letter to Jean-Baptiste Le Roy (13 November 1789)', *The Private Correspondence of Benjamin Franklin* (1817) 초판에서 인용.

1장 삶: 기회로 가득한 장수라는 선물

1. Deaton, A., *The Great Escape: Health, Wealth and the Origins of Inequality* (Princeton University Press, 2013). (한국어판: 앵거스 디턴, 이현정 옮김, 『위대한 탈출』, 한국경제신문, 2015.)
2. Preston, S. H., 'The Changing Relation Between Mortality and Level of Economic Development', *Population Studies* 29 (2) (July 1975): 231 – 48.
3. 지금까지 가장 오래 살았던 사람은 (공식적으로 확인된 바로) 122세에 세상을 떠난 잔 칼망 Jeanne Calment이다.
4. Kurzweil, R. and Grossman, T., *Fantastic Voyage: Live Long Enough to Live Forever* (Rodale International, 2005). (한국어판: 레이 커즈와일, 테리 그로스먼, 정병선 옮김, 『노화와 질병』, 이미지박스, 2006.)
5. Fries, J., 'Ageing, Natural Death and the Compression of Morbidity', *New England Journal of Medicine* 303 (3) (July 1980): 130 – 5.
6. Freedman, V. A., Martin, L. G. and Schoeni, R. F., 'Recent Trends in Disability and Functioning Among Older Adults in the United States: A Systematic Review', *Journal of the American Medical Association* 288 (24) (December 2002): 3137 – 46.
7. 최근 188개 국가를 대상으로 연구한 결과에 따르면, 기대 여명은 건강 기대 여명보다 더 빠르게 증가하는 것으로 나타났다. 예를 들어, 일본에서는 지난 20년 동안 기대 여명이 4년 증가했지만 건강 기대 여명은 3년 증가했고, 한국에서는 기대 여명이 7년 증가했지만 건강 기대 여명은 6년 증가했다. 미국의 경우에는 기대 여명과 건강 기대 여명이 각각 3.5년과 2.5년 증가했고, 서유럽에서는 기대 여명과 건강 기대 여명이 각각 5년과 3.5년 증가했다. 'Global, regional and national Disability Adjusted Life Years (DALYs) for 306 diseases and injuries and Healthy Life Expectancy (HALE) for 188 countries, 1990 – 2013: Quantifying the epidemiological transition', GBD 2013 DALYS and HALE Collaborators, *The Lancet* (2015)를 보라.

8. Lafortune, G., Balestat, G. and the Disability Study Expert Group, 'Trends in Severe Disability Among Elderly People: Assessing the evidence in 12 OECD countries and the future implications', OECD Health Working Paper no. 26.

2장 자금 조달: 일하는 노년

1. 예를 들어 동료들의 연구 결과를 보라. Campanale, C., Fugazza, C. and Gomes, F., 'Life Cycle Portfolio Choice with Liquid and Illiquid Assets', *Journal of Monetary Economics* 71 (2005): 67–83; or Cocco, J. Gomes, F. and Maenhout, P., 'Consumption and Portfolio Choice over the Life Cycle', *Review of Financial Studies* 18 (2) (2005): 491–533.

2. 불필요한 가정을 제거한 모델stripped-down model이 갖는 장점은 간단하여 계산하기가 쉽다는 데 있다. 그러나 여기서 우리는 불필요한 가정을 제거한 사실을 밝힐 필요가 있다. 경제학에 나오는 표준 생애주기 가설standard life cycle hypothesis과 항상소득 가설 permanent income hypothesis에서는 소득이 높아지면 저축을 하고 소득이 낮아지면 빚을 진다고 가정하지만, 우리는 당신이 매년 소득의 일정 비율을 저축한다고 가정했다. 또한 우리는 당신이 직업 활동을 하는 동안에 소득이 일정 비율로 증가한다고 가정했다. 경제학 자들은 소득 흐름이 낙타등처럼 생겼다고 말한다. 처음에는 가파르게 증가하다가 정상에서는 평탄해지고, 나중에는 감소한다. 경제학에서 다루는 가정들을 무시하면 계산이 간편해지고 여기에 등장하는 세 사람들 간의 소득 비교가 쉬워진다. 또한 우리는 이번 장에서 주택담보 대출금이나 그 밖의 채무들에 대해서는 고려하지 않았다. 그 이유에 대해서는 7장에서 자세히 설명할 것이다. 이처럼 단순한 가정은 틀림없이 중요한 특징들을 놓친다. 그리고 이 모델이 개인의 재정 문제에 관한 조언을 목적으로 한 것은 아니다. 그러나 우리가 불필요한 가정을 제거한 모델은 기본적인 내용을 잘 담고 있으며, 우리의 목적과도 잘 부합한다.

3. https://publications.credit-suisse.com/tasks/render/file/?fileID=AE924F44-E396-A4E5-11E63B09CFE37CCB

4. 이것 역시 모델을 단순하게 만들기 위한 가정이다. 소득 증가율은 부문별로 다르고, 10년마다 다르다. 잭, 지미, 제인의 임금이 정확하게 얼마나 빠르게 증가하는가는 그들이 어느 부문에 종사하는가에 달려 있다. 다양한 부문에서 개인의 소득이 나이에 따라 어떻게 변해 가는지를 추정한 결과에 대해서는 우리가 계산을 위해 참고했던 다음 논문을 살펴보라. Miles, D., 'A Household Level Study of the Determinants of Incomes and Consumption', *Economic Journal* 107 (1997): 1–25

5. 잭이 가상의 인물이기는 하지만, 이러한 사실은 현실을 제대로 반영한다. 미국 정부의 통계 (http://www.ssa.gov/oact/NOTES/as120/LifeTables_Body.html)에 따르면 1945년에 출생한 미국 남성의 기대 여명은 약 72세인 것으로 나온다. 우리가 70세라고 한 것은 가상인물의 사망 시기를 굳이 미국 통계와 정확하게 일치시키려고 하지 않았기 때문이다.

6. 앞에서 언급했다시피, 우리는 직업 활동을 하는 동안 소득은 지속적으로 증가하고 매년 저축률이 일정하다고 가정했다. 잭은 매년 소득의 4.3%를 저축하지는 않았지만, 직업 활동을

하고 자녀들이 출가할 때까지는 저축을 하려고 했다. 당신이 저축을 하지 않은 해가 있다면, 다음 해에는 이를 보완하기 위하여 4.3% 넘게 저축해야 한다. 그러나 직업 활동의 초기에는 소득이 많지 않기 때문에, 저축을 하지 않은 해가 있더라도 그다음 해에 저축률을 두 배로 끌어올릴 수는 없을 것이다.

7. 영국 통계청의 자료를 보라. 'Pension Trends', Chapter 7: Private Pension Schemes Membership 2013 Edition, http://www.ons.gov.uk/ons/dcp171766_314955.pdf

8. Ellis, C.D., Munnell, A.H. and Eschtruth, A.D., *Falling Short: The Coming Retirement Crisis and What to Do About It* (Oxford University Press, 2014).

9. 공식적인 영국 통계청 자료를 활용하면, 지미가 1971년에 태어났다고 할 때, 현재 41세인 그의 코호트 집단에 기반한 기대 여명 측정치는 실제로 71세이다.

10. Crossley, T. and O'Dea, C., 'The Wealth and Savings of UK Families on the Eve of the Crisis', Institute for Fiscal Studies Reports (July 2010).

11. 영국 정부 통계에 의하면, 제인처럼 1998년에 태어난 코호트 집단의 기대 여명에 대한 예상치의 중앙값은 93세이며, 이보다 좀 더 낙관적인 예상치는 99세이다. 물론 이는 집단 전체의 평균값에 해당한다. 제인이 부유한 가정에서 태어났다면, 제인의 기대 여명이 그렇지 못한 가정 출신보다 더 길어질 것이다.

12. 이처럼 간단한 계산 결과가 많은 문제를 낳는다. 우리는 소득이 직업 활동 전반에 걸쳐 일정한 비율로 계속 증가한다고 가정했다. 이는 퇴직 자금을 마련하는 데 도움이 되는 좋은 측면도 있지만, 우리가 당신이 퇴직 전 소득의 50%를 연금으로 받고 싶어한다고 가정했기 때문에 소득이 많아지면 저축해야 할 금액도 많아지는 안 좋은 측면도 있다. 소득이 증가하는 속도가 빠를수록, 퇴직 전 소득도 당연히 많아진다. 우리의 시뮬레이션에서는 바로 이런 이유 때문에 소득이 빠르게 증가할수록 사람들이 저축을 더 많이 해야 하는 결과가 나타난다. 우리는 당신이 언제 퇴직하는가와는 무관하게 65세 소득의 50%를 연금으로 받고 싶어한다고 가정할 수도 있다. 그러면 당신은 퇴직 전 소득과의 연결 고리를 끊어버림으로써 일을 더 오랫동안 하면서 저축을 더 많이 하지 않아도 된다. 이러한 가정을 제인에게 적용하면, 제인이 매년 소득의 10%를 저축하고 75세에 퇴직할 경우에 65세 소득의 50%를 연금으로 받을 수 있다. 바로 이 지점에서 우리가 깊은 수렁에 빠져들게 된다. 다시 말하자면, 제인이 10년 전의 소득(100세가 되는 해에 35년 전의 소득은 두말할 것도 없다)에 기초를 두고 퇴직 연금을 받을 경우에는 다른 사람들에 비해 연금을 아주 적게 받는다. 게다가 65세 이후에는 소득이 감소한다는 가정이 더욱 타당성 있다(실제로 65세 이후로는 나이가 들면서 소득이 계속 감소하기 때문이다). 이러한 경우에는 제인이 나이가 들면서 소득이 감소하기 때문에, 연금을 마련하기 위하여 생애 전반에 걸쳐 저축률을 더 높여야 한다. 따라서 우리가 제인의 소득이 65세 이후로는 변하지 않고 제인이 65세 소득의 50%를 연금으로 받고 저축률을 10%로 유지한다고 가정하면, 제인은 77세까지 일을 해야 한다. 제인의 소득이 65세 이후로 감소하고 저축률을 10%로 유지한다면, 제인은 80세까지 일을 해야 한다. 우리는 애초에 우리 모델이 단순하다는 점을 지적했다. 따라서 당신이 제대로 된 선택을 하려면 금융 전문가에게서 자세한 조언을 들어야 할 것이다. 여기서는

우리의 단순한 가정이 갖는 한계를 보여준다.

3장 일: 급변하는 고용 환경

1. 장수에 관한 경제 분석은 주로 노동 인구의 감소와 연금 증가 그리고 고령화 추세로 인한 보건 지출의 증가에 집중한다. 고령화 추세와 출생률 저하가 경제에 미치는 효과는 아주 크다. 임금이 상승하고 수익률이 감소하고, 저축과 투자가 감소하고, 경상수지 적자를 심화시킨다. 이에 대해서는 다음 문헌을 참조하라. Magnus, G., *The Age of Aging: How Demographics are Changing the Global Economy and Our World* (Wiley, 2008).

2. Gratton, L., *The Key: How Corporations Succeed by Solving the World's Toughest Problems* (Collins Business, 2015).

3. 예를 들어 도시의 번성에 대한 리처드 플로리다Richard Florida의 견해를 참조하라. *Who is your City? How the creative economy is making where you live the most important decision in your life and The Rise of the Creative Class* (Basic Books, 2002).

4. Deloitte, *London Futures*: *London crowned business capital of Europe* (UK Futures, 2015).

5. Moretti, E., *The New Geography of Jobs* (Mariner Books, 2013). (한국어판: 엔리코 모레티, 송철복 옮김, 『직업의 지리학』, 김영사, 2014.)

6. Costa, D. and Kahn, M. E., 'Power Couples: Changes in the Locational Choice of the College Educated 1940 – 1990', *Quarterly Journal of Economics* 115 (4) (2000): 1287 – 315.

7. Johns, T. and Gratton, L., 'The Third Wave of Virtual Work', *Harvard Business Review* (2013).

8. 로봇과 인공지능에 대한 두려움은 고용 부문을 뛰어넘어 광범위하게 퍼져 있다. 2015년 봄, 린다 그래튼은 다보스에서 열린 세계경제포럼에서 '기계가 인간보다 더 나은 결정을 할 것인가'라는 토론을 진행한 적이 있었다. 당시 패널 토론에는 인공지능, 신경 과학, 심리학 전문가들인 캘리포니아대학교(버클리) 교수 4명이 참석했다. 그 주에 영국일간지 『텔레그래프』는 '반사회적인 로봇이 30년 이내에 인류를 침략할 것이다'라는 헤드라인과 함께 악마처럼 무시무시하게 생긴 로봇 사진을 싣고서 이번 세션을 보도했다. 이 헤드라인은 토론의 본질을 제대로 파악하지는 못했지만, 로봇과 인공지능이 인간의 직업 활동에 미치는 영향과 그 결과에 대하여 인간이 갖는 불편한 심정을 잘 포착했다. 이처럼 불편한 심정이 광범위하게 퍼지면서, 스티븐 호킹Stephen Hawking 교수가 인공지능의 등장이 인류의 미래에 위협이 될 것을 우려했지만 이에 놀라는 사람은 거의 없었다.

9. 예를 들면 다음 문헌을 참조하라. Ford, M., The Rise of the Robots (Basic Books, 2015); Brynjolfsson, E. and McAfee, A., *The Second Machine Age* (W. W. Norton & Company, 2014). (한국어판: 마틴 포드, 이창희 옮김, 『로봇의 부상』, 세종서적, 2016; 에릭 브리뇰프슨, 앤드루 매카피, 이한음 옮김, 『제2의 기계 시대』, 청림출판, 2014.)

10. Ford, *The Rise of the Robots*. (한국어판: 마틴 포드, 『로봇의 부상』.)

11. Brynjolfsson and McAfee, *The Second Machine Age*. (한국어판: 에릭 브리뇰프슨, 앤드루 매카피, 『제2의 기계 시대』.)

12. Autor, D. H., Levy, F. and Murnane, R. J., 'The Skill Content of Recent Technological Change: An Empirical Exploration', *Quarterly Journal of Economics* 118 (4) (2003): 1279-334.

13. Beaudry, P., Green, D. A. and Sand, B.M., 'The Great Reversal in the Demand for Skill and Cognitive Tasks', NBER Working Paper 18901 (2013).

14. Frey, C.B. and Osbourne, M.A., 'The Future of Employment: How Susceptible are Jobs to Computerization?' (Oxford University mimeo, 2013).

15. Polanyi, M., *Personal Knowledge. Towards a Post Critical Philosophy* (Routledge, 1958/98). (한국어판: 마이클 폴라니, 김봉미 옮김, 『개인적 지식』, 아카넷, 2001.)

16. Moravec, H., 'When Will Computer Hardware Match the Human Brain?', *Journal of Evolution and Technology* 1 (1) (1998).

4장 무형 자산: 가격을 매길 수 없는 것들

1. 예를 들면 다음 문헌을 참조하라. T. and Gratton, L., 'The Third Wave of Virtual Work', *Harvard Business Review* (2013).

2. 여기서 오스카 와일드Oscar Wilde가 『윈더미어 부인의 부채*Lady Windermere's Fan*』 (1892)에서 '냉소가들은 모든 상품의 가격을 알지만 상품의 가치에 대해서는 아무것도 모른다'라고 인용했던 유명한 말이 생각난다. 결국 이 말은 경제학자들을 조롱한다.

3. 신약, 마태복음 19.24: '내가 다시 말하지만 부자가 하느님의 나라에 들어가는 것보다 낙타가 바늘귀로 통과하는 것이 더 쉽다' 코란: '너의 재산 혹은 너의 자녀들이 너로 하여금 신의 존재를 망각하게 만들지 말라. 이와 같이 행동하는 이가 있다면, 그는 패배자가 될 것이다.' 우리는 이 책에서 정신적, 종교적 쟁점에 대해서는 구체적으로 다루지 않는다. 종교적으로 편향되면, 신앙이 가장 중요한 무형 자산이 되어 훌륭한 삶을 형성하는 근간이 되기 때문이다.

4. Vaillant, G. E., *Adaptation to Life* (Little, Brown, 1977). (한국어판: 조지 베일런트, 한성열 옮김, 『성공적인 삶의 심리학』, 나남출판, 2005.)

5. 이 말은 논란의 여지가 있다. 이 말이 옳은지에 대해 의문을 제기하는 최근의 연구 결과로는 다음 논문이 있다. Stevenson, B. and Wolfers, J., 'Economic Growth and Subjective Well-Being: Reassessing the Easterlin Paradox', *Brookings Papers on Economic Activity* 1 (2008): 1-87.

6. Hamermesh, D. S., *Beauty Pays: Why Attractive People are More Successful* (Princeton University Press, 2011). (한국어판: 대니얼 해머메시, 안규남 옮김, 『미인 경제학』, 동녘사이언스, 2012.)

7. Schick, A. and Steckel, R.H., 'Height as a Proxy for Cognitive and Non-Cognitive Ability', NBER Working Paper 16570 (2010).

8. Greenstone, M. and Looney, A. http://www.hamiltonproject.org/assets/legacy/

files/downloads_and_links/06_college_value.pdf

9. Goldin, C. and Katz, L., *The Race Between Education and Technology* (Harvard University Press, 2008).

10. 예를 들어 1955년 캘리포니아 주에서 태어난 사람들 중에는 제록스의 팔로알토 캠퍼스에서 일하는 아버지가 자녀들에게 컴퓨터에 대한 마인드를 전하고 장비를 보여주었기 때문에 일찍부터 컴퓨터를 접할 수 있었던 사람도 있다. 이처럼 특이한 환경에서 자란 빌 게이츠Bill Gates와 스티브 잡스Steve Jobs 같은 아웃라이어들은 어릴 적부터 소중한 기술을 습득할 수 있었다.

11. Kremer, M., 'The O-Ring Theory of Economic Development', *Quarterly Journal of Economics* 108 (1993): 551-75.

12. Groysberg, B., *Chasing Stars: The Myth of Talent and the Portability of Performance* (Princeton University Press, 2012).

13. Coleman, J. S., 'Social Capital in the Creation of Human Capital', *American Journal of Sociology* 94 (supp.) (1998): S95-120.

14. Gratton, L., *Hot Spots: Why Some Companies Buzz with Energy – and Others Don't* (FT Prentice Hall, 2007). (한국어판: 린다 그래튼, 조성숙 옮김, 『핫스팟』, 21세기북스, 2008.)

15. Gratton, *Hot Spots*. (한국어판: 린다 그래튼, 『핫스팟』.)

16. Polanyi, M., *Personal Knowledge* (Routledge and Kegan Paul, 1962). (한국어판: 마이클 폴라니, 『개인적 지식』.)

17. Sennett, R., *The Craftsman* (Yale University Press, 2008), 62. (한국어판: 리차드 서넷, 김홍식 옮김, 『장인』, 21세기북스, 2010.)

18. Burt, R., 'Bandwidth and Echo: Trust, Information and Gossip in Social Networks', in J. E. Ranch and G. G. Hamilton (eds), *Networks and Markets* (Russell Sage Foundation, 2001).

19. 소셜 미디어 때문에 명예가 훼손되는 사례와 이에 따르는 결과에 대해서는 다음 문헌을 참조하라. Ronson, J., *So You've Been Publicly Shamed* (Riverhead Books, 2015).

20. Aleman, A., *Our Ageing Brain* (Scribe Publications, 2014).

21. A 'Stressed Out? A Study of Trends in Workplace Stress Across the Globe', Regus Research Institute (November 2009).

22. Wolfram, H. J. and Gratton, L., 'Spillover Between Work and Home, Role Importance and Life Satisfaction', *British Journal of Management* 25 (1) (2014): 77-90.

23. Gratton, L., *The Shift: The Future of Work is Already Here* (HarperCollins Business, 2011). (한국어판: 린다 그래튼, 조성숙 옮김, 『일의 미래』, 생각연구소, 2012.)

24. Buettner, D., 'Blue Zones: Lessons for Living Longer from the People who've Lived the Longest', *National Geographic* (2008).

25. *liminality* (from the Latin *limen*, meaning 'threshold').

26. Ibarra, H., *Working Identity: Unconventional Strategies for Reinventing Your Career* (Harvard Business Review Press, 2004). (한국어판: 헤르미니아 이바라, 유정식 옮김, 『마침내 내 일을 찾았다』, 새로운현재, 2014.)

27. Schein, E., 'Organizational Learning: What is new?', MIT Working Paper 3192 (1965).

28. Stroh, L. K., Brett, J. M. and Reilly, A. H., 'A Decade of Change: Managers' Attachment to Their Organizations and Their Jobs', *Human Resource Management* 33 (1994): 531–48. They authors found that job mobility increased between 1979 and 1989.

29. 프로티안 경력Protean career의 개념에 대해서는 다음 문헌을 참조하라. Hall, D. T., 'Protean Careers of the 21st Century', *Academy of Management Executive* 10 (1996): 8–16; Hall, D. T., *Protean Careers In and Out of Organizations* (Sage, 2002).

30. Giddens, A., *Modernity and Self-Identity: Self and Society in the Late Modern Age* (Stanford University Press, 1991).

31. Kegan, R., *In Over Our Heads: The Mental Demands of Modern Life* (Harvard University Press, 1994).

32. Markus, H. and Nurius, P., 'Possible Selves', *American Psychologist* 41 (9) (1986): 954–69.

33. Linde, C., *Life Stories – The Creation of Coherence* (Oxford University Press, 1993).

34. Granovetter, M., *Getting a Job: A Study of Contacts and Careers* (University of Chicago Press, 1974). (한국어판: 마크 그라노베터, 유홍준, 정태인 옮김, 『일자리 구하기』, 아카넷, 2012.)

35. 새로운 경험에 대한 개방적인 태도(Costa, P. T. and McCrae, R. R. NEO-FFI: Neo Five-Factor Inventory[Psychological Assessment Resources, Inc, 2003])는 명확하지 않은 상황을 받아들이는 자세, 새로운 것을 추구하려는 의지와 관련된 5대 인격 모델을 오랫동안 구성해온 개념이다.

36. Giddens, *Modernity and Self-Identity*.

37. Hall, D. and Mirvis, P., 'The New Career Contract: Developing the Whole Person at Midlife and Beyond', *Journal of Vocational Behavior* 47 (1995): 269–89; Mirvis, P. H. and Hall, D. T., 'Psychological Success and the Boundaryless Career', *Journal of Organizational Behavior* 15 (1994): 365–80.

5장 시나리오: 다양한 가능 자아

1. 5단계의 삶에서는 가정의 수가 빠른 속도로 증가하고 있다. 우리는 제인이 이트웰에서 직장 생활을 시작할 때의 임금이 독립적 생산자로 일할 때의 200%가 되고, 3단계에 헤드헌팅 회사에서 일할 때의 임금이 이트웰에서 일할 때 마지막으로 받았던 임금의 150%가 되고,

포트폴리오 단계에서 일할 때의 소득이 헤드헌팅 회사에서 일할 때 마지막으로 받았던 임금의 50%가 된다고 가정했다. 또한 제인의 연금은 포트폴리오 단계에서 일할 때의 소득의 50%라고 가정한다.

6장 단계: 새로운 삶의 구성 요소

1. Nachmanovitch, S., *Free Play: Improvisation in Life and Art* (Penguin, 1990), 150. (한국어판: 스티븐 나흐마노비치, 이상원 옮김, 『놀이, 마르지 않는 창조의 샘』, 에코의서재, 2008.)

2. 어린이들의 발달 과정에 대하여 역사적 사실에 입각한 문헌으로는 다음을 참조하라. Aries, P. *Centuries of Childhood* (Pimlico Press, 1960); Cunningham, H. *Children and Childhood in Western Society Since 1500* (Pearson Longman, 1995); Heywood, C., *A History of Childhood* (Polity Press, 2001).

3. 틴에이저 개념의 형성 과정을 흥미롭게 서술한 문헌으로는 다음을 참조하라. Palladino, G., *Teenagers: An American History* (Basic Books, 1996); Savage, J., *Teenage: The Creation of Youth 1875–1945* (Pimlico Press, 2007).

4. 놀랍게도 경제학이나 사회학에서 퇴직자의 증가 현상을 다루는 문헌이 별로 없다. 이는 3단계 삶에 대한 관심이 부족하다는 사실을 시사한다. 퇴직 제도의 형성 과정을 역사적으로 분석한 문헌으로는 다음을 참조하라. Graebner, W., *A History of Retirement: The Meaning and Function of an American Institution 1885–1978* (Yale University Press, 1980); Costa, D., *The Evolution of Retirement: An Economic History 1880–1990* (University of Chicago Press, 2000).

5. Harrison, R. P., *Juvenescence: A Cultural History of Our Age* (University of Chicago Press, 2014).

6. Hagestad, G. and Uhlenberg, P., 'The Social Separation of Old and Young: A Root of Ageism', *Journal of Social Issues* 61 (2) (2005): 343–60.

7. Nachmanovitch, S., *Free Play: Improvisation in Life and Art* (Penguin, 1990). (한국어판: 스티븐 나흐마노비치, 『놀이, 마르지 않는 창조의 샘』.)

8. Miller, S., 'Ends, Means and Galumphing', in *American Anthropologist* (1973). The term 'galumphing' is taken from Lewis Carroll's poem 'Jabberwocky' in *Through the Looking-Glass* (1871).

9. Rainwater, J., *Self-Therapy* (Crucible, 1989), 9.

10. Giddens, *Modernity and Self-Identity* (Stanford University Press, 1991).

11. Scharmer, O., *Theory U: Leading from the Future as it Emerges* (Berrett-Koehler, 2009).

12. Bennis, W. and Thomas, R., 'Crucibles of Leadership', *Harvard Business Review* 80 (9) (2002): 39–46.

13. Mirvis, P., 'Executive Development Through Consciousness-raising Experiences',

Academy of Management Learning & Education 7 (2) (2008): 173 – 88.

14. Deal, J. and Levenson, A., *What Millennials Want from Work: How to Maximize Engagement in Today's Workforce* (Center for Creative Leadership; McGraw-Hill, 2016).

15. Scharmer, *Theory U.*

16. 코리 닥터로Corey Doctorow의 소설 『더 메이커즈*The Makers*』는 이러한 생활 방식과 타인에게서 인정을 받아가는 과정을 훌륭하게 묘사한다. 비록 이 소설이 이러한 추세가 기존의 조직 추세를 어떻게 뒤집는가에 집중하고 있지만 말이다.

17. http://www.kauffman.org/~/media/kauffman_org/research%20reports%20 and%20covers/2015/05/kauffman_index_startup_activity_national_trends_2015.pdf

18. 다음을 참조하라. Moretti, *'The New Economic Geography of Jobs'* for a detailed analysis of this specific issue; or Glaeser, E., *'Triumph of the City'* (Macmillan, 2011) for the general advantages of cities in terms of innovation and creativity from connectedness, scale and competition.

19. http://www.economist.com/news/leaders/21573104-internet-everything-hire-rise-sharing-economy

20. Ibarra, H., *Working Identity: Unconventional Strategies for Reinventing Your Career* (Harvard Business School Press, 2003). (한국어판: 헤르미니아 이바라, 유정식 옮김, 『마침내 내 일을 찾았다』, 새로운현재, 2014.)

7장 돈 문제: 길어진 삶을 위한 재정 관리

1. HSBC, *The Future of Retirement: A Balancing Act* (2014) https://www.google.co.uk/url ?sa=t&rct=j&q=&esrc=s&source=web&cd=1&ved=0CCEQFjAAahUKEwi_usPx58nI AhUFShQKHf2zCVo&url=http%3A%2F%2Fwww.hsbc.com%2F~%2Fmedia%2Fhsbc-com%2Fabouthsbc%2Fstructure-and-network%2Fretirement%2Fglobal-reports%2F150119-en-global.pdf&usg=AFQjCNHqnTTn6X-Ts8_kJH-F6btYYp2HQg &sig2=1rMAiGNK9r7QQbA6hgiFVg

2. Aguair, M. and Hurst, E., 'Lifecycle Prices and Production', *American Economic Review* 97 (5) (2007): 1533 – 59.

3. Prelec, G. and Weber, R., 'What, me worry? A Psychological Perspective on Economic Aspects of Retirement', in Aaron, H. J. (ed.), *Behavioral Dimensions of Retirement Economics* (Brookings Institution Press, 1999), 215 – 46에서 인용.

4. Skinner, J., 'Are You Sure You're Saving Enough for Retirement?', *Journal of Economic Perspectives*, 21(3) (2007): 59 – 80.

5. Binswanger, J. and Schunk, D., 'What Is an Adequate Standard of Living During Retirement?, *Journal of Pension Economics and Finance* 11 (2) (2012): 203 – 22.

6. HSBC, *The Future of Retirement.*

7. Mitchell, O. and Lusardi, A. (eds), *Financial Literacy: Implications for Retirement Security and the Financial Marketplace* (Pension Research Council Series, 2011).

8. Venti, S. and Wise, D., 'But They Don't Want to Reduce Housing Equity', NBER Working Paper 2859 (1989).

9. Palumbo, M., 'Uncertain Medical Expenses and Precautionary Saving Near the End of the Life Cycle', *Review of Economic Studies* 66 (1999): 395–421.

10. 3%가 평균이라면, 이는 워런 버핏과 같은 사람이 한 명 등장할 때마다 3% 미만의 수익률을 올리는 사람이 있다는 것을 의미한다. 따라서 당신이 자산을 관리하기 위해서는 훌륭한 투자자를 찾는 일이 중요하다. 또한 평균 이하의 투자 실적을 내는 사람을 피하는 것도 중요하다. 그러나 사람을 제대로 알아보는 것과 운과 판단력을 구분하는 것이 어렵다는 데 문제가 있다.

11. Clark, R., Lusardi, A. and Mitchell, O., 'Financial Knowledge and 401(k) Investment Performance', NBER Working Paper 20137 (2014).

12. Hastings, J. S, Madrian, B.C. and Skimmyhorn, W. L., 'Financial Literacy, Financial Education and Economic Outcomes', NBER Working Paper 1841 (2012).

13. Allen, S. G., Clark, R. L., Maki, J. A. and Morrill, M.S., 'Golden Years or Financial Fears? Decision Making After Retirement Seminars', NBER Working Paper 19231 (2013).

14. Campbell, J. Y., 'Household Finance', *Journal of Finance* LXI(4) (2006): 1553–604.

15. Samuelson, L. and Zeckhauser, R., 'Status Quo Bias in Decision Making', *Journal of Risk and Uncertainty* 1 (1988): 7–59.

16. A point Nobel laureate Robert Merton stresses in 'The Crisis in Retirement Planning', *Harvard Business Review* (2014).

17. Heath, D. and Heath, C., *Switch! How to Change Things When Change is Hard* (Random House Business, 2011). (한국어판: 칩 히스, 댄 히스, 안진환 옮김, 『스위치』, 웅진지식하우스, 2010.)

18. O'Donoghue, T. and Rabin, M., 'Doing It Now or Later', *American Economic Review* 89 (1) (1999): 103–24.

19. 가치폄하를 제대로 이해하려면 금융 지식을 테스트하기 위한 '빅 5' 문제 수준을 훌쩍 뛰어넘는 실력을 갖추어야 한다. 실제로 지금 이 내용은 경영대학원에서 재무이론을 전공한 교수들만이 이해할 수 있을 것이다. 지수형 할인exponential discounting을 적용하면, N년이 지날 때 e-rN의 비율로 그 가치가 감소한다. 여기서 r은 할인율을 의미한다. r이 0이라면, 당신은 완벽한 인내심을 가진 사람이고, r이 높을수록 당신은 성급한 사람이다. e-rN처럼 단순하게 지수형 할인을 사용하지 않고, 1/(1+rN)과 같은 쌍곡형 할인을 적용했기 때문에 '과도한 가치폄하 효과'라고 불리게 되었다. 여기서 한 가지 중요한 사실은 지수형 할인에서는 서로 다른 두 기간 사이에 나타나는 결과에 대한 상대적인 가중치가 앞으로의 기간이 얼마나 되는가에는 상관없이 항상 같다는 것이다. 따라서 새로운 정보가 없다면, 지

금 당신이 일정한 기간이 지나서 하겠다고 말한 것은 그 시기가 도래했을 때 당신이 실제로 한 것이 된다. 또한 지수형 할인에서는 미래의 날짜가 오늘에 가까워질수록 당신은 가중치를 다르게 부과하고, 당신이 먼저 말했던 계획을 실천하지 않는 결과를 낳는다.

20. TV 시리즈 〈사인펠드Seinfeld〉는 '더 글래시스The Glasses'라는 에피소드에서 올빼미형 인간과 아침형 인간을 거론하면서, 이러한 다중 자아 문제를 다룬다. "나는 잠을 충분히 자본 적이 없어요. 나는 올빼미형 인간이라서 밤늦도록 일을 합니다. 올빼미형 인간은 밤늦게까지 일을 하는 것을 좋아합니다." "5시간 자고 일어나는 것은 어때요?" "그건 아침형 인간의 문제이지, 제 문제는 아니에요. 저는 올빼미형 인간이에요… 그래서 당신이 아침에 일어나면… 비틀거리는군요. 저는 그런 올빼미형 인간이 싫어요! 보세요. 올빼미형 인간은 항상 아침형 인간을 짜증나게 해요."

21. Hershfield, H. E., Goldstein, D.G., Sharpe, W. F., Fox, J., Yeykelis, L., Carstensen, L .L. and Bailenson, J. N., 'Increasing Saving Behavior Through Age-Progressed Renderings of the Future Self', *Journal of Marketing Research* 48 (supp.) (2011): S23 – 37.

22. https://www.acorns.com

23. Thaler, R. and Benartzi, S., 'Save More Tomorrow: Using Behavioral Economics to Increase Employee Saving', *Journal of Political Economy* 112 (supp.) (2004): S164 – 87.

24. Salthouse, T., 'Executive Functioning', in Park, D. C. and Schwarz, N. (eds), *Cognitive Aging: A Primer*, 2nd edn (Psychology Press, 2008).

25. Bernheim, D., Shleifer, A. and Summers, L., 'The Strategic Bequest Motive', *Journal of Political Economy* 93 (1985): 1045 – 76.

26. 비록 전략적으로 유산을 남기고 싶은 동기가 항상 작용하겠지만 말이다. 이에 대하여 역사적 사실에 입각한 설명으로는 다음 문헌을 참조하라. Hartog, H., *Someday All This Will Be Yours: A History of Inheritance and Old Age* (Harvard University Press, 2012).

8장 시간: 여가 시간을 재창조의 시간으로

1. Ramey, V. and Francis, N., 'A Century of Work and Leisure', *American Economic Journal: Macroeconomics* 1 (2) (2009): 189 – 224.

2. Schor, J., The Overworked American (Basic Books, 1993) and Plenitude: *The New Economics of True Wealth* (Penguin, 2010).

3. Veblen, T., *The Theory of the Leisure Class: An Economic Study of Institutions* (The Macmillan Company, 1899). (한국어판: 소스타인 베블런, 김성균 옮김, 『유한계급론』, 우물이있는집, 2012.)

4. Costa, D., 'The Wage and Length of the Work Day: From the 1890s to 1991', *Journal of Labor Economics* (1998): 133 – 59.

5. 예를 들면 다음 문헌을 참조하라. Grund, C. and Silwka, D., 'The Impact of Wage Increases on Job Satisfaction – Empirical Evidence and Theoretical Implications',

IZA Discussion Paper 01/2001.

6. 예를 들면 다음 문헌을 참조하라. Grund, C. and Silwka, D., 'The Impact of Wage Increases on Job Satisfaction – Empirical Evidence and Theoretical Implications', IZA Discussion Paper 01/2001.

7. Aguiar, M. and Hurst, E., 'Measuring Trends in Leisure: The Allocation of Time Over Five Decades', *Quarterly Journal of Economics* 122 (3) (2007).

8. Becker, G., 'A Theory of the Allocation of Time', Economic Journal (1965): 493 – 517; Linder, S., The Harried Leisure Class (Columbia University Press, 1970).

9. http://www.ft.com/cms/s/0/4899aaf8-0e9f-11e4-ae0e-00144feabdc0.html# axzz3nJ2crVXm

10. Goldin, C., 'A Grand Gender Convergence: Its Last Chapter', *American Economic Review* 104 (4) (2014): 1–30.

11. Elsbach, K. and Cable, D. M., 'Why Showing Your Face at Work Matters', *MIT Sloan Management Review* 53 (2012): 10–12.

12. Faulkner, W., *The Wild Palms* (Random House, 1939).

13. 이러한 역사적 흐름에 관하여 좀 더 자세하게 설명한 문헌으로는 다음을 참조하라. Cross, G. S., *A Social History of Leisure Since* 1600 (Venture Publishing Inc., 1990); Cunningham, H., *Leisure in the Industrial Revolution* (Croom Helm, 1980).

14. 예를 들어 영국에서는 예전에 분명한 규정도 없이 온종일 계속되던 격렬한 축구 경기가 수많은 관중이 즐기는 축구 경기로 대체되었다. 이제는 각 팀별로 11명의 선수들이 심판의 지시를 따라 규정을 준수하면서 90분 동안 경기를 치러야 한다.

15. Marx, K. *Grundrisse* (1858). (한국어판: 칼 마르크스, 김호균 옮김, 『정치경제학 비판 요강』, 그린비, 2007.)

9장 인간관계: 변화하는 삶의 형태

1. Becker, G., *Treatise on the Family* (Harvard University Press, 1981).

2. Friedman, S., *Baby Bust: New Choices for Men and Women in Work and Family* (Wharton Press, 2013), 33.

3. Stevenson, B. and Wolfers, J., 'Marriage and Divorce: Changes and Their Driving Forces', NBER Working Paper 12944 (2007).

4. Giddens, *Modernity and Self-Identity* (Stanford University Press, 1991).

5. Hite, S., *Women and Love* (Viking, 1988).

6. Stevenson and Wolfers, 'Marriage and Divorce'.

7. Giddens, *Modernity and Self-Identity*, 93.

8. Wolf, A., The XX Factor (Profile Books, 2013).

9. Groysberg, B. and Abrahams, R., 'Manage Your Work, Manage Your Life', *Harvard Business Review* (March 2014).

IZA Discussion Paper 01/2001.

6. 예를 들면 다음 문헌을 참조하라. Grund, C. and Silwka, D., 'The Impact of Wage Increases on Job Satisfaction – Empirical Evidence and Theoretical Implications', IZA Discussion Paper 01/2001.

7. Aguiar, M. and Hurst, E., 'Measuring Trends in Leisure: The Allocation of Time Over Five Decades', *Quarterly Journal of Economics* 122 (3) (2007).

8. Becker, G., 'A Theory of the Allocation of Time', Economic Journal (1965): 493 – 517; Linder, S., The Harried Leisure Class (Columbia University Press, 1970).

9. http://www.ft.com/cms/s/0/4899aaf8-0e9f-11e4-ae0e-00144feabdc0.html# axzz3nJ2crVXm

10. Goldin, C., 'A Grand Gender Convergence: Its Last Chapter', *American Economic Review* 104 (4) (2014): 1–30.

11. Elsbach, K. and Cable, D. M., 'Why Showing Your Face at Work Matters', *MIT Sloan Management Review* 53 (2012): 10–12.

12. Faulkner, W., *The Wild Palms* (Random House, 1939).

13. 이러한 역사적 흐름에 관하여 좀 더 자세하게 설명한 문헌으로는 다음을 참조하라. Cross, G. S., *A Social History of Leisure Since* 1600 (Venture Publishing Inc., 1990); Cunningham, H., *Leisure in the Industrial Revolution* (Croom Helm, 1980).

14. 예를 들어 영국에서는 예전에 분명한 규정도 없이 온종일 계속되던 격렬한 축구 경기가 수많은 관중이 즐기는 축구 경기로 대체되었다. 이제는 각 팀별로 11명의 선수들이 심판의 지시를 따라 규정을 준수하면서 90분 동안 경기를 치러야 한다.

15. Marx, K. *Grundrisse* (1858). (한국어판: 칼 마르크스, 김호균 옮김, 『정치경제학 비판 요강』, 그린비, 2007.)

9장 인간관계: 변화하는 삶의 형태

1. Becker, G., *Treatise on the Family* (Harvard University Press, 1981).

2. Friedman, S., *Baby Bust: New Choices for Men and Women in Work and Family* (Wharton Press, 2013), 33.

3. Stevenson, B. and Wolfers, J., 'Marriage and Divorce: Changes and Their Driving Forces', NBER Working Paper 12944 (2007).

4. Giddens, *Modernity and Self-Identity* (Stanford University Press, 1991).

5. Hite, S., *Women and Love* (Viking, 1988).

6. Stevenson and Wolfers, 'Marriage and Divorce'.

7. Giddens, *Modernity and Self-Identity*, 93.

8. Wolf, A., The XX Factor (Profile Books, 2013).

9. Groysberg, B. and Abrahams, R., 'Manage Your Work, Manage Your Life', *Harvard Business Review* (March 2014).

10. Friedman, *Baby Bust*.

11. Giddens, A., *The Transformation of Intimacy: Sexuality, Love and Eroticism in Modern Societies* (Stanford University Press, 1992).

12. Friedman, *Baby Bust*.

13. Friedman, *Baby Bust*, 33.

14. Buckles, K., 'Understanding the Returns to Delayed Childbearing for Working Women', *American Economic Review* 98 (2) (2008): 403-7.

15. Goldin, 'A Grand Gender Convergence: Its Last Chapter', *The American Economic Review* 104(4), 1-30.

16. Isen, A. and Stevenson, B., 'Women's Education and Family Behaviour: Trends in Marriage, Divorce and Fertility', NBER Working Paper 15725 (2010), http://www.nber.org/papers/w15725.

17. 남자들은 임금을 받는 일에 매주 11시간을 더 사용하고, 여가 활동에는 4.5시간을 더 사용한다. 이에 반해, 여자들은 자녀 양육과 가사 노동을 더 많이 한다.

18. *Modern Parenthood* (Pew Center).

19. 맥킨지 연구 프로그램은 성별의 다양성을 검토한다. 이에 관해서는 다음 문헌을 참조하라. 'Gender diversity in top management: Moving corporate culture, moving boundaries' (McKinsey, 2013); 'Unlocking the full potential of women in the U.S. economy' (McKinsey, 2012); *Women Matter. Gender diversity at the top of corporations: Making it happen* (McKinsey, 2010).

20. Bertrand, M., Goldin, C. and Katz, L., 'Dynamics of the Gender Gap for Young Professionals in the Financial and Corporate Sectors', *American Economic Journal: Applied Economics* 2 (2010): 228-55.

21. Goldin, 'A Grand Gender Convergence: Its Last Chapter'.

22. 'Women and the Future of Work', ILO (International Labour Organization) (2015) http://www.ilo.org/wcmsp-132/groups/public/@dgreports/@dcomm/documents/briefingnote/wcms_347,950pdf

23. 미국의 클리어스파이어Clearspire와 영국의 오벨리스크Obelisk와 같은 로펌은 재택근무를 하는 변호사들이 좀 더 유연한 방식으로 자신의 능력을 계발할 수 있도록 지원하고 이를 위한 온라인 플랫폼을 개발하고 있다.

24. Coltrance, S., Miller, E., DeHaan, T. and Stewart, L., 'Fathers and the Flexibility Stigma', *Journal of Social Issues* 69 (2) (2013): 279-302.

25. Cherlin, A., *Marriage, Divorce, Remarriage* (Harvard University Press, 1981).

26. Buettner, P., *The Blue Zones: lessons for living longer from the people who have lived the longest* (National Geographic, 2008).

27. Ruggles, S., 'The Transformation of American Family Structure', *American Historical Review* 99 (1994): 103-28.

28. Kohli, M., 'The World We Forgot: An Historical Review of the Life Course', in Marshall, V. W. (ed.), *Later Life* (Sage Publications, 1986), 271–303.

29. Hagestad, G. and Uhlenberg, P., 'The Social Separation of Old and Young: The Root of Ageism', *Journal of Social Issues* 61 (2) (2005): 343–60.

30. Fischer, C. S., *Networks and Places: Social Processes in Informal Places* (Stanford University Press, 1977).

31. Allport, G. W., *The Nature of Prejudice* (Addison-Wesley, 1954).

32. Smith, P., *Old Age is Another Country* (Crossing Press, 1995).

변화를 위한 의제

1. Parfit, D., *Reasons and Persons* (Clarendon Press, 1984).

2. Archer, M., *The Reflexive Imperative* (Cambridge University Press, 2012).

3. Kahneman, D., *Thinking Fast and Slow* (Penguin, 2011). (한국어판: 대니얼 카너먼, 이진원 옮김, 『생각에 관한 생각』, 김영사, 2012.)

4. Heffernan, M., *Willful Blindness: Why We Ignore the Obvious at Our Peril* (Simon & Schuster, 2011).

5. Eliot, T. S., *Four Quartets* (Harcourt, 1943).

6. 만족을 나중에 실현하는 능력에 관한 실험은 1960년대 후반과 1970년대 초반에 스탠퍼드 대학교에서 처음으로 시행되었다. Mischel, W., *The Marshmallow Test: Mastering Self-Control* (Bantam Press, 2014).

7. Dweck, C., *Mindset: The New Psychology of Success* (Random House, 2006). (한국어판: 캐롤 드웩, 정명진 옮김, 『성공의 새로운 심리학』, 부글북스, 2011.)

8. Zhenghao, C., Alcorn, B., Christensen, C., Eriksson, N., Koller, D. and Emanuel, E. J., 'Who's Benefiting from MOOCs, and Why', *Harvard Business Review* (September 2015).

9. 스탠퍼드대학교 교수와 구글 부사장을 지냈고, 온라인 교육회사 유다시티Udacity를 설립한 서배스천 스런Sebastian Thrun은 이에 대하여 다음과 같이 훌륭하게 표현했다. "교육 제도는 우리 인간이 태어나서 처음 5년 동안에는 실컷 놀다가 그다음에 배우고 일하고 은퇴하고 죽으면 된다고 말하는 17세기와 18세기의 체제에 기반을 둔다. 나는 우리가 이 모든 것들을 언제나 할 수 있어야 한다고 생각한다."

10. Braithwaite, V., 'Reducing Ageism', in Nelson, T. D. (ed.), *Ageism: Stereotyping and Prejudice Against Older Persons* (MIT Press, 2002), 311–37.

11. Erickson, T. J. and Gratton, L., 'What It Means To Work Here', *Harvard Business Review* (March 2007).

12. 우리가 『표범The Leopard』이라는 소설에서 이처럼 구체적인 예를 인용할 수 있게 된 것에 대하여 어데어 터너Adair Turner에게 감사의 뜻을 표한다.

찾아보기